Marc Chagall (1887 - 1985)
im Alter
von 74 Jahren

Der in Witebsk geborene Jude Marc Chagall, der in Frankreich seine neue Heimat fand, gilt als der größte Poet der modernen Malerei. Er schuf eine phantastische Bilderwelt, für die das Wort „farbenfroh" in doppelter Bedeutung zutrifft. Seine Farben „singen", wie ihm sein erster Lehrmeister Leon Bakst einmal sagte. Es ist ein Gesang der Lebensfreude, der erst im 97. Lebensjahr des Künstlers verstummte, aber in seinen

Bildern weiterklingt. Zum Jubel steigerte sich dieser Gesang, wenn Chagall Liebespaare malte. Sei es, daß er selbst mit seiner Frau Bella über den Wolken schwebte, sei es, daß er solche Bilder seiner Tochter Ida oder seiner zweiten Frau Vava widmete. Chagalls Liebende fühlen sich im siebten Himmel, meist von einem Blumenstrauß begleitet oder von Fabelwesen umgeben. Die sarkastische Bemerkung „muß Liebe schön sein –" wird bei Chagall ihrer ironischen Spitze beraubt. Bei ihm *ist* Liebe schön und damit auch das Leben.

Marc Chagall (1887 - 1985)
all'età di 74 anni

Marc Chagall, di orìgine ebrea, nacque a Witebsk, si trasferi in Francia che divenne la sua nuova patria ed è considerato il maggior poeta della pittura moderna. Egli creò un fantastico mondo di immagini definito, molto appropriatamente, „dai colori vivaci". E i suoi colori „cantano", come ebbe a dire una volta di lui Leon Bakst, suo primo maestro. È un inno alla gioia di vivere che cessò solo al 97esimo anno di età dell'artista, ma che continua ad echeggiare nei suoi quadri. Quest'inno di ventava giubilo quando Chagall dipingeva coppie di innamorati. Da una parte perché sia lui che sua moglie Bella vivevano un po' nelle nuvole; dall'altra perché dedicava tali quadri a sua figlia Ida o alla sua seconda moglie Vava. Gli innamorati di Chagall si sentono al settimo cielo, il più delle volte accompagnati da mazzi di fiori o da figure immaginarie. La sarcastica osservazione „l'amore deve essere bello . . ." viene privata da Chagall della sua punta di ironia. Per lui l'amore *è* bello e lo è anche la vita.

Marc Chagall (1887 - 1985)
à l'âge de 74 ans

Peintre, dessinateur, graveur et sculpteur français d'origine russe. Issu d'une famille juive, il est né à Vitebsk. On le considère comme le plus grand poète de la peinture moderne. Il créa un monde d'images fantastiques auquel peut s'appliquer l'expression joie de la couleur dans une double acception. Son premier maître, Leon Bakst, devait lui dire que ses couleurs «chantaient». C'est un chant de la joie de vivre qui ne devait se taire qu'avec la mort de l'artiste dans sa quatre-ving-dix-septième année, mais qui résonne encore dans ses oeuvres. Ce chant arrivait à un paroxysme d'allégresse quand le peintre peignait des amoureux. Qu'il vole au-dessus des nuages avec sa femme Bella ou qu'il consacre de telles peintures à sa fille Ida ou à sa seconde femme Vava. Les amoureux de Chagall se croient au septième ciel, ils sont généralement *accompagnés* d'un animal fabuleux ou d'un bouquet de fleurs. La réflexion sarcastique «que l'amour doit être beau» perd ici de son ironie. Chez Chagall l'amour *est* beau et de par là, la vie elle-même est belle.

Marc Chagall (1887 - 1985)
op vierenzeventigjarige leeftijd

De in Witebsk geboren jood Marc Chagall, die in Frankrijk zijn nieuwe vaderland vond, geldt als de grootste dichter van de moderne schilderkunst. Hij schiep een fantastische schilderingenwereld, waarop het woord „kleurrijk" in dubbele betekenis van toepassing is. Zijn kleuren „zingen", naar zijn eerste leermeester Leon Bakst ooit tegen hem heeft gezegd. Het is een gezang van levensvreugde, dat pas verstomde toen de kunstenaar 97 jaar oud was geworden, doch in zijn schilderijen blijft weerklinken. Dit gezang verhief zich tot gejubel wanneer Chagall liefdesparen schilderde. Of hij nu met zijn vrouw Bella boven de wolken zweefde of zulke afbeeldingen aan zijn dochter Ida of aan zijn tweede vrouw Vava wijdde. Chagalls gelieven voelen zich in de zevende hemel, meestal vergezeld van een boeket bloemen of omgeven door fabelwezens. De sarcastische opmerking „wat is de liefde toch mooi" verloor bij Chagall veel van zijn ironische scherpte. Bij hem is de liefde *werkelijk* mooi, en zo ook het leven.

2

„L'anniversaire", ein berühmtes Bild von Marc und Bella (links) und „Les fiancés".

„L'anniversaire", un famoso quadro di Marc e Bella (a sinistra) e „Les fiancés".

«L'anniversaire», un tableau célèbre de Marc et Bella (à gauche) et «Les fiancés».

„L'anniversaire", een beroemd schilderij van Marc en Bella (links), en „Les fiancés".

4

„Fiancée rêvant" (links) und „Les lumières du mariage". Ein träumerisches Ensemble von Liebe und Ehe. Für diese Bilder gab es keine Vorbilder. „Die Form", sagte Chagall einmal über diese Motive, „stammt aus dem *Drinnensein,* nicht aus einer akademischen Lehre."

„Fiancée rêvant" (a sinistra) e „Les lumières du mariage". Un fantastico insieme di amore e matrimonio. Per questi quadri non esistono modelli. „La forma", disse una volta Chagall dei suoi soggetti, „proviene dall'*essere dentro,* non dalla teoria accademica."

«Fiancée rêvant» (à gauche) et «Les lumières du mariage». Une vue songeuse de l'amour et du mariage. Pour ces tableaux, il n'existe pas de modèle. «La forme» disait Chagall à propos de ces sujets» monte du plus profond de nous et ne sort pas d'un enseignement académique."

„Fiancée rêvante" (links) en „Les lumières du mariage". Een dromerig ensemble van liefde en huwelijk. Voor deze afbeeldingen zijn geen voorbeelden te vinden. „De vorm", heeft Chagall over deze motieven gezegd, „is afkomstig uit het *erin zijn,* niet uit de academische leer."

„A ma femme" –, das Bild wurde vollendet im Sterbejahr seiner Frau Bella 1944.

„A ma femme" – il quadro venne completato nel 1944, anno in cui si spense sua moglie Bella.

„Le mariage" –, eine Märchen-Hochzeit. «Le mariage» – de conte de fées.
„Le mariage" – un matrimonio da favola. „Le mariage" – een sprookjesbruiloft.

„Joie de vivre" – die Freude am Leben. „Joie de vivre" – la gioia di vivere.

«Joie de vivre» „Joie de vivre" – levensvreugde.

„Champs de Mars" –, Huldigung an Paris. «Champ de Mars» – hommage à Paris.
„Champs de Mars" – omaggio a Parigi. „Champs de Mars" – ode aan Parijs.

«A ma femme» – ce tableau fut terminé l'année de la mort de sa femme Bella en 1944

„A ma femme" – dit schilderij werd voltooid in 1944, het sterfjaar van zijn vrouw Bella.

12

„La fenêtre blanche" (links) und „Pour Ida". Das geöffnete Fenster verwendete Chagall häufig bei seinen Liebespaaren, als wollte er damit verdeutlichen, daß sie nichts im engen Raume hält.

„La fenêtre blanche" (a sinistra) e „Pour Ida". Chagall ha usato spesso la finestra aperta per le sue coppie di innamorati, quasi a voler far capire che niente li tiene chiusi in una stanza stretta.

«La fenêtre blanche» (à gauche) et «Pour Ida». La fenêtre ouverte se retrouve souvent dans les tableaux d'amoureux, comme si Chagall voulait montrer que rien ne les retient dans un espace étroit.

„La fenêtre blanche" (links) en „Pour Ida". Het geopende raam heeft Chagall bij zijn liefdesparen dikwijls gebruikt, als om duidelijk te maken dat niets hen in nauwe kamers kan houden.

„La nuit de Shéhérazade" (links) und „Deux femmes". Wer hätte die „Märchen aus tausend und einer Nacht" kongenialer zu illustrieren vermocht, als Chagall?

«La nuit de Shéhérazade» (à gauche) et «Deux femmes». Qui eût pu illustrer avec plus de bonheur les «Contes des Mille et une nuits» que Chagall?

„La nuit de Shéhérazade" (a sinistra) e „Deux femmes". Chi avrebbe potuto illustrare meglio di Chagall le „Fiabe delle mille e una notte"?

„La nuit de Shéhérazade" (links) en „Deux femmes". wie had de „Sprookjes uit 1001 nacht" congenialer kunnen illustreren dan Chagall?

„Poète et sa muse".

Dieses Werk ist ein Band aus der Europäischen Kultur-Edition der Institut für Kulturförderung AG. Diese Ausgabe ist ein in sich geschlossenes Werk. Die Gesamtedition besteht aus drei Zyklen, die sich aus je fünf, zum Teil mehrbändigen Werken, zusammensetzen. Die Veröffentlichung der Werke erfolgt im Abstand von jeweils zwei Jahren im Zeitraum von 1973 bis 2003. Bisher sind sieben Werke erschienen.

Die Erstellung und Verbreitung der Werke erfolgen unter wirtschaftlichen Gesichtspunkten, überwiegend auf *Subskriptionsbasis,* die inhaltliche Gestaltung unter *ideellen* Zielsetzungen.

Zentraler Inhalt jeder Ausgabe sind Grundwerte und Ideale unserer Gesellschaft vor dem Hintergrund der jeweils herausragenden Zeitströmungen unserer Epoche.

Wir danken allen die zum Erfolg beigetragen haben.

Cet ouvrage fait partie de l'Edition Culturelle Européenne de l'Institut pour la Promotion de la Culturelle, S. A.

Cette édition est une œuvre en soi terminée. Toutefois, l'éditeur envisage la réalisation d'une édition complète en trois cycles composé chacun de cinq ouvrages dont certains seront en plusieurs volumes. Ces ouvrages doivent paraître tous les deux ans de 1973 à 2003. Sept ouvrages ont déjà paru.

Leur production et leur diffusion ont été réalisées sous des aspects économiques, généralement par souscription. La publication et la réalisation en fonction de buts idéaux.

Le contenu central de chaque édition repose sur les valeurs idéales et fondamentales de notre société avec pour fond les courants qui animent notre époque.

Nous remercions tous ceux qui ont contribué au succès de l'entreprise.

Quest'Opera è un volume dell'Edizione Culturale Europea edita dalla Sport e Cultura Spa.

La presente pubblicazione è un'Opera in sè completa. L'Edizione intera è composta da tre cicli, formati rispettivamente da cinque Opere, alcune delle quali in più volumi. L'uscita delle Opere è prevista a due anni di distanza l'una dall'altra nel periodo dal 1973 al 2003.

Finora sono state pubblicate sette Opere. La produzione e la divulgazione delle Opere vengono effettuate, dal punto di vista economico, principalmente attraverso la sottoscrizione; l'impostazione del contenuto invece viene effettuata mirando ad obiettivi ideali.

Il contenuto centrale di ogni pubblicazione sono i valori fondamentali e gli ideali della nostra società sullo sfondo delle correnti in voga nella nostra epoca.

Ringraziamo tutti coloro che hanno collaborato al successo dell'iniziativa.

Dit werk is een boek van de Europese cultuur-editie van Spoculeu b.v./E.S.C.B. bvba. Deze uitgave is een op zichzelf staand werk. De volledige editie bestaat uit drie cyclussen die is samengesteld uit telkens vijf uitgaven en die ten dele meerdere delen omvatten. De uitgaven zullen met tussenpozen van telkens twee jaar gedurende de tijd tussen 1973 en 2003 verschijnen. Tot nu toe zijn zeven uitgaven verschenen.

De produktie en verspreiding van de werken geschiedt vanuit economisch oogpunt op basis van inschrijving, de uitgave en inhoudelijke vormgeving vanuit ideële doelstellingen.

Centrale inhoud van elke uitgave zijn fundamentele waarden en idealen van onze maatschappij, in het bijzonder het onderzoek van alle actuele en culturele stromingen van ons tijdperk.

Wij danken allen, die aan dit succes hebben meegewerkt.

Herausgeber
Editore
Editeur
Uitgever

FREUDE GIOIA JOIE VREUGDE

Freude am Leben
Gioia di vivere
Levensvreugde
La joie dans la vie

IFK-Institut
für Kulturföderung
Verlag AG
München

Herausgeber:
Roland und Elfie E. Wolf

Vorstand:
Klaus Loges

Vertriebsleitung:
Renate Achtelik, Elisabeth Gutmann

Management:
Vera Hammerl, Birgitt Schmidt, Renate Koger, Sabine Emerich

Management Zentrale:
Christl Reiter, Ute Metzner

Mitarbeiter:
Renate Aurin, Heidemarie Baesen, Edeltraud Barucha, Dr. Hanelore Bilz, Heidi Blaschke, Marlen Boyens, Karin Bühler, Lidija Ĉrnĉiĉ, Ursula Dahlhoff, Helga Davok, Marion Dreja, Barbara Eichelmann, Monika Förster, Monika Frenzel, Marie-Luise Gerber, Kathrin Görtz, Dr. Gwendolin Gregor, Silvia Haller, Heidelinde Haider, Liesel Heldmann, Marianne Karl, Vera Kilian, Ortrud Komeyer, Brigitte König, Resi König, Erika Konen, Karin Kosmiky, Marianne Kraft, Christine Kreklau, Ilse Lohmann, Marion Lübbert, Barbara Müller, Erika Müller, Marianne Olma, Ursula Oswald, Petra Orth, Ursula Rautenberger, Maria Rohling-Schmitt, Ursula Riesenberg, Gisela Reuter, Ursula Seyfarth, Rosemarie Seeberger, Christine Siedel, Gertraud Simreen, Renate Schäfer, Beate Steffen-Mydlak, Marlies Stein, Heidrun Stuhlinger, Bärbel Strüwe, Helga Thöldtau, Monika Türk, Petra Ullrich, Karin Ullrich-Brox, Iva Vodicka, Ursula Vehling, Helga Weber, Sabine Weeber, Christine Wallmann, Gundi Wesseling, Sibylle Zink, Erika Boroske, Lisa Burger, Annemarie Conrad, Karolina Karl, Gudrun Krisch, Angela Obermeier, Alice Resch, Josef Schaller, Susanne Walch

Sport e Cultura S.p.A.
Segrate-Milano

Presidente
Roland Wolf

Amministratore Delegato
Antonio Ricciardelli

Direttore Vendite Nazionale
Giorgio Cristofori

Direttori Vendite
Giovanna Benelli, Alfio Sudano

Direttore Amministrativo
Lucio dell'Arciprete,

Manager
Rosanna Cesaritti, Leonella Dolliana, Inga Juccia, Carla Miserocchi, Paola Struzzola, Nora Amadori, Franca Cinel, Marika De Rossi, Annunziata Langione, Anna Lugari, Iva Moreschini, Lucia Oggionni, Fatima Orlando, Rosanna Pampaloni, Antonietta Pipornetti, Giuseppina Quaini, Marcella Ricci, Giuliana Sacchini, Wanda Saveriano, Gianna Zucchi, Monica Bondi, Luisa Fausti, Paola Picotti

Gesellschaft für Sport
und Kultur-Editionen
Verlagsges.m.b.H.
Mödling

Direktion
Klaus Loges

Prokuristin:
Dagmar Golznig

Assistentinnen:
Xenia Peschel-Staf, Jutta Zolles

Mitarbeiter:
Karin Bernacki, Johanna-Elisabeth Brodnik, Isolde Felsberger, Gudrun Gramberger, Dr. Eva Grossmann, Beatrix Kalal, Rosemarie Klesstorfer, Brigitta Riegler, Renate Saffarnia, Ursula Szabo

IFK-Institut
für Kultur- und Sportförderung AG, Zug

Direktion/Direction
Klaus Loges

Vertriebsleitung/Direction de vente
Margrit Reuter

Mitarbeiter/Collaboratrices
Eila Bätig, Yvonne Edelmann, Ursula Holzmann, Margrit Hungerbühler, Renate Joder, Barbara Künzler, Hanni Roffler, Heidi Zürcher, Marianne Schwab

Spoculeu Benelux b.v. Amsterdam
E.S.C.B. bvba Belgie

Direktie/Direction
Clasine Hoogerwaard

Verkoopleider/Direction de vente
Ria Nolten

Management:
Rita Claeijs, Ria Nolten, Femmy Schinkel, Anita van der Tas, Marianne van Vuren

Medewerksters/Collaboratrices
Mieke ten Berg, Marijke ten Berge, Liek van Duyn, Wil van Dongen, Adrie Grootenboer, Marja van Hall, Mieke Jagtenberg, Annemarie Kannemans, Diet van Keulen, Jeanette Keijser, Ineke Kootstra, Nel van der Linde, Willeke Mertens, Lilly Mox, Marga Mus, Edwige Nuytten, Dick Peen, Teresia Raskin, Denise van de Velde, Miep van Velzen, Nelleke Verhoeven, Marijke ter Weeme, Hinke Wissink

Collaboratori
Amelia Arbia, Ivonne Baccaglio, Gloria Bartole, Maria Pia Bassi, Laura Beccuti, Francesca Bertoli, Gabriella Besekau, Clara Bianchini, Germana Bianco, Luciana Biz, Susanna Bonanni, Anna Borellini, Fiorenza Carminati, Nadia Carminati, Annabella Carpineto, Patrizia Cattaneo, Maria Grazia Cavo, Maria Grazia Ceracchi, Anna Maria Chianese, Paola Maria Cito, Coppolone Nicoletta, Gabriella D'Anteo, Milena De Angelis, Maria Teresa De Mutiis, Anna Del Chicca, Aurelia Ducoli, Rosita Baccelli Fagnani, Bianca Fattizzo, Anna Maria Fuscati, Isa Gai, Marilena Gatti, Paola Gattuso, Paola Gemelli, Giuliana Giacobbe, Granzotto Lia, Lucia Kliba, Yvilis Kraut, Luana Lombardi, Silvia Loprieno, Patrizia Lucarelli, Eva Rosa Macchia, Marilena Magrini, Sabina Mallaun, Lucia Manfroi, Caterina Mariano, Domenica Mattiotti, Sandra Meleri, Anna Melluso, Anna Maria Menegazzo, Rita Merlo, Paola Modena, Diana Molaschi, Stefania Montano, Meris Morello, Italia Morra, Giuseppina Pacilli, Bruna Pavan, Gabriella Penta, Elisa Peporello, Antonella Perazzetta, Dario Perli, Maria Grazia Pontremolesi, Attilia Pozzi, Daniela Ray, Emma Ramella, Bianca Rebucci, Gloria Rizzi, Tiziana Romeo, Daniela Rossi Fè D'Ostiani, Gloria Sampoli, Concetta Sanzone, Cinzia Spanò, Marisa Studer, Tiziana Tomasini, Elena Tessadri, Rosalba Tessadri, Elena Tonghini, Piero Tonghini, Maria Teresa Trevisan, Rita Elda Turrisi, Anna Maria Villa, Luciana Visentin

Exklusiv-Produktion
der Creative Team
Gesellschaft für
internationale
Buchproduktion mbH
Straubing

Chefredaktion
Redattore Capo
Rédacteur en chef
Hoofdredaktie
Walter Umminger

Artdirection, Graphik
Direzione artistica, Grafica
Direction artistique
Kunst direktie, Grafiek
Erwin Fieger

Bildredaktion
Redazione fotografica
Rédaction photographique
Foto-redaktie
Heribert J. A. Wühr

Nationale Redaktion
Redazione nazionale
Rédaction nationale
Nationale Redaktie
Hans Dollinger
Deutschland
Dr. Guido Frei
Schweiz
Prof. Michele Prisco
Italia
Dr. Paul Schulmeister
Österreich

Exklusiv-Fotografie
Fotografie esclusive
Photographie exclusive
Exclusieve fotografie
Nomi Baumgartl
Erwin Fieger
Ernst Haas
Milan Horacek
Rainer Martini
Ivan Nemec
Hans Rauchensteiner
Anselm Spring
Reinhart Wolf
Wanda Zacharias

Redaktionsassistenz
Assistenza di redazione
Assistante à la rédaction
Redactie-assistentie
Hansi Meier

Übersetzungen, Korrekturen
Traduzioni, correzioni
Traductions, corrections
Vertalingen, korrekties
Nicole Bornhausen
Ellen Ernst-Zeij
Christian Ryan
Franco Mattoni

Reproduktionen
Riproduzioni
Reproductions
Reprodukties
Otterbach, Rastatt

Fotosatz
Fotocomposizione
Photo-composition
Foto-Produktie
Gruber, Regensburg

Papierherstellung
Produzione di carta
Production de papier
Papier-Produktie
Scheufelen, Lenningen

Druck-Gesamtherstellung
Stampa e realizzazione tecnica
Impression-Production générale
Druk-samenstelling
Mohndruck, Gütersloh

Printed in West Germany; ISBN-Nr. 3-921412-03-X

22

Seebüll
5.7.44.

An Margret Böning diese paar Worte als Antwort auf ihren freundlichen Brief. Meine Frau wollte Ihnen sogleich schreiben, dann aber kamen Hindernisse, deren es so viele in dieser schweren Zeit giebt, wo es im Häuslichen an Hülfe fehlt.

Wir haben gern Ihren frischen offenen Brief gelesen u. es freute uns auch von Frau Käthe Kollwitz eine Nachricht zu erhalten. Wir hatten schon erfahren, daß sie durch Kriegszerstörung schwer betroffen wurde u. lieb ist es von Ihnen sie bei sich Wohnraum zu geben. Die Kunstwerte ihrer Hände Arbeit sah ich immer gern, schon als ich noch gar nicht Maler war, es war im „Pan" wo ich die ersten Wiedergaben ihrer Radierungen sah.

Von Schicksalsschlägen ist sie in der später folgenden Zeit schwer betroffen worden, wie auch ich in reichlichem Maße, vielleicht aber alle, mehr oder weniger, die ~~[illegible]~~ 23 ihr Leben dem Nicht Erreichbaren widmen.

In Berlin ist auch unsere Wohnung ausgebrannt mit allem darin, dabei mehr als 3 Tausend Graphiken, Zeichnungen, Aquarelle.

Ein kleiner Besuch von Ihnen bei uns hier auf Seebüll würde uns freuen, es ist aber gar nicht einfach, nur wer von Emmelsbüll — die erste Station nach Niebüll — bis hier nach Seebüll, 1½ Stunde durch die Marschgegend wandern kann, hat es leicht. Die Post- u. sonstige Fahrgelegenheit ist fast gänzlich eingestellt. Mut u. Unternehmungsfreude bringen es fertig, aber Nachricht müssen wir vorher erhalten.

Gute u. freundliche Gedanken an Frau Käthe Kollwitz u. an Sie von meiner Frau u. dem Maler Emil Nolde.

Freude am Leben –, als Emil Nolde diesen Brief schrieb, mußte er manchen Satz vorsichtig und verschlüsselt formulieren, weil er damit rechnete, daß die Geheime Staatspolizei den Brief öffnete. Er hatte gerade vom Freitod Ernst Ludwig Kirschners erfahren, dessen Werke gleich denen Noldes im „Dritten Reich" als „entartete Kunst" verfemt waren. In Berlin war ein Großteil des Lebenswerks von Nolde zugrunde gegangen, doch er verlor nicht seinen Lebensmut und malte noch im hohen Alter.

Seebüll, 5.7.44

An Margret Böning

diese paar Worte als Antwort auf ihren freundlichen Brief. Meine Frau wollte Ihnen sogleich schreiben, dann aber kamen Hinderniße, deren es so viele in dieser schweren Zeit giebt, wo es im Häuslichen an Hülfe fehlt.

Wir haben gern Ihren frischen offenen Brief gelesen u. es freute uns auch von Frau Käthe Kollwitz eine Nachricht zu erhalten. Wir hatten schon erfahren, daß sie durch Kriegszerstörung schwer betroffen wurde u. lieb ist es von Ihnen sie bei sich Wohnraum zu geben. Die Kunstwerke ihrer Hände Arbeit sah ich immer gern, schon als ich noch gar nicht Maler war, es war im „Pan" wo ich die ersten Wiedergaben ihrer Radierungen sah.

Von Schicksalsschlägen ist sie in der später folgenden Zeit schwer betroffen worden, wie auch ich in reichlichem Maße, vielleicht aber alle, mehr oder weniger, die ihr Leben dem höchst Erreichbaren widmen.

In Berlin ist auch unsere Wohnung ausgebrant mit allem darin, dabei mehr als 3 tausend Graphiken, Zeichnungen, Aquarelle.

Ein kleiner Besuch von Ihnen bei uns hier auf Seebüll würde uns freuen, es ist aber gar nicht einfach, nur wer von Emmelsbüll – die erste Station nach Niebüll – bis hier nach Seebüll, 1 1/2 Stunde durch die Marschgegend wandern kann, hat es leicht. Die Post- und sonstige Fahrgelegenheit ist fast gänzlich eingestellt. Mut u. Unternehmungsfreude bringen es fertig, aber Nachricht müßen wir vorher erhalten.

Gute u. freundliche Gedanken an Frau Käthe Kollwitz u. an Sie von meiner Frau u.

dem Maler gez. Emil Nolde.

Gioia per la vita –, quando Emil Nolde scrisse questa lettera, egli dovette formulare attentamente e con precisione qualche frase, in quanto egli temeva che la polizia federale del servizio segreto apresse la lettera. Egli aveva appena appreso del suicidio di Ernst Ludwig Kischners, le cui opere, come quelle di Nolde nel „3° Reich" erano state messe al bando come „Arte degenerata". A Berlino una grossa parte delle Opere di Nolde era andata distrutta, tuttavia egli non si perdette d'animo e dipinse ancora in età avanzata.

Seebüll, 5.7.44

a Margret Böning

queste due parole in risposta alla Sua gentile lettera.

Mia moglie avrebbe voluto scriverle subito, ma sono sopraggiunti degli impedimenti, che purtroppo in questo periodo difficile sono tanti, non avendo un aiuto in casa.

Abbiamo letto con piacere la Sua lettera sincera e giovale e ci ha dato molta gioia avere notizie della Signora Käthe Kollwitz. Avevamo già appreso che era stata gravemente colpita dalla distruzione della guerra ed è molto bello da parte Vostra di averla accolta in casa.

I lavori artistici prodotti dalle sue mani li ho sempre veduti volentieri anche quando io non ero ancora pittore. È stato nella (rivista) „Pan" che ho visto le prime riproduzioni delle sue acqueforti.

Nei tempi successivi lei è stata gravemente colpita dal destino, come lo sono stato anch'io, come forse più o meno ne sono colpiti tutti coloro i quali dedicano la loro vita a raggiungere il massimo.

A Berlino anche la nostra casa è stata distrutta dal fuoco con tutto quello che c'era, fra cui più di 3000 litografie, disegni, acquarelli.

Ci farebbe piacere una Sua visita qui a Seebüll, ma non è semplice arrivarci, è facile solamente per chi può camminare attraverso i sentieri per 1 ora e 1/2 da Emmelsbüll – la prima stazione dopo Niebüll – fino quì a Seebüll.

I mezzi di comunicazione, postali o di trasporto in genere, sono quasi completamente interrotti.

Coraggio e gioia d'iniziativa ci riescono, ma la notizia dobbiamo riceverla prima.

Un pensiero buono e gentile alla Sig.ra Käthe Kollwitz e a Lei da parte di mia moglie e dal pittore

f. to Emil Nolde

Georg Stefan Troller

Freude am Leben

Freude am Leben – eine Sache der Einstellung. Suche die Quelle deiner Zufriedenheit in dir selbst. Freude als Lebensgefühl ist das Primäre, sie ruft ihren Anlass erst herbei. Ob du an deinem Leben Freude empfindest, liegt mehr in dir beschlossen als an den Umständen, der Gesellschaft, der Umwelt. Die einen sehen das Wasserglas halbvoll, die andern... na und so weiter. Der Satz ließe sich ins Unendliche variieren. Religionsstifter haben ihn verkündet und Philosophen, Gurus und Zeitungstanten. Reader's Digest fährt ihn mit seinen Histörchen so platt, daß es einen zu grauen beginnt. Gehört solche Binsenweisheit etwa zu den Panazeen und Placebos, mit denen die Mächtigen gern die Schlechtweggekommenen streicheln, während sie insgeheim ihre ganz konkreten Freudenspender, sprich Villen, Autos oder Antiquitäten, zusammenraffen? Karl Marx jedenfalls war davon überzeugt, und sein Jünger Sartre drehte den Satz schlagwortkräftig um: Existenz kommt vor Essenz. Was von seinen Anhängern reichlich oberflächlich dahingehend ausgelegt wurde, daß nur der, dem es wirtschaftlich gut geht, etwas zu lachen hat.

Ein anderer Einwand scheint mir noch absoluter: Wir wissen ja jetzt, daß der Mensch fähig ist, Orte zu schaffen, in denen Freude unmöglich ist, so unmöglich wie ein Grashalm in der Sandwüste. Krieg und Knast und die anderen erhobenen Erfindungen des Menschengeistes hatten noch nicht gereicht. Es mußte der Holocaust her, um uns den inspirierendsten aller Sätze zu widerlegen. Ich stelle dies voran, weil es sinnlos und geschmackswidrig wäre, über die von uns selbst verantwortete Freude am Leben zu sprechen, ohne diesen Aspekt einzubeziehen. Vielleicht sind wir schon so weit von unserer Teilhaberrolle an der Schöpfung abgefallen, daß der Satz tatsächlich nicht mehr stimmt? Keiner kann uns darauf Antwort geben. Der Satz ist von einer simplen psychologischen Tatsache zu einem Glaubensartikel geworden, etwas, das man unbewiesen hinnehmen muß. Und warum? Einfach, weil man nicht zur wahren Freude durchdringen kann, solange man nicht an ihn glaubt.

Also: Freude am Leben ist Einstellungssache. Jeder Altgewordene weiß es, der vergeblich darüber klagt, daß er seine Jugend mit zuviel kleinlichem Ärger vertrotzte. Jeder Kranke, der sich zu spät befragt, warum er seine gesunden Tage nicht bewußter zelebrierte. Erst im Unglück scheint man zu begreifen, wie freudig man seinerzeit hätte leben können – warum hat man es bloß nicht zustande gebracht? Gute Frage, die sich schon Hiob vergeblich stellte. Es liegt wohl in unserer Natur, das Gute als wohlverdient und normal, das Widrige als gemeines Unrecht einzuschätzen. Dabei liegt die wahre Weisheit gewiß darin, beides als selbstverständlich hinzunehmen. Freude am Leben schließt Schmerz mit ein, ist nicht ohne ihn denkbar, auch wenn man ihn begreiflicherweise zu vermeiden sucht. Erst das Leiden läßt uns die Freude überhaupt erkennen.

Freude am Leben ist Einstellungssache. Wer mit dem falschen Fuß aus dem Bett gestiegen ist, findet den Rest des Tages unerträglich... und mancher steigt schon mit dem falschen Fuß aus dem Mutterleib! Unleugbar steckt das Dasein voller Verdrießlichkeiten, und wir haben allen Grund, schlechter Laune zu sein. Freude am Leben scheint auf einer gewissen Distanz zu den äußeren Umständen zu beruhen. Ist also wohl ein psychologischer Zustand der Ausgeglichenheit, der einem von Natur und Erziehung mitgegeben wurde, oder später mühevoll durch Selbstarbeit zu erringen ist. Wer vehement auf jede Störung seines Gleichgewichts reagiert, mag ekstatische und verzweifelte Momente kennenlernen, eigentliche Lebensfreude bleibt ihm versagt. Jedenfalls bis in das Alter, wo solche extremen Zustände einer gelasseneren Heiterkeit weichen mögen. „Heiter" ist Goethes Lieblingsvokabel in seinen reifen Jahren, vorher kommt sie selten vor. Und in einer späten biografischen Notiz gesteht er, zusammengerechnet im Leben kaum drei Monate Freude gekannt zu haben. Ist sie also kein summum bonum, keine höchst erstrebenswerte Tugend, wenn sie nicht einmal Goethe zu eigen war? Möglicherweise nicht für Poeten – aber an diese wenden wir uns ja hier nicht.

Die überzeugendste Leitfigur der Lebensfreude ist der Hans im Glück des Märchens. Jede Schummelei, deren Opfer er wird, entlockt ihm ein tiefes Aufseufzen der Befriedigung, bis er zuletzt ganz ohne Habe dasteht. Er ist aber auch nicht mehr vom Eigentumswahn besessen, von Neid, von Lust am Besitz. Wie befreit langt er zu Hause an, ein Diogenes, ein einfältiger Weiser. Bedeutsam seine Naivität, seine Vertrauensseligkeit. Tatsächlich scheint mir, daß eine der Voraussetzungen der Lebensfreude dieses Vertrauen zum anderen Menschen ist (vielleicht entgegen unserer Lebenserfahrung)... und übrigens auch die einzige Chance, ihn zu etwas Wertvollem anzustiften. Als ich vor Jahrzehnten meine Laufbahn als Journalist in Paris begann, war ich ein von Emigration und Krieg und allerhand Notjahren ziemlich gebeutelter Knabe und dementsprechend von diversen Komplexen angekränkelt. Mein erster Boss, ein junger Kanadier namens Doug, war ein zupackender Reporter mit Hang zum Naturburschen, Weltenbummler und Abenteurer, der in einem Hausboot an der Seine residierte. Kein größerer Unterschied denkbar als zu meinem eingezogenen damaligen Ich, aber Doug setzte mit blindem Vertrauen voraus, daß ich so ziemlich mit ihm identisch sein müsse, und damit das Geld wert, das er mir bezahlte. Wie es weiterging, können Sie sich vorstellen: In Kürze entwickelte ich mich zu dem, was er in mir sah. Und vor allem machte ich die verblüffende Entdeckung, daß ich das Recht hatte, alle meine tausendfach bewiesenen Gründe, das Leben unverdaulich zu finden, in den Wind zu schlagen. Man brauchte keine Beweise, um Freude am Leben zu empfinden, man durfte einfach. Die Haltung war das Entscheidende, nicht die Umstände. Man mochte die Dinge in Trauer einwickeln oder auch in Freude, sie selber pfiffen darauf, also konnte man sich schon ebensogut freuen.

Ich weiß nicht, ob das ein sehr profunder Gedanke ist, aber ihn zu begreifen, bedeutete für mich einen totalen Durchbruch, eine Art wiedergewonnene Naivität. Diesem Lebensgefühl bin ich, trotz vieler Rückfälle, bis heute treu geblieben.

Sich selber am eigenen Schopf aus der Misere hieven, gegen sein eingewachsenes Mißtrauen angehen, gegen Lethargie, Pessimismus, Menschenverachtung, und im dicksten Schlamassel bewußt das Fähnlein Freude aufrichten: das alles sind Dinge, die man notfalls lernen kann wie eine Fremdsprache. Immer fühlte ich mich zu den Menschen hingezogen, bei denen man spürt, wie sauer ihnen das Ausgeglichensein, das Glücklichsein oder auch das Gutsein ankam, und daß sie... ach was, ich mag das Wort Überwindung nicht. Es geht ja auch nicht um einen Kraftakt des Willens, sondern um die Fähigkeit, sich zu öffnen und die Freude hereinzulassen, die notabene nur darauf wartet. Und zwar trotz allem, *denn eine andere Freude als trotz allem gibt es gar nicht.* Ich denke da an die Chansonsängerin Edith Piaf, deren Karriere ich von Anfang an verfolgte (sie war als Kind nicht nur arm, sondern auch blind), und die noch bis zuletzt, nach unzähligen unmöglichen Lieben, ihr trotziges „Nein, ich bedaure nichts" hinausschmetterte. Oder ihren Kollegen Arlo Guthrie, der, trotz der Drohung einer möglicherweise von seinem Vater Woody Guthrie geerbten Blutkrankheit, seine Kinder in die Welt setzte, denn: „Auch wenn sie jung sterben müssen, werden sie wenigstens ihre Kindheit genossen haben, und Leben ist immer noch besser als Nichtleben." Ich denke an den Maler Erté und den Fotografen Lartigue, zwei fröhliche jugendliche Genies, aber erst nach Jahrzehnten der Vergessenheit im Alter wieder berühmt geworden, ohne sich je der Bitterkeit zu überlassen. Und an die zahlreichen körperlich Behinderten, mit denen wir Dokumentarfilme drehten, zuletzt noch den blinden französischen Schriftsteller und Filmemacher Montalembert. Bei einem Überfall vor seiner New Yorker Wohnung wurde ihm Säure in die Augen geschüttet. Wie ist das zu verkraften? „Indem man die Abhängigkeit nicht akzeptiert." Montalembert wagte es, kurz nach seiner Verstümmelung allein eine Abenteuerreise in den Himalaya zu unternehmen, später zog er nach Bali, er wandert noch heute unaufhörlich zwischen verschiedenen Wohnsitzen in Frankreich, Italien und Amerika hin und her. Die Versuchung der Auserwähltheit, mit der viele Behinderte ihre Schwäche kompensieren, weist er entschieden von sich: „Es war einfach ein dummer Zufall ohne persönlichen Bezug auf mich." Als in der Blindenschule ein Schicksalsgenosse verkündete, er sei jetzt spirituell ein höherstehender Mensch geworden, rief Montalembert aufgebracht in die Klasse: „Reiß dir ein Bein aus, dann wirst du noch edler!" Auf die Frage, was denn das härteste an seiner Behinderung sei, antwortet Montalembert: „Früher, wenn man deprimiert war, reichte eine schöne Landschaft oder ein Sonnenuntergang, und man kam wieder ins Gleichgewicht. Heute muß man sich schon verdammt anstrengen." Trotzdem behauptet Montalembert, mit Ausnahme der ersten Tage nach seinem Unfall, nie seine Lebensfreude verloren zu haben: „Wir sind dazu da, das Leben zu lieben. Es ist geradezu unsere Hauptaufgabe. Ich bin nicht religiös, aber wer sich zu leicht der Trauer anheimgibt, der versündigt sich."

Freude am Leben ist auch eine der Kompensationen des Alterns. „Das Beste steht noch aus", läßt der Dichter Robert Browning seinen bejahrten Rabbi Ezra sagen, was nur die Jugend lächerlich findet. Zur Lebensfreude des älteren Menschen gehört – schon Hesse bemerkt es bissig an sich – der Eigensinn. Endlich vermag man zu sich selbst zu stehen wie man ist, ohne den lebenslangen Argwohn, daß man andersrum besser wäre. Und darf ungestört zu seiner eigenen Meinung halten ohne den bohrenden Verdacht, daß vielleicht die Gegenseite recht hat. Da die Aussichten geringer werden, sich noch grundlegend zu verändern, muß man sich jetzt in Gottes Namen akzeptieren, inklusive der so lästigen Schwächen. Sind noch Passionen auszuleben? Man stürzt sich in sie, wenn nicht jetzt, wann denn? Mit demselben legeren Selbstverzeihen beginnt man, das Geld auszugeben, das man vielleicht sein Leben lang zusammengekratzt hat. Ganz allgemein steigt das Niveau des guten Gewissens, und vergangene Sünden, jahrelang ein Stachel im Fleische, werden von nun an mit erstaunlicher Leichtigkeit pardoniert. Auch das Verhältnis zum Nebenmenschen ändert sich. Empfindet man sich den Guten herzlicher verpflichtet als zuvor – denn Freundschaft ist begierdelose Liebe –, so wird man auch fähiger, die Lästigen ohne große Umschweife abzuschütteln. Der amerikanische Autor Thornton Wilder, zu Besuch in Paris und von mir um ein

Interview angegangen, antwortete dem jungen Journalisten genüßlich: „Sehen Sie, seit meinem 60. Jahr bin ich entschlossen, nur noch das zu tun, was mir Spaß macht. Und Sie machen mir keinen Spaß." Damals fand ich das unbegreiflich, heute weniger. Die Lebensfreude des Alternden ist auch friedlicher. Nimmermehr wähnt er, durch Vernichtung eines politischen oder weltanschaulichen Gegners den Weg freizusprengen für kommende Paradiese. Gibt es sie überhaupt? Seine Sympathie wächst für den dicken Geniesser auch des feindlichen Lagers und sinkt rapide in Bezug auf jene asketischen Parteifreunde, die offensichtlich nie eine Frau im Bett oder ein Kind im Zoo zu beglücken wußten. Natürlich stellt sich, wie erwartet, als das beseligendste Labsal des Alterns die Natur heraus. Selbst Käfer minderer Ästhetik erregen Rührung, Maulwürfe werden trotz Pockennarbigkeit des Rasens in ihrer Eigenart gebilligt, Katzen, auch danebenpinkelnde, bleiben ägyptische Gottheiten. Es sind die kleineren, reineren Freuden des Daseins, die uns nunmehr ansprechen. Und Gartenpflege empfindet man jetzt als Gotteswerk, wie es schon in der Bibel steht, oder wenigstens drin stehen sollte. Indessen kann uns ein fremder Hund, der unsere Katzen verbellt, doch einigermaßen aus dem Häuschen bringen (warum hat Noah diese Gattung überhaupt auf die Arche genommen?), also wird es mit unserer abgeklärten Altersweisheit nicht so weit her sein wie gedacht.

Zurück zur Freude am Leben, wie sie die meisten von uns heute empfinden müssen: als Bangen ums Überleben. Niemals in der Weltgeschichte wirkte unsere Fortdauer als Spezies dermaßen prekär, da in die Hände von Leuten gelegt, die den Durchschnittsbürger meist nur in zwei Eigenschaften überragen: Machtgier und kalte Intelligenz. Kaum ein Staatenlenker, dem wir eine bewundernswertere Tugend zutrauen – und das wären die Herrschaften, die darüber entscheiden, ob wir uns auch in Zukunft am Leben freuen dürfen? Schaurige Aussicht. Daher wirkt das Aufflammen materieller Lebensfreude in Ländern, denen es derzeit wirtschaftlich passabel geht, wie Tanz auf dem Vulkan. Man verdrängt Atomängste, Natursterben und Arbeitslosigkeit, um sich noch schnell einem Genuß in die Arme zu werfen, der indes nach dem Muster der aalglatten Werbespots gestrickt ist.

Mehr beeindrucken die Menschen, deren Lebensfreude den tragischen Hintergrund unserer Zeit miteinbezieht, ja von ihm erst ihre Steigerung und Intensität erhält. So drehten wir kürzlich mit Simcha Holzberg, einem unauffälligen Juden polnischer Herkunft, jetzt 40 Jahre in Tel Aviv ansässig. Seit mehr israelischen Siegen als er zurückdenken kann, kümmert sich Holzberg um die verwundeten und besonders die auf Lebenszeit kriegsversehrten Opfer: Einarmige, Blinde, Lahme, Hirngeschädigte. Darunter zahlreiche Soldatinnen, die ja bei den Israelis in vorderster Linie dienen. „Achtzehn Operationen in sechs verschiedenen Lazaretten", erzählt uns einer seiner Schützlinge. „Und jedesmal wenn ich aus der Narkose erwache, sitzt Simcha an meinem Bett!" Alle Vormittage hält Holzberg Freitisch in seiner vergammelten Küche, und nie sind weniger als ein Dutzend Freunde vorhanden. Es ist die ausgelassenste Tafel, die man sich vorstellen kann, denn Simchas ungeschriebenes Gesetz für seine Großfamilie lautet: „Mitleid nur für die andern – für sich selber Spott." Ungeheure Mengen von Heringen, Fleischsalat, gehackter Leber mit Eiern, dazu Wodka und Whisky werden vertilgt, obwohl keiner weiß, woher Simcha die Gelder für diese Ausschweifungen hernimmt. Sowie auch für die Trauringe, Kinderwagen, Silberleuchter, Ölgemälde und sonstigen Angebinde, die er regelmäßig an seine Freunde verteilt. Denn Simcha, der sich gerne als Schnorrer definiert, hat kein persönliches Eigentum, außer seinem ewig paraten Witz. Und natürlich seinen Erinnerungen, zum Beispiel an das Warschauer Getto, wo er den Krieg durchhungerte und als einziger seiner ganzen Familie überlebte. „Was glaubst du, woher sonst meine Lust am Leben kommt, am Essen, am Trinken und auch am Helfen?" Simchas Traum, den er bis zur Aufdringlichkeit verfolgt, ist: seine sämtlichen Patenkinder mit Ehefrauen und möglichst zahlreichen Sprößlingen zu versorgen. Für ihn, der als junger Mensch nur den zermürbenden Kampf ums nackte Überdauern gekannt hat, sind Liebe und Fortpflanzung die Grundlagen aller Lebensfreude. Auf diese Art hat er seiner Schätzung nach schon mehrere hundert Kinder und über tausend Enkel indirekt ins Leben gerufen. „Glaub mir, jedes Neugeborene, was ich schreien hör, ist wie ein Schlag ins Gesicht vom Tod." Den Ausdruck „Galgenhumor", der Simcha noch nicht geläufig war, mochte er besonders: „Ja, nur wer unterm Galgen gestanden ist, kann lachen." Bei einer seiner ausgelassenen Feiern treffen wir einen jungen Mann, noch dazu bloß leicht am Bein lädiert, der trübselig vor sich hinmault. „Der hat es noch nicht nötig, zu lachen", meint Simcha abfällig, bevor er sich mit einem Glas Schnaps an ihn heranmacht: „Besser betrunken als betrübt." Simcha, sonst kein großer Bücherleser und Philosoph, ist davon durchdrungen, daß alles Geschaffene im tiefsten Grund dazu da ist, einander Freude zu bereiten. „Das ist das wichtigste Gebot überhaupt. Wer das einhält, hat alle übrigen begriffen."

James Thurber

Und ein frohes Neues Jahr

Ich war nicht überrascht, als ich neulich am Radio hörte, daß die Amerikaner letztes Jahr anderthalb Milliarden Weihnachtskarten verschickt haben. Ich hätte etwa auf diese Zahl getippt, wobei es auf eine Viertelmilliarde mehr oder weniger nicht angekommen wäre. Wenn man mit zehnstelligen Zahlen rechnet, dann ist der Unterschied zwischen anderthalb Milliarden und eineinviertel Milliarden oder eindreiviertel Milliarden bei aller Realität nicht mehr einleuchtend. Zu einer Zeit, in der alles, einschließlich der nationalen Schulden und der Wirkung atomischer Explosivkörper mit Summen angegeben werden, die früher für die Schätzung der Entfernung von uns bis zum Stern Canopus oder der Lebensdauer des Sonnensystems reserviert waren, wird die Größe zu einem hohlen Begriff. Ich lasse mich von dem Gewaltigen, oder um ein modernes Synonym zu gebrauchen, von dem Massiven, nicht mehr so leicht überrumpeln, aber man kann mich immer noch mit den geringfügigen menschlichen Tatbeständen erschüttern, die einen Bestandteil der ungeheuerlichen und großartigen Statistiken bilden.

Es hat mich beunruhigt, feststellen, oder wenn man so will, annehmen zu müssen, daß zwei Fünftel der Weihnachtskarten von 1954, oder sechshundert Millionen, an Leute gegangen sind, die die Absender kaum kannten oder nur als ganz flüchtige Bekannte werten konnten, und daß annähernd dreißig Millionen Empfänger Menschen waren, denen der Absender nur ein einziges Mal begegnet war. Das sind meine eigenen Zahlen, die ich mir offengestanden dadurch errechnet habe, daß ich die von meiner Frau und einem Dutzend anderer Frauen an Verwandte, enge Freunde, Freunde, Bekannte, flüchtige Bekannte und Personen, denen sie nur einmal begegnet waren, geschickte Anzahl Karten dem Verhalten anderer Leute zugrundelegte. In unserem Falle gehörte zu der letzteren Kategorie eine Frau aus Kansas City, die wir 1936 in einer Fremdenpension auf Bermuda kennenlernten, und ein Herr aus Buffalo, der mich vor sieben Jahren eines Nachts in einer Bar ansprach, um mir mitzuteilen, daß sein Mittelname gleich meinem Grover sei, und fünfzehn verschiedene Männer und Frauen, die sich mir in den letzten fünfzehn Jahren vorgestellt haben, um mir gute Ratschläge für meine Augen oder meine Schilddrüse zu geben oder sich gute Ratschläge für die ihren geben zu lassen, der Puppenspieler, der mit uns zusammen auf einer Schiffsreise durch den Panamakanal nach San Francisco am Kapitänstisch saß, und so weiter und so fort. Man könnte einwenden, daß wir einige dieser Individuen mehr als einmal gesehen haben müssen, aber die Phrase „nur einmal begegnet" soll für die Dauer von Ferien, westindischen Vergnügungsreisen und dergleichen Gültigkeit haben. Was ich sagen will, ist, daß im Laufe der Jahre Millionen Amerikaner Millionen Karten an Millionen Amerikaner schikken, die sie nie wiederzusehen hoffen oder wünschen, und daß dieser rituelle Austausch einen bedrohlichen Everest von Grüßen auftürmt, den die überarbeitete Post erklimmen muß.

Ich habe über die menschlichen Motive nachgedacht, die der Verewigung alter und fast vergessener Begegnungen und Ereignisse zugrundeliegen, und sie scheinen zu komplex, um ein leichtes Verständnis zu ermöglichen. Man kann gewiß versichern, daß jeder Mensch die goldenen Stunden der Vergangenheit, die glücklichen Minuten, die Zufallsbegegnungen, die für eine Nation von Sentimentalisten immer die Hoffnung auf reiche Freundschaften in sich bergen, noch einmal durchleben will, und es ist eine anerkannte soziologische Tatsache, daß wir Amerikaner eine Rasse frohsinniger, offenherziger Menschen sind, die alle Symbole und Zeichen der schnellen Zuneigung und Achtung schätzen – das Hände schütteln, das Rückenschlagen, den gemeinsamen Bekannten in Syracuse oder San Diego, die gemeinsame Bewunderung oder Ablehnung einer Sache oder Person, die unmittelbar zu einem unserer nationalen Aussprüche Anlaß gibt: „Ich glaube, das müssen wir begießen." Aber all dies kann man vielleicht als die Anatomie des Kontaktes von amerikanischem Mann zu amerikanischem Mann bezeichnen; und es ist gemeinhin die amerikanische Frau, die die Weihnachtskarten verschickt, das Adreßbüchlein auf den letzten Stand bringt und auf dem Sims im Wohnzimmer die Karten aufstellt, die sie und ihr Mann erhalten. Meine Untersuchung hat ergeben, daß die Durchschnittshausfrau auf das Weihnachtskartenritual fast so viel Zeit verwendet wie auf das Besorgen der Weihnachtsgeschenke. Ich entschloß mich daher, den Motiven meiner Freundinnen nachzuspüren, um mich zu vergewissern, warum sie sich jedes Jahr der monumentalen Aufgabe des Schickens und Empfangens unterziehen.

Ich hatte das große Glück, eines Dezembernachmittags im Wohnzimmer eines befreundeten Ehepaars anwesend zu sein, als die Post kam. Die Frau bat uns um Erlaubnis, einen Blick in die Karten zu werfen, aber sie hatte schon eine gelesen. „Mein Gott!" rief sie aus. „Die Spragues leben immer noch zusammen!" Ich bat dreist um Auskunft, wer die Spragues seien, und erhielt genügend Material über sie, um daraus eine Kurzgeschichte für die Saturday Evening Post zu machen. „Sie waren dieses wirklich reizende Ehepaar, das wir vor acht Jahren in Jamaica kennenlerten", fing die Frau an, indem sie dem „waren" unbewußt eine Aura großer Ferne und zarten Duftes verlieh. „Er war, glaube ich, Flieger und verunglückte, und dann traf er Marica – ich glaube, ihr Name war Marcia." Sie blickte wieder auf die Karte und sagte: „Ja, Marcia. Also Philip war im Urlaub auf Bermuda und sah sie in einem Pferdefuhrwerk vorbeifahren und wußte instinktiv, daß sie die Frau war, obwohl er sie nie zuvor in seinem Leben gesehen hatte, und deshalb rannte er auf die Straße und sprang auf dieses Ding am Fuhrwerk – Sie wissen schon, den Tritt oder wie man das sonst nennt – und sagte: „Sie kennen mich nicht, aber ich werde Sie heiraten!" Denken Sie mal, er sagte ihr nicht einmal seinen Namen, und er hätte sie ebensogut für Adam halten können – oder ich müßte wohl sagen Eva – und sie heirateten sich. Sie verliebten sich und machten in Bermuda Hochzeit. Ihre Familie war natürlich sehr dagegen und seine auch, als sie von ihr erfuhr, aber sie ließen sich dadurch nicht abhalten. Es war die romantischste Geschichte, die ich in meinem ganzen Leben gehört habe. Das geschah vier oder fünf Jahre, bevor wir sie kennenlernten, und – „Und warum wundert ihr euch so sehr, daß sie noch zusammenleben?" fragte ich und bekam dann einige tausende Worte darüber zu hören, aber ich habe nicht im Sinne, die lange, verwickelte Geschichte von Marcia und Philip hier wiederzugeben. Es genügt, festzustellen, daß sich Unterschiede der Persönlichkeit, des Temperaments und der Interessen ergaben, da im heiligen Ehestand mehr beschlossen liegt, als sich beim ersten Anblick eines hübschen Mädchens in einem offenen Fuhrwerk erkennen läßt.

Eine andere Kategorie der Weihnachtskarten stammt von Menschen, die alljährlich Photographien ihrer Familien verschicken. In derselben Post, die Grüße von Marcia und Philip brachte, fand meine Freundin ein derartiges Konversationsstück. „Mein Gott, Lydia ist enorm in die Breite gegangen!" rief sie aus. Es ist mir schleierhaft, warum Frauen vor zwei- oder dreihundert Personen die Verwüstungen zur Schau stellen wollen, die die stille Artillerie der Zeit bei ihnen, ihren Gatten und ihrer Nachkommenschaft angerichtet hat, aber schätzungsweise fünf bis sieben Prozent der Weihnachtskarten sind Familienbilder, und selbst der wohlwollendste Beschauer sucht darauf nach kleinen Spuren der Auflösung und Zerrüttung. Ich fürchte, daß nichts eine Frau mehr beflügelt als der Beweis, daß sich eine andere Frau gehenläßt oder die Kontrolle über ihre Figur verloren hat oder offensichtlich ihren Mann zum Wahnsinn treibt oder merklich mehr trinkt, als ihr bekommt, oder immer noch nicht weiß, wie man sich anzieht. Die mittelalterlichen Ehemänner auf solchen Photographien werden dann oft als „jung genug aussehend" geschildert, „um ihr Sohn sein zu können"; aber sie kommen nicht immer so leichten Kaufs davon, und ein Ehepaar, das in den Tagen der Barmherzigkeit und Nächstenliebe seine Post durchsieht, kann zuweilen einen männlichen Freund oder Bekannten beträchtlich durchhecheln. „Du lieber Gott!" sagt die Frau. „Frank sieht doch aus wie ein liebestoller Axtmörder, nicht wahr?" – „Kann ich nicht finden", gibt dann der Mann zur Antwort. „Ich finde eher, er sieht aus wie ein Zahnarzt aus Posemukkel, der in Verbindung mit dem Verschwinden einer Ballettänzerin von der Polizei gesucht wird."

Wenn ein Mann meines Alters eine vergleichende Analyse von anderthalb Milliarden Weihnachtskarten in Angriff nimmt, dann kann er – gleich dem forschenden Geburtshelfer – hin und wieder vom rechten Wege abschweifen; und ich sehe, daß es mehr Kategorien gibt, als ich bewältigen kann. Irgendwo in dieser ungeheuren Papptonnage sind – ich schätze jetzt nur – dreihundert Millionen Karten von Firmen, Gesellschaften, Körperschaften, Eckläden und anderen Geschäftsbetrieben. In den alten Tagen haben sie zum Neuen Jahr Kalender ausgesandt und Weihnachten übergangen, aber heutzutage sind sie vermutlich für ein Fünftel der Sintflut verantwortlich. Zu einer weiteren Kategorie gehören Gasthäuser, Bars, Restaurants, Anstalten, Ratsversammlungen, Ausschüsse, Vereine und andere Organisationen. Eine an mich gerichtete Karte kam im Jahre 1954 von der Kunstabteilung des College Zum Unbefleckten Herzen in Los Angeles; woher dieser Kontakt stammt, ist meinem Gedächtnis entschwunden. Eine gewisse Detektivagentur schickte mir regelmäßig im Dezember einen lakonischen Spruch, aber seit letztem Jahr bin ich aus irgendeinem beängstigenden Grunde von der Liste der Agentur gestrichen worden. Ich weiß nicht, wie ich zunächst einmal auf die Liste gelangt bin, da ich niemals einen Privatdetektiv angestellt habe, um jemanden zu beschatten, aber vielleicht war ich es, der beschattet wurde. Der Wahlspruch der Agentur lautet: „Unseren Schatten wird er nicht mehr los", und ihre Karte trug unfehlbar die Aufschrift „Mr. James Ferber". Diese Andeutung eines alias brachte eine unheimliche Note in die Festtage, und merkwürdigerweise hat das plötzliche Schweigen die gleiche Wirkung. Ein Mann, der verstört ist, wenn er von einer Detektivagentur hört und wenn er nicht von einer Detektivagentur hört, kann als ein Naturphänomen unseres nervösen Zeitalters angesprochen werden.

Ich habe mir plötzlich in einem meiner panischen Anfälle Gedanken darüber gemacht, was aus all diesen Karten wird. Die Dame in meinem Hause, die ganz allein zweihundert Exemplare zur jährlichen Lawine beiträgt, beschwichtigte mich mit der Versicherung, daß die meisten verbrannt werden. Später entdeckte ich zu meiner Bestürzung, daß dies nicht ganz den Tatsachen entspricht. Es gibt mindestens neun Millionen kleine Mädchen, die Weihnachtskarten zum Verbrennen zu schön finden und sie sorgfältig aufheben. Eine Mutter erzählte mir, daß sich in ihrer Garage fünfzehn große mit Weihnachtskarten gefüllte Kartons befänden. Das ist Gott sei Dank nicht mein Problem, aber irgendwo existiert ein Generalmajor, der sich damit in den nächsten Jahren wird abgeben müssen, wenn sich diese Anhäufung zur nationalen Gefahr auswächst und die Bewegungen der Truppen und Panzer behindert. „Ich sehe keine derartige logistische Blockade voraus", sagte mir neulich ein Oberst, der mich wahrscheinlich für einen Spion oder Obstruktionisten hielt. Ich habe ein paar militärische Bekannte, die alle meine Loyalität als über alle Zweifel erhaben, aber meine Tauglichkeit in Zeiten einer nationalen Krise als äußerst zweifelhaft ansehen. Das kommt davon, daß ich mit ihnen mündlich verkehre. Wir schicken uns keine Karten.

Wenn man über die amerikanische Weihnachtskarte schreibt, dann läuft man Gefahr, daß dieses Thema schon in Karikaturen, humoristischen Essays und verschiedenen anderen Media zu Tode geritten worden ist und es daher nicht feststeht, ob meine sorgfältige quantitative Analyse als ein ernster Beitrag akzeptiert wird. Bei der bloßen Erwähnung von Weihnachtskarten wird geseufzt oder gestöhnt oder gelacht, und man zeigt sich unempfänglich für die nüchterne Berechnung, daß neunzig Prozent der Frauen den jährlichen Gruß benutzen, um sich einer häufigeren Korrespondenz zu entziehen. Eine Frau hat mir gestanden, daß sie sich mindestens ein Dutzend Freunde auf Armes- oder Jahreslänge vom Leibe hält, indem sie Weihnachtskarten in eine Art jährliche Briefe umwandelt. Ein Mann schreibt höchstens auf eine Weihnachtskarte „Heda, alter Junge" oder „Mach nur so weiter", aber eine Frau bringt es manchmal auf einige hundert Worte. In den meisten Fällen werden diese Worte im Laufe der Jahrzehnte weniger, bis sie äußerst konzentriert und sogar kryptisch werden. Es ist gebräuchlich, unter solchen Umständen auf eine winzige, längst vergangene Episode anzuspielen, etwa in der folgenden Weise: „Könnt ihr je vergessen – Ja, nein, ja, was ist es?" Die Empfängerin dieser besonderen Anfrage versichert mir, daß sie, ebenso wie ihr Mann „Ja, nein, ja, was ist es?" schon längst vergessen hat.

Glücklicherweise ermutigen meine Persönlichkeit und mein Charakter nicht die Übersendung jener gefalteten Grußkarten, welche entfaltet die Größe einer Steppdecke haben; und meine Untersuchungen haben ergeben, daß diese spezielle Plage langsam verschwindet, nachdem sie während der Papierknappheit der Kriegsjahre schon an Boden verloren hatte. Dann gibt es, um zum Ende dieser bahnbrechenden Studie zu gelangen, den großen geheimnisvollen Unbekannten, (männlich oder weiblich), der jedes Jahr in jedermanns Postkarte auftaucht. Der geheimnisvolle Unbekannte unserer Familie ist Betty. Wir kennen mindestens fünfunddreißig Elisabethen, die alle bis auf sechs Betty genannt werden. Die meisten lassen sich durch die Namen ihres Mannes oder durch Poststempel oder durch ihre geschriebene Mitteilung identifizieren. Aber Betty ist ein ewiges Geheimnis. Sie schreibt Jahr für Jahr nichts als ihren Namen auf die Karte, die früh oder spät irgendwo aus Europa, Afrika, Südamerika oder dem Fernen Westen kommt. Wir haben wiederholt alle unsere Bettys durchgezählt, und keine scheint abhanden gekommen zu sein. Ich bin der Meinung, daß Betty jemand ist, den wir im „21er Club" oder am Strand von Cambridge oder auf der Insel Martha's Vineyard getroffen haben, und daß sie entweder für die Weltbank reist oder eine Reiseenzyklopädie in neun Bänden schreibt oder sich einfach auf der Flucht vor dem Gesetz befindet. Andere äußern die Ansicht, daß Betty eine Dame sei, die ich nur zu genau kenne, aber deren Identität ich lieber nicht preisgeben will. Letztes Jahr kam ihre Karte frühzeitig aus Johannesburg. Es lohnt sich nicht, sich ihretwegen Gedanken zu machen, aber ich mache mir ihretwegen Gedanken. Sie mag natürlich zu der größten Kategorie gehören, die ich schon längst erwähnt hätte, wenn ich ein geübter Statistiker wäre. Zu dieser Kategorie gehören verflossene Köchinnen, Sekretärinnen und Friseusen, und ihre Verflossenheit reicht manchmal bis ins Jahr 1924. Ich hatte vor, diese Phase meiner Untersuchung zusammen mit einem Amateurstatistiker namens McNulty in Angriff zu nehmen, aber dieser hat eine seltsame Art, die Wahrscheinlichkeit mit faszinierenden, aber unbeweisbaren Behauptungen zu verstümmeln wie etwa „Alle Frauen heißen Dolores".

Oh, eins hätte ich beinahe vergessen; und zwar keine Karte und keinen Kalender, sondern ein Weihnachtsgeschenk, und es kam von der Standardgesellschaft für Fahrrad- und Autozubehör. Es war ein Kombinationsgerät, Nagelfeile und Brieföffner vollständig mit Lederetui. Ich hatte nicht die leiseste Ahnung, was ich ihnen meinerseits schicken sollte, da ich nicht weiß, was eine Fahrrad-und Autozubehörgesellschaft sich schon immer gewünscht hat.

Nun, das gehört eigentlich nicht in diese Studie über Weihnachtskarten, obwohl es vielleicht eine neue Tendenz ankündigt, die man im Auge behalten sollte. Ich glaube, ich warte ab bis nächste Weihnachten.

Michele Prisco

Gioia di vivere

Credo che nulla possa prestarsi meglio a servire d'introduzione a un volume dedicato alla gioia per la vita come un insolito, particolare ed eccezionale fatto di cronaca riportato con grande rilievo da tutta la nostra stampa locale e nazionale: il resoconto, voglio dire, di quanto è avvenuto a Napoli il 10 maggio di quest'anno: a partire dalle 17,50, appena l'arbitro ha fischiato la fine della partita di calcio Napoli-Fiorentina, sino a metà notte, quando la città è crollata abbandonandosi finalmente alla stanchezza, e al sonno, ubriaca di una festa che ha celebrato non tanto o non soltanto la conquista dello scudetto per la prima volta conseguito dopo sessantuno anni dalla costituzione della squadra, quanto una insopprimibile esigenza di gioia ch'era, nella sua festosa e fantasiosa vitalità, orgoglio e insieme riscatto da quell'immagine di disordine e provvisorietà, a non dire di sbandamento, che Napoli si è portata sempre dietro come un marchio - in questi ultimi anni ancora più pesante - facendone filosofia di vita e nutrendo la sua arte e la sua cultura. (Ma questa è un'altra storia).

I sociologi, cotesti singolari depositari delle nostre verità comportamentali, avranno senza dubbio trovato subito la chiave di lettura per capire più a fondo una festa di popolo così totale e totalizzante: più semplicemente, noi diremo che lo scudetto è stato l'occasione che la città aspettava da anni per esprimere proprio questa sua carica interna. Ecco perché alla festa hanno partecipato non soltanto gli appassionati di calcio, per quanto numerosi essi siano, ma ha partecipato la città intera, in tutte le sue fasce sociali, con un sentimento d'unione tanto forte e intenso da risultare inebriante prima ancora che contagioso, e di cui l'azzurro (ch'è, come si sa, il colore delle maglie dei calciatori del Napoli) è diventato in quelle ore il simbolo visivamente più vistoso e rilevante.

Un azzurro che a un certo punto ha come sommerso la città: striscioni, bandiere, vessilli, palloncini, vecchie automobili ripescate e riverniciate e gremite sino all'inverosimile, hanno accompagnato la lunga marcia domenicale dei napoletani. Dalle colline residenziali, dal groviglio dei vicoli dei Quartieri Spagnoli, dagli anonimi casermoni della periferia, la città è scesa sulle strade abbandonando le case e, senza un programma preordinato, si è incolonnata attraverso il lungomare: che, a guardarlo dall'alto, doveva assomigliare a una interminabile sciarpa umana ondeggiante per la brezza serale ma, più, per la festosità dell'avvenimento. E anche da altri aspetti della singolare manifestazione si poteva cogliere, in misura più sorprendente e rivelatrice, come questa esplosione di gioia sportiva fosse innanzi tutto e soprattutto una dimostrazione di gioia di vivere, un festoso esultante inno alla vita.

Sconosciuti si abbracciavano fra loro simili a vecchi amici che si rincontrassero dopo anni d'assenza, molti altri improvvisavano canti e balli che, in omaggio al mitizzato Maradona, ricalcavano ritmo di samba o, in ogni caso, di motivi sudamericani, e nella euforica scioltezza dei movimenti si avvertiva, eloquentemente palese, come la riscoperta dell'aggregazione, del rapporto umano, e, insieme, come la riscoperta, addirittura, del proprio corpo, del proprio esistere in quanto persona fisica, liberamente gioiosa e desiderosa d'esprimersi.

Ecco perché per introdurre questo secondo volume di un'opera che s'intitola appunto „Inno alla gioia“ e ad essa si ispira, ci è sembrato del tutto naturale ricorrere al racconto sia pure sommario e indubbiamente inferiore alla realtà di quanto è avvenuto a Napoli in occasione della conquista da parte della sua squadra del titolo di „Campione d'Italia“; ecco perché ci sembra altrettanto naturale promuovere quell'irripetibile momento di gioia vissuto da tutta una città a simbolo dei contenuti letterari e iconografici di questo secondo volume: quella memorabile giornata di maggio ha travalicato i più contingenti significati dell'occasionalità per assumere valore emblematico: più e meglio d'ogni altra testimonianza o contributo sociologico essa ci restituisce, nella sua valenza metaforica (e reale), il senso vero, pieno, della gioia di vivere.

Ugo Fasolo

Non ancora memoria

Non è memoria il pensiero di te:
è turbamento, gioia, desiderio
ancora e apprensione di perderti.
Con te perdura la mia giovinezza:
il pensiero di te l'adorna,
tu ne trattieni l'interiore luce.
Così la rara estate di quest'anno
chiara anche nell'ottobre e ne hanno dono
gli storni in volo; ne godono gli uomini,
le bianche spiagge, gli alberi. Ed il cuore
mi s'inghirlanda d'ancor vive foglie.

Das Licht der Welt

Cronaca di una Nascita La lumière du Monde Het Levenslicht

Der Vorgang einer Geburt wurde nicht zum erstenmal fotografiert. Doch wie Nomi Baumgartl uns dieses Ereignis miterleben läßt, ist sensationell. Sensationell freilich nicht im Sinne der Effekthascherei, mit der Sensationen täglich unsere Aufmerksamkeit auf sich lenken wollen, sondern im Sinne einer Sensibilität, wie sie nur einer Frau zu Gebote steht. Dazu gehörte auch das Vertrauen eines Ehepaares, das in einer Stunde intensivster Zweisamkeit einen Beobachter zuließ und – dessen Gegenwart vergaß. Die Geburt eines Menschen ist ein zeitloses Thema. Ein Zeichen unserer Zeit wird jedoch darin erkennbar, daß immer häufiger ein Mann seine Frau im Kindbett nicht allein läßt. Legionen von Witzzeichnern haben sich darüber lustig gemacht, daß ein Mann im Vorzimmer einer Klinik offenbar mehr litt als die Wöchnerin. Und oft folgte dann als Pointe, daß eine Krankenschwester allein den Kindersegen gar nicht präsentieren konnte. Was immer daran komisch sein mochte, die Wirklichkeit ist ganz anders. Wie beglückend die Wirklichkeit sein kann, offenbaren folgende Bildseiten.

Le fasi della nascita di un bambino sono già state più volte fotografate. Eppure Nomi Baumgartl ci rende partecipi di questo avvenimento in una maniera che ha quasi del sensazionale. Non perché miri all'effetto (è con esso, infatti, che le sensazioni cercano di catturare, giorno dopo giorno, la nostra attenzione), quanto piuttosto perché dimostra una sensibilità che solo una donna può avere. Da non sottovalutare, poi, la fiducia dimostrata dai due coniugi che, in un momento di grande intensità per loro, hanno permesso che qualcuno li osservasse, dimenticandone anche la presenza. La nascita di un uomo è un tema senza tempo. Un motivo che caratterizza il nostro tempo lo si individua, invece, nella presenza sempre maggiore dell'uomo a fianco della donna al momento del parto. Schiere di disegnatori umoristi si sono presi gioco di mariti che nella sala d'attesa di una clinica soffrivano evidentemente più della partoriente stessa. E l'effetto della storiella era spesso rappresentato da un'infermiera che usciva dalla sala parto senza alcun bambino in braccio. Che ciò sia

vent il arrivait que la sage-femme ne trouve plus personne à qui annoncer le joyeux événement. Toute plaisanterie mise à part, la réalité est différente. Les photos suivantes révèlent combien la réalité peut être bonheur.

comico o meno è più che opinabile. Sta di fatto che la realtà è ben diversa. Quanto questa realtà possa rendere felici lo dimostrano le pagine che seguono.

Ce n'est par la première fois que l'on photographie une naissance. Et pourtant la façon dont Nomi Baumgartl nous fait vivre cet événement a quelque chose de sensationnel. Sensationnel oui mais pas le sensationnel qui veut faire sensation par ces sensations qui journellement essaient d'attirer notre attention, il s'agit bien plus ici de sensation dans le sens d'une sensibilité, apanage de la femme. A cela convenait la confiance mutuelle du couple capable d'admettre la présence d'un observateur à l'heure d'une si grande intimité, capable aussi de finir par oublier cette présence. La venue au monde d'un être humain est un sujet hors du temps. Mais notre époque à un côté bien particulier en cela, car contrairement au passé, il est de plus en plus fréquent aujourd'hui que l'homme assiste sa compagne durant ces heures uniques. Ici rappelons les nombreux dessins et anecdotes se moquant des souffrances du père devant la salle de travail, souffrances pires que celles de la parturiente. Et sou-

Het is niet de eerst keer dat het evenement van een geboorte is gefotografeerd. Maar de manier waarop Nomi Baumgartl ons deze gebeurtenis laat meebeleven, is sensationeel - niet in de betekenis van het effectbejag waarmee onze aandacht iedere dag voor sensaties wordt gevraagd, maar in de zin van een sensibiliteit zoals alleen een vrouw die kan opbrengen. Daarvan maakte ook deel uit het vertrouwen van een echtpaar, dat in een uur van uiterst intensieve tweezaamheid een toeschouwer toeliet - en die vervolgens helemaal vergat. De geboorte van een mens is een tijdeloos thema. Een teken van onze tijd blijkt echter uit het feit dat de man steeds vaker zijn vrouw in het kraambed niet alleen wil laten. Legioenen moppentekenaars hebben er de draak mee gestoken dat een man in de wachtkamer van het ziekenhuis kennelijk meer moest lijden dan de kraamvrouw. En dikwijls volgde dan als clou dat één verpleegster alleen niet genoeg was om de kinderzegen aan de gelukkige vader te laten zien. Wat er ook leuk aan mocht zijn, de werkelijkheid is heel anders. Hoe verblijdend de werkelijkheid kan zijn, blijkt overduidelijk uit de volgende foto's.

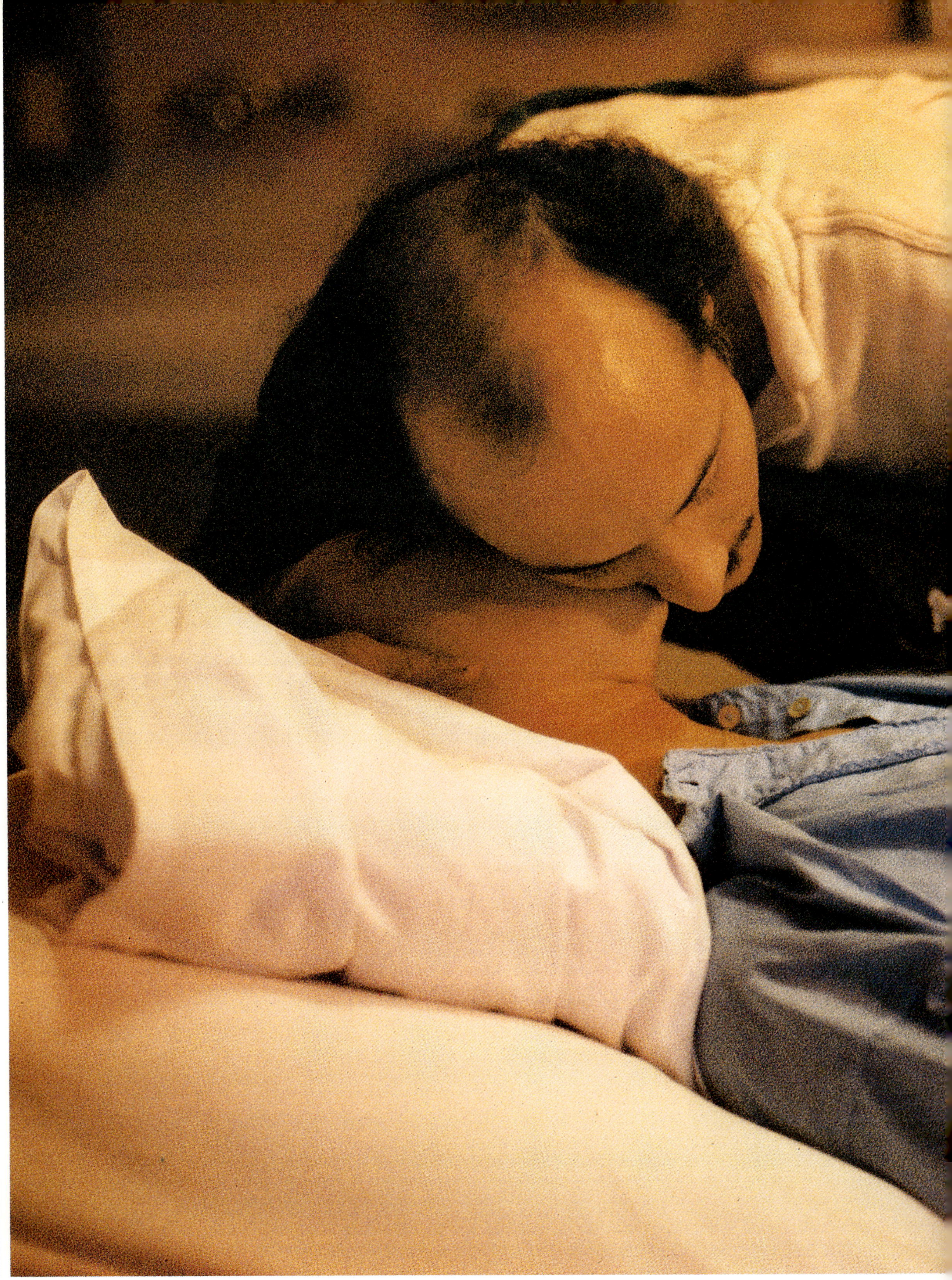

Es kommt. Sta arrivando. L' enfant est là. Daar komt het kindje.

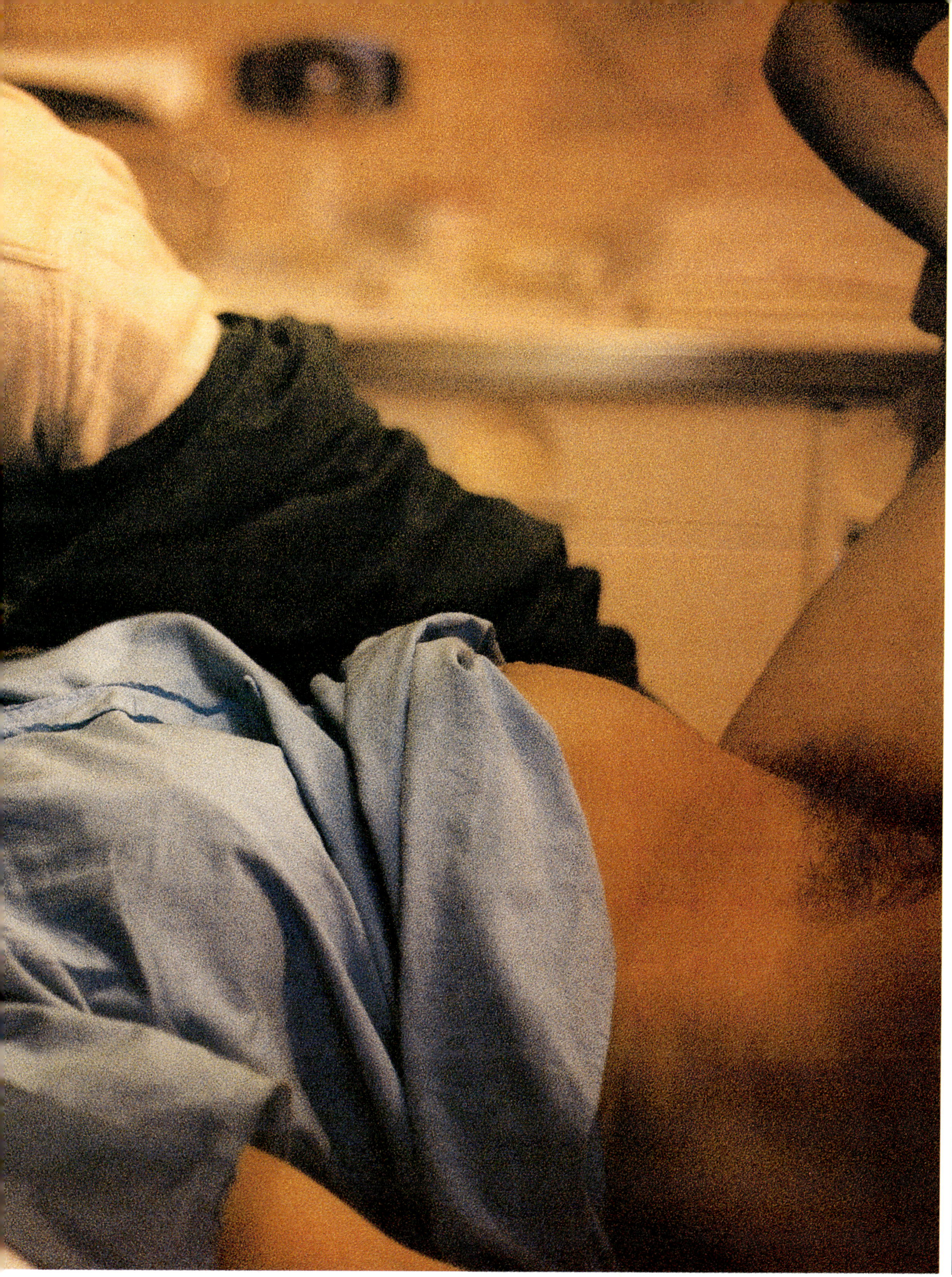

36

Es ist da! Ein neues Leben wird sichtbar und hörbar. È nato! Si concretizza una nuova vita: visibilmente ed acusticamente.

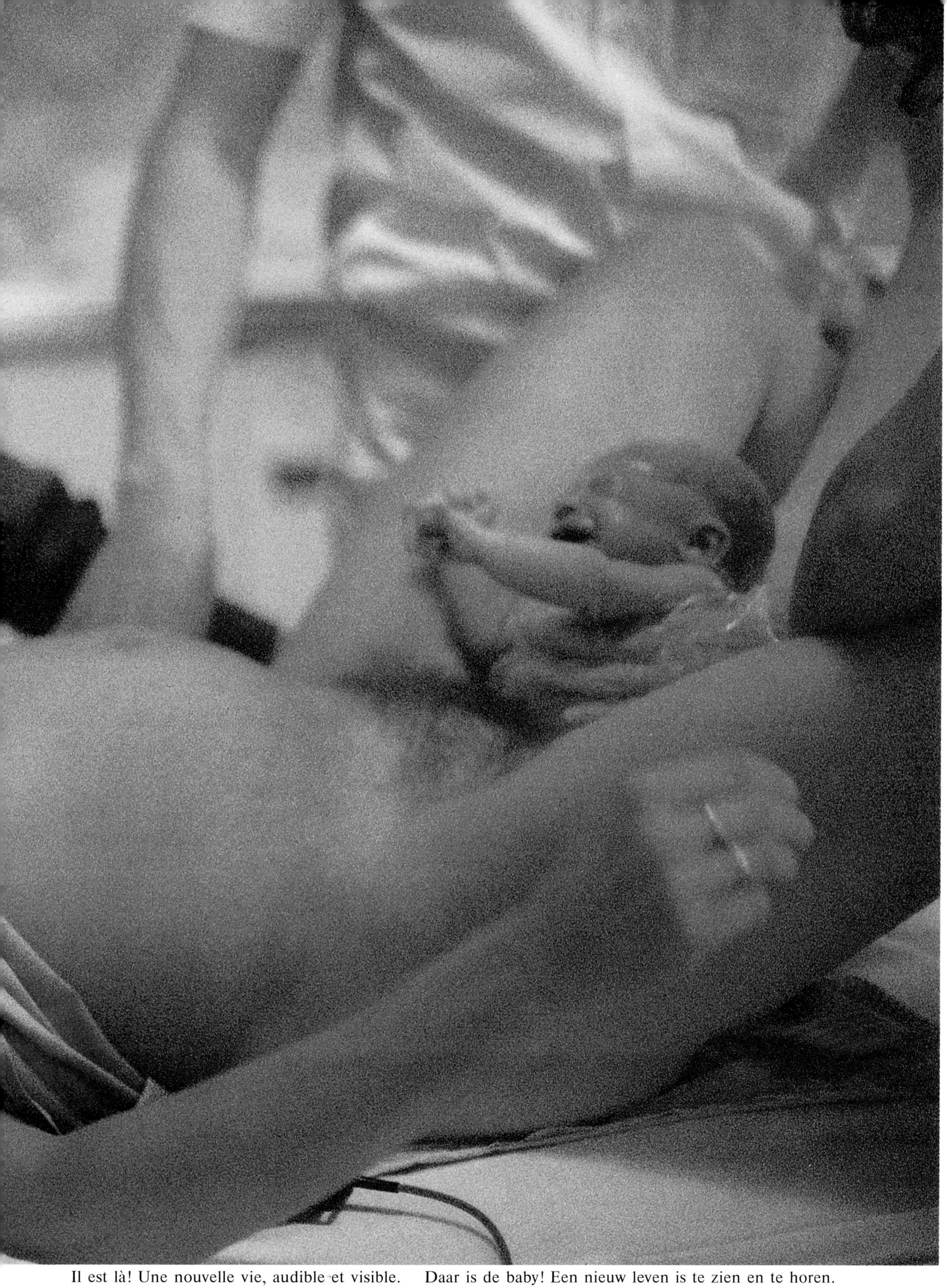

Il est là! Une nouvelle vie, audible et visible. Daar is de baby! Een nieuw leven is te zien en te horen.

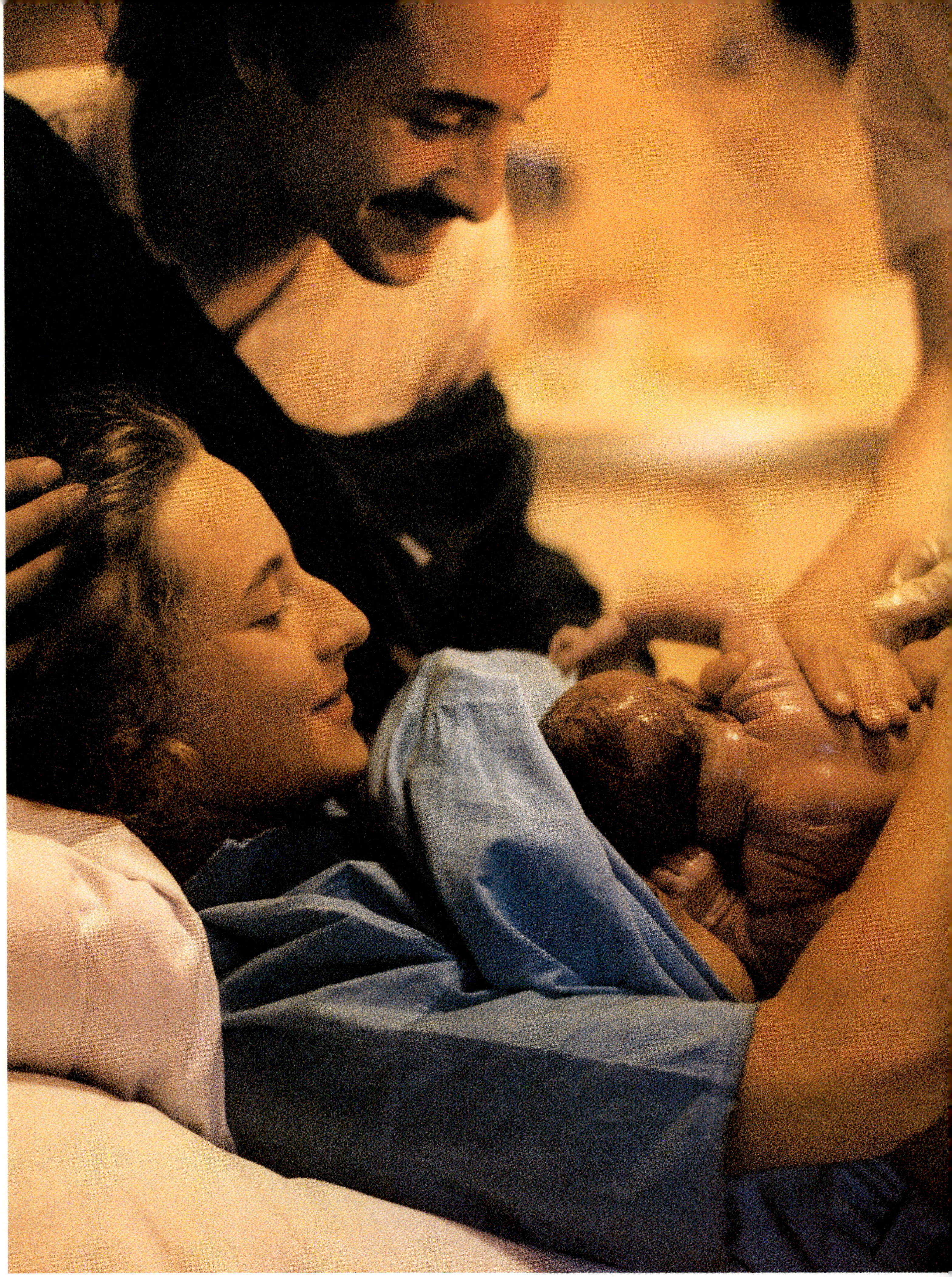

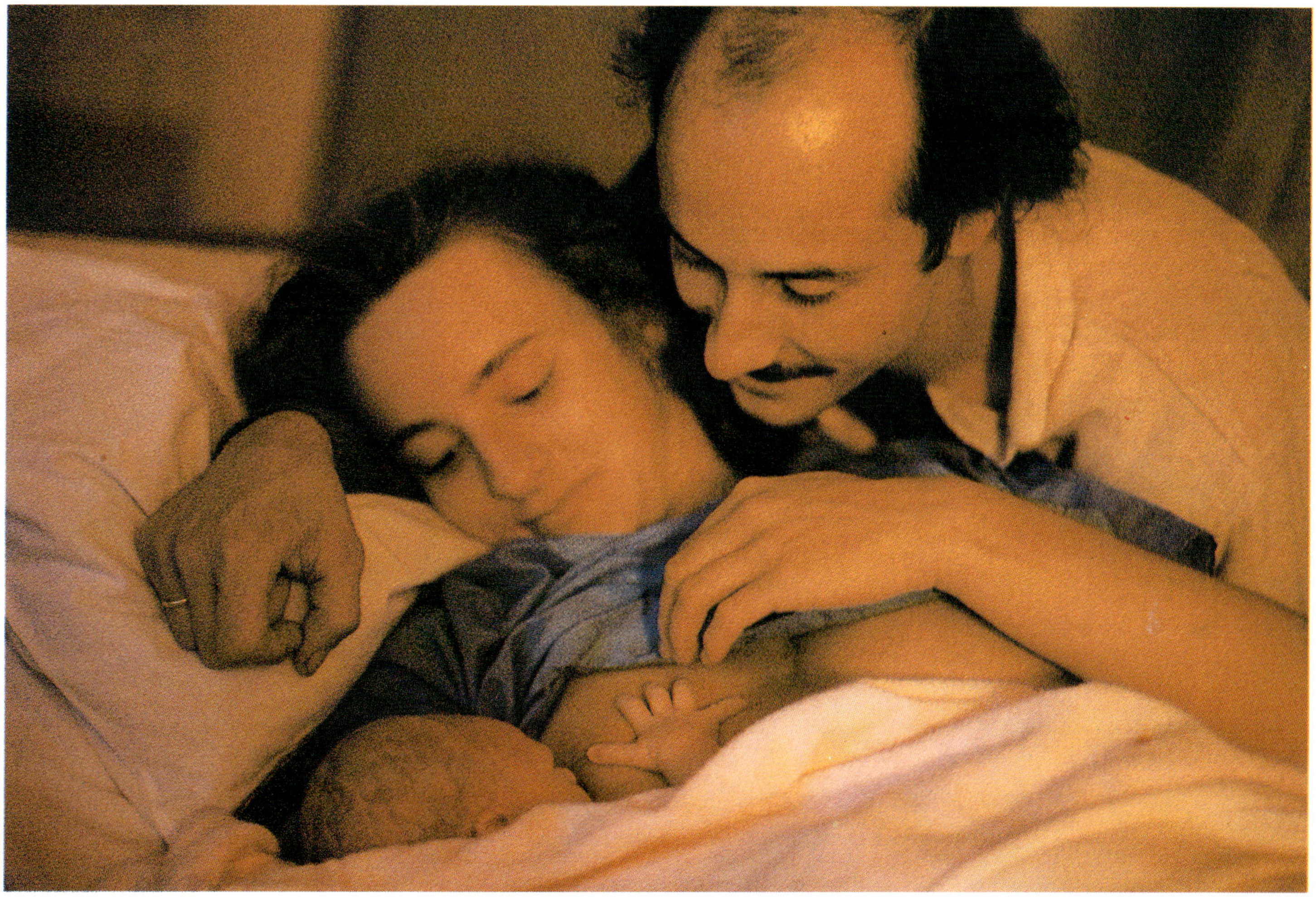

Geborgenheit – das Kind an der Brust der Mutter, die Mutter in den Armen des Vaters.

Sicurezza – il bambino attaccato al seno della mamma, la mamma tra le braccia del papà.

Bien blotti – l'enfant au sein de sa mère, la mère dans les bras du père.

Geborgenheid – het kind aan de borst van de moeder, de moeder in de armen van de vader.

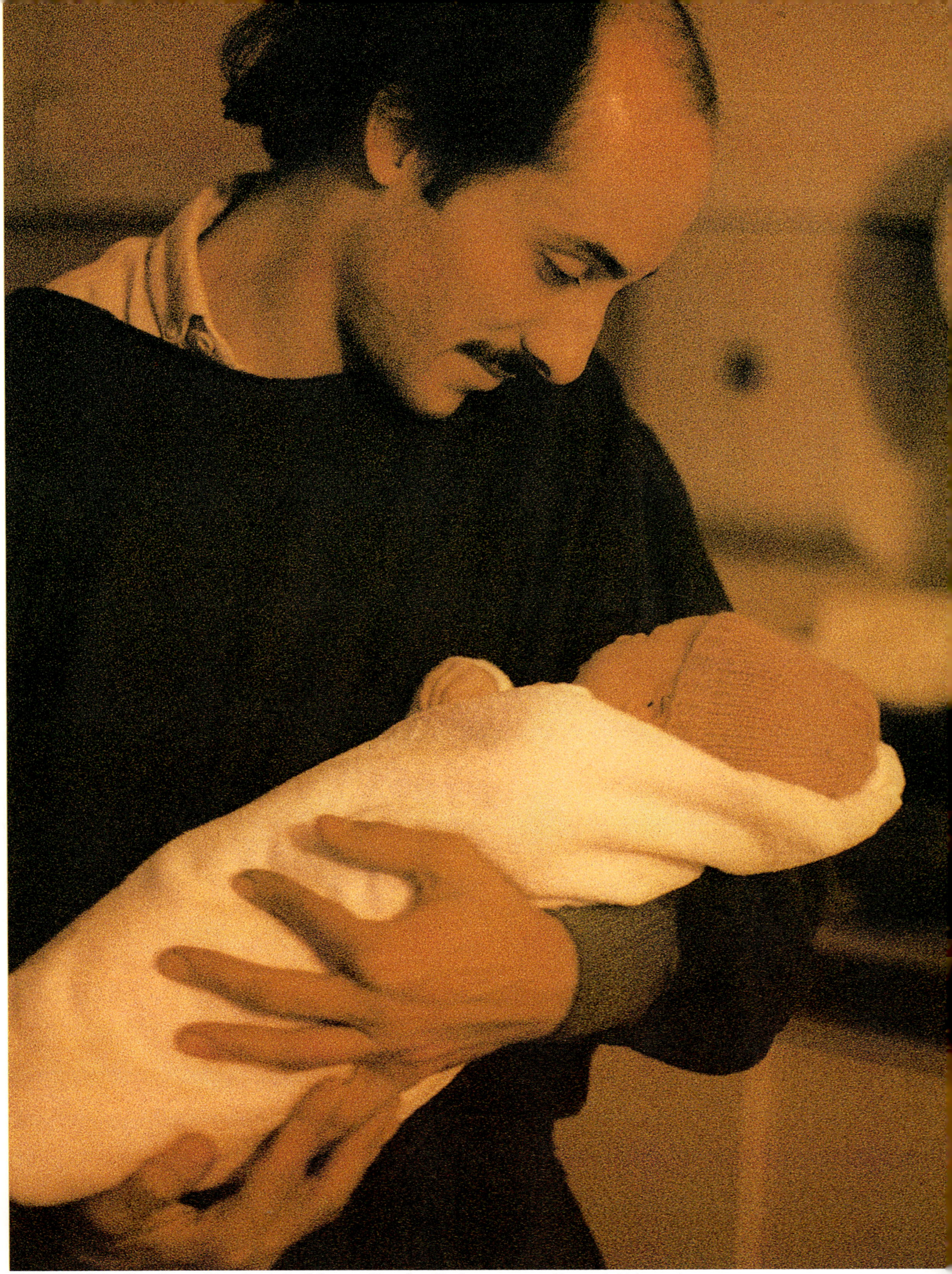

Eine glückliche Familie. Una famiglia felice. Une famille heureuse. Een gelukkig gezin.

LEBENSFREUDE GIOIA DI VIVERE

Über keinen Vorfall sollte man in großen Jubel oder große Wehklage ausbrechen, teils wegen der Veränderlichkeit der Dinge, die ihn jeden Augenblick umgestalten kann, teils wegen der Trüglichkeit unseres Urteils über das uns Gedeihliche oder Nachteilige, infolge welcher fast jeder einmal geklagt hat über das, was nachher sich als sein wahres Bestes auswies, oder gejubelt über das, was die Quelle seiner größten Leiden geworden ist.

Arthur Schopenhauer

Per nessun avvenimento si dovrebbe esultare, o ci si dovrebbe lamentare eccessivamente, sia per la mutabilità delle cose, che lo potrebbero cambiare in qualsiasi momento, sia a causa del nostro giudizio soggetto ad inganno, circa il proprio vantaggio o svantaggio, per il quale quasi tutti hanno deplorato quello che poi si è dimostrato un vero bene oppure hanno esultato per quella che è divenuta fonte delle più grandi sofferenze.

Arthur Schopenhauer

Viola Roggenkamp

Freude über das Frauen-Wunder

Die Rede soll sein vom Frauen-Wunder. Eine Spezialität der 80er Jahre. In seiner Bedeutung ist das Wort selbst eine Weiterentwicklung: Quasi die Menschwerdung vom Fräulein zur Frau.

Wem wir das zu verdanken haben? Den Männern gar? Die Antwort auf diese Frage ist leider bei den immer noch herrschenden Machtverhältnissen viel zu destruktiv, als daß ich sie hier beantworten möchte. Denn: „Welcher Mann versteht schon etwas von den Freuden der Frauen?" (Zitat aus dem Brief des Chefredakteurs an die Autorin).

In den 50er Jahren hatte Nachkriegs-Deutschland sein Wirtschafts-und sein Fräulein-Wunder. Beides hing untrennbar zusammen. Das Wirtschaftswunder kam aus den Vereinigten Staaten in die Bundesrepublik, und das Fräulein-Wunder wurde dafür als Gegenleistung in die USA exportiert. Blonde, blauäugige junge Fräuleins aus Germany machten drüben Karriere als Fotomodell oder auch bloß als Barmädchen. Sie waren alle von beachtlicher Molligkeit, verglichen mit den heutigen Leistungsnormen allseits bekannter Blitz- und Ideal-Diäten. Die Fräuleins ließen sich das Cornedbeef schmecken und begnügten sich mit einem Platz „an seiner Seite". Heute ist es umgekehrt: Frauen beanspruchen Platz für sich und müssen sich dünne machen.

Doch kommen wir zurück zum Frauen-Wunder. An drei Beispielen soll deutlich werden, was ein Frauen-Wunder ist, ein richtiges Frauen-Wunder.

Beispiel Nummer eins: Die Berliner Philharmoniker

Dieses berühmte Orchester hat tatsächlich 200 Jahre lang keine Frau in seinen Reihen gehabt. Es fand sich wohl keine, die gut genug gespielt hätte, um mit den Männern musizieren zu können. Sie blieben unter sich, die Herren, zwei Jahrhunderte lang. Aber dann, Anfang der 80er Jahre, fand sich plötzlich und unerwartet eine Geigerin, die den Ansprüchen genügte, und wenig später auch noch eine Klarinettistin. Ein Wunder. Ein ganz typisches Frauen-Wunder.

Ähnliches widerfuhr übrigens der Lufthansa. Über Jahrzehnte war der genormte Abstand zwischen Sitz und Steuerknüppel zu groß gewesen, um eine Frau zur Pilotin ausbilden zu können. So hatte es jedenfalls noch bis vor zwei Jahren geheißen. „Völlig chancenlos", ließ ein Lufthansa-Kandidaten-Prüfer obendrein wissen, „sind diese überemanzipierten Frauen, die fallen bei uns gleich raus - die mögen wir hier nicht. Da spürt man die aufkommende Feindseligkeit."

Aber, oh Frauen-Wunder, es fanden sich auf einmal zwei geeignete Bewerberinnen für den Cockpit (ursprünglich: Kampfplatz für Hähne). Irmgard Blättel, zuständig für Frauenfragen im DGB-Bundesvorstand, hatte nämlich im Fernsehen öffentlich alle zuvor durchgefallenen 300 Kandidatinnen aufgefordert, gegen Lufthansa wegen möglicher Diskriminierung zu prozessieren.

Doch zurück zur Klarinettistin. Sie verließ die Berliner Philharmoniker wieder. Freiwillig hieß es. Die Männer wollten nicht, daß sich die talentierte Kollegin neben der Orchesterarbeit auch noch als Solistin profilierte. Da mochte sie nicht mehr mit den Männern spielen. Es muß auch undankbare Frauen geben. Ein Wunder, wenn es die nicht gäbe.

Damit hat sich jetzt auch der Fachausschuß der deutschen Tanzlehrer trösten müssen. Die Herren hatten sich turnusgemäß zusammengefunden und über die wunderbaren Frauen nachgedacht, die seit der Erfindung des Walzers ohne zu klagen rückwärts tanzen. Bleibt es ihnen erspart, dann nur deshalb, weil sie sitzengelassen wurden. „Frauen dürfen Männer auffordern", wurde jetzt fortschrittlich entschieden. Und soll man's glauben: Die Frauen wollen gar nicht Männer auffordern, hat eine Umfrage ergeben.

Frauen-Wunder Nummer zwei: Die Familien-Ministerin Heiner Geissler

Wo immer jetzt in der Bundesrepublik gewählt wird, rufen einem die Herren Spitzenkandidaten der CDU oder SPD schon von weitem zu, welche Frau zur Ministerin gemacht werden soll. Manchmal sind es sogar zwei. Daß die eine und andere Staatssekretärin hinzukommen werde, und die eine und andere Referentin auch, scheint dem gewandten Politiker selbstverständlich. Sie eigens hervorzuheben, wäre ihm eher genierlich.

Bei den Frauen in Amt und Würden ist passend dazu jetzt Ausdruck einer ganz neuen Souveränität geworden, sich ein paar Männer zu genehmigen. Am liebsten hat die selbstbewußte Politikerin den Aufsteiger mit Butler-Qualitäten in ihrer nächsten Nähe, versteht sich. Als wissenschaftlicher Assistent, als persönlicher Referent residiert er in ihrem Vorzimmer. In dem einen und anderen Fall könnte das hinterrücks zu Überholmanövern führen. Wir werden das abwarten müssen und wollen so lange zurückblikken auf das Frauen-Wunder von 1983.

Denn so fing es ja an: Heiner Geissler, CDU-Generalsekretär, übernahm in der neuen CDU/FDP-Regierung das Familienministerium. Eigentlich ein Treppenwitz. Eigentlich ein Schritt, der jeden anderen Mann politisch unmöglich gemacht hätte. Das einzige Ministeramt, das bislang nur ein Frauen-Job gewesen war, ein Leichtlohn-Posten sozusagen. Es mußte erst ein Mann kommen, um dieses minderwertige Amt aufzuwerten. Er kam zu einem Zeitpunkt, zu dem es der autonomen Frauenbewegung gelungen war, Unruhe sogar bis in biederste Partei-Frauen-Kreise zu tragen. Kein Frauen-Wunder, sondern nur eine konsequente Entwicklung. Die Frauen, egal welcher politischen Richtung, forderten Posten, forderten Frauen-Politik, forderten Macht. Kein frauenfeindliches Wort, kein männlicher Schimpf konnte sie mehr ducken: „Alibi-Frauen" wollten nicht mehr unter sich bleiben und riefen nach Frauen-Quoten. „Doppelverdienerinnen" rechneten vor, daß sie noch nicht einmal für gleichwertige Arbeit genauso viel wie Männer verdienten.

Nur eines gelang und gelingt bis auf den heutigen Tag: Frauen ließen und Frauen lassen sich vertrösten, immer und immer wieder. Fraglos ein männliches Meisterstück. Man muß sich wundern. Oder sollte es hier besser heißen: frau muß sich wundern?

In der zweiten Hälfte der 80er Jahre nahmen die Frauen-Wunder zu. Fast wöchentlich konnte die Presse ein neues Frauen-Wunder melden, und das wird voraussichtlich bis zum Ende dieses Jahrhunderts so bleiben:

„Die erste bundesdeutsche Brandmeisterin. Ihr Ehemann drängte sie, der Feuerwehr beizutreten." – „Wer wird die erste deutsche Astronautin?" – „Bundesgrenzschutz nimmt erstmals 30 Frauen auf" – „Erste Finanzministerin auf Landesebene" – „Eine Frau wird Gewerkschaftsboss" – und schließlich noch die Frage, die das eindrucksvollste Frauen-Wunder beschrieb – „Können Frauen ans Netz laufen?"

Frauen-Wunder Nummer drei: Steffi schlägt sie alle

Das Stichwort heißt „Tennis". Erinnern wir uns. Wo immer sie erscheint, ist die Aufregung groß. Ihr Name steht für Erfolg, Kraft, Schnelligkeit, Temperament, Kampf und Risiko und Sieg. Aber auch für Skandal: Die Rede ist von Martina Navratilova. Eine Spielerin, die fast ausnahmslos gewinnt, im Tennis wie in der Liebe. Eine Frau, die es sich gestattet, ehrgeizig zu sein, durchtrainiert und leidenschaftlich. Die männlichste aller Industrien, die Auto-Branche, besteht darauf, der rasanten Siegerin stets das neueste Modell vor die Garagentür zu stellen. Zeitweilig sind es sieben Wagen. Dann beginnt sie die Woche im Rolls-Royce und wirft sich am Sonntag über das Steuerrad im Porsche. Den Weg zur Post macht sie auf einer 250er Honda.

Die weltbeste Tennisspielerin, das Idol und Vorbild aller Tennis-Teenies, liebt Frauen. Und Frauen lieben sie. Aber Männer nicht. Die Herausforderung dieses Frauen-Wunders ist zu groß, ist zu ungeheuerlich. Denn was ist passiert?!

In das sogenannte internationale Damen-Tennis ist Martina Navratilova einer Wölfin gleich in eine Schafherde eingefallen. Angriff à la Navratilova heißt seit ein paar Jahren weltweit das Trainingsziel des weiblichen Nachwuchses. Die jungen Mädchen dürfen jetzt stürmen, vorwärts in den Ball und ans Netz!

Sogar in der Bundesrepublik, wo einige Trainer immer noch am „weiblichen Stil" festhalten wollten. Ihre bis dahin brav an der Grundlinie klebenden Nachwuchsspielerinnen aber wurden bockig, wollten nicht länger angebunden sein, ja, entwickelten so etwas wie „Killer-Instinkt" (anerkennendes Trainer-Kompliment aus der sportlichen Fachsprache). Das über 100 Jahre alte beidhändig zu spielende, defensive Damen-Tennis wurde von der Navratilova entfesselt.

„Sie spielt wie ein Mann", konstatierten die Männer, in keiner Weise begeistert. Der „männliche Schlag" der Navratilova sei den anderen Spielerinnen gegenüber „unfair". Ja, es wurde allen Ernstes behauptet, weil sie so oft gewinne, mache sie das Damen-Tennis kaputt. Eigentlich sollte man sie mit Männern konfrontieren, hieß es. Doch die Männer wollten nicht.

Ein neues Frauen-Wunder stellte sich rechtzeitig ein und ersparte ihnen die Blamage. Die „Unbezwingbare" mit dem „männlichen Schlag" wurde von einer 17jährigen besiegt, von einem spätpubertären Pummelchen, von „unserer Steffi".

Das blonde badische Mädchen aus Brühl – Stefanie Graf inzwischen in der Sportpresse anerkennend „die Gräfin" genannt – hat auf eine mit Logik nicht zu erklärende Weise das Gleichgewicht für die Männer-Welt wieder ins Lot gebracht. Sie hat die „männliche" Navratilova bezwungen. Ist sie darum womöglich noch besser als „männlich"? Oder wenigstens doch – genauso gut wie ein Mann? Schreck laß nach! – Frauen ziehen vor Gericht, wenn sie sich diskriminiert wissen und bekommen Recht. Kein Wunder. Auch in der Justiz gibt es inzwischen Frauen. Frauen wollen eigene Sendezeiten und eigene Nachtclubs mit Männer-Strip. Frauen wollen Universitäten leiten und Bundesregierungen anführen. Frauen wollen forschen und dirigieren, sie wollen Fußball spielen und im Management Karriere machen. Frauen wollen einfach alles. Und vor allem wollen sie nicht mehr die unbezahlten Dienstleistungen für die Familie und den Staat machen. Davon wollen sie wenigstens 50 % an die Männer abgeben.

Ist es da ein Wunder, daß die Männer besorgt die Köpfe zusammenstecken? Ist es da ein Wunder, daß sie aufgebracht nach Männer-Quoten und Männer-Beauftragten für die männliche Selbstverwirklichung rufen? Und ist es da ein Wunder, daß sich die gute alte Ritterlichkeit wie von selbst zusammenfaltet und nun weggesteckt wird? Die Reservisten der Bundeswehr kündigten das in ihrer Monatszeitschrift „Loyal" noch recht reserviert, aber doch deutlich genug an:

„Man sollte die Frauen auch nicht weiter vom Verfassungsauftrag zur Verteidigung der Bundesrepublik ausschließen. Sie sind instinktiv bereit zu verteidigen. Man denke nur an die sprichwörtliche Löwin und ihr Junges." Junge, Junge, da hatte jemand scharf nachgedacht und durchgeladen: Sollen die Frauen doch ihr Mutterland selbst verteidigen.

Maria Kreuzer

Mein Gedicht zur Vollendung meines 100. Lebensjahres!

Schon im Leibe meiner Mutter war ich gesonnen,
früher auf die Welt zu kommen.
Es gab ja auf der Welt soviel zu träumen
und ich wollte nichts versäumen.
Schon im Kindergarten war ich immer eine von den Zarten.
In die Schule ging ich dann sehr gerne,
weil ich wußte, daß man dort was lerne.
Ich wollte nicht sein eine der Letzten,
durch meinen Fleiß wurde ich eine der Besten.
Als ich erwachsen, mußte ich in die Ferne schweifen
und zu meiner Tante nach Steyer streifen.
Dort lernte ich die Schneiderei,
nach zwei Jahren war ich dann frei;
dann blieb ich noch ein Jahr dort hocken,
bis ich mich wieder von der Heimat ließ locken.
Mit Gewalt zog's mich wieder nach Aigen hin
und wurde dort Schneidermeisterin.
Bei meinen Eltern hatte ich ein schönes Leben,
verdiente viel und brauchte nichts zu geben.
Leider ist meine Mutter bald gestorben,
da ist für mich alles anders geworden.
Mein Vater nahm sich eine zweite Frau,
so mußte ich mir suchen einen anderen Bau.
Ich erklärte dies meinem Freund
er nahm es auf mit großer Freud.
Jetzt können wir heiraten und uns ein nettes Heim bereiten.
Wir lebten glücklich und zufrieden,
zwei Kinder waren uns beschieden;
bis der Tod wieder eine große Lücke riß,
und der Mann mich mit den Kindern alleine ließ.
Das war für mich eine große Pein
und ein trauriges Sein.
Ich war es meinen Kindern schuldig
weiter zu leben ganz geduldig.
Da nahm der Herrgott sich meiner an
und schickte mir einen zweiten Mann.
Aber leider schon auf der Hochzeitsreise
meldete sich eine Krankheit leise.
Ich mußte ihn 7 Jahre hegen und pflegen,
bis auch er einging ins ewige Leben.
Als rüstige Witwe nahm ich alles in Kauf
und stürzte mich in der Unterhaltung Lauf.
Meine Töchter wurden in Rohrbach eingestellt,
das hat mein Leben sehr erhellt.
Dann kam eine liebe Enkelin,
die brachte mir der Arbeit und Freuden viel.
Nach dem Krieg mußten meine Kinder aus Aigen fort,
auch Monika wollte an einen anderen Ort.
Ich war zum drittenmal allein,
konnte jedoch ohne Sorgen sein.
Aber leider wird man ja nicht jünger
und das Schicksal drohte mit dem Finger.
Jeden Winter war ich einmal krank,
aber nicht sehr schwer, Gott sei Dank!
Leider brauchte nun der Hausherr meine Wohnung
und kündigte mir ohne Schonung.
Da war ich schon 85 Jahre und allein
wollte ich in einer neuen Wohnung nicht mehr sein.
So wurde der Gedanke geboren,
daß ich in einem Heim wär am besten geborgen.
Ich kam nach Bad Hall ins Altenheim,
weil ich wollte bei meinem Bruder Konrad sein.
Hier traf ich auch einen lieben Freund
und das Leben war wieder eitel Freud.
Aber bald war vorbei die schöne Zeit
und es traf mich wieder großes Leid.

Auch diese beiden mußte ich auf den letzten Weg begleiten
und muß immer noch weiterschreiten.
Nun bin ich inzwischen hundert
und werde noch immer sehr bewundert,
Bald wird der Tod auch mich in seine Arme nehmen
und mich von Euch allen trennen.

Hans Dollinger

„Erfüllt von einer tiefen inneren Freude…"

Die „innere Chronologie" im Leben und Werk von Marc Chagall

Marc Chagall war der einzige Maler unseres Jahrhunderts, dem es gelungen ist, seine eigene Transzendenz zu schaffen, seine eigene Religion, die seine irdischen Gefühle mit der kosmischen Welt verbindet. Er war auch eine Integrationsfigur zwischen der traditionellen und der modernen Malerei: „Er hat in schwieriger Zeit etwas von der 'Unschuld des Menschengeschlechts' glaubwürdig zu sagen vermocht, weil er zwei Voraussetzungen erfüllte, selbst diese Unschuld nie ganz verloren zu haben, aber auch selbst dieser schwierigen Welt zuzugehören. Es ist jene Konstellation… zwischen Ost und West, zwischen Einst und Jetzt, zwischen Tradition und Moderne, die in seinem Werk bis zum heutigen Tag fortwirkt" (Werner Schmalenbach). Und „Chagall hat in seiner Art zu malen, so reich und so originell in seinen Formen und Farben, mit großer Anmut das Fühlen und Denken des Morgen- und Abendlandes miteinander verbunden. Insofern ist seine Kunst unnachahmlich." (Lionelle Venturi). „Seine Schöpferkraft geht von Überraschung zu Überraschung, immer glücklich und beglükkend, selbst in Zeiten der Katastrophe, bezaubernd und bewegend auch da, wo er Ungeheuer schafft. Und dieser ungebrochene und nicht zu brechende Aufschwung, der die Flamme echter Hoffnung in sich trägt, er ist das wahre Meisterwerk Chagalls".

Chagall sah dies alles sehr einfach: „Alle meine Bilder sind ein Abbild dessen, was ich wie in einem Himmel gesehen und jeden Tag in meiner Seele gespürt habe. Ich versuche, alles in meinem Herzen zu bewahren." Seine Bilder sind deshalb Abbilder einer inneren Wirklichkeit, und so ist es allein unser eigenes Unglück und unser Unvermögen mangels Phantasie, wenn wir angesichts der Bilder dieses begnadeten Künstlers unsere Welt nicht mit den Augen Chagalls, als innere Wirklichkeit geformt und gestaltet, sehen können. „Nach der seltsamen Ordnung der Traumwelt, die Chagall als Wirklichkeit erlebt", so Lothar-Günther Buchheim, „ist alles richtig: die Kuh im Mond, der schwebende Rabbiner, die Jungfrau mit dem Pferdekopf. Nichts erscheint verkrampft, ausgedacht und erzwungen. Diese Welt ist einfach so. Zwar erscheint sie uns märchenhaft und verhext, doch ist im Grunde nichts anderes geschehen, als daß sich Außenwelt und Innenwelt wie in einem Kristallisationsprozeß zu einem einzigen Gebilde zusammengeschlossen haben." Der Maler selbst erklärte dazu einmal: „Ich male, was ich sehe *und* was ich träume." Der französische Dichter Paul Eluard, ein treuer Freund Chagalls, dichtete im Jahre 1948, als Chagall aus dem amerikanischen Exil nach Paris zurückkehrte, die folgenden Verse, in denen sich die Kunst Chagalls bis ins Detail niedergeschlagen hat:

Jusqu' à la Peau du violon
Ane ou vache coq ou cheval
Homme chanteur un seul oiseau
Danseur aigle avec sa femme
Couple trempé dans son printemps…
Bis zur Haut der Violine
Esel oder Kuh, Hahn oder Pferd
Mensch Sänger eines einzigen Vogels
leichter Tänzer mit seiner Frau
Pärchen getaucht in seinen Frühling…

In einem Brief an den großen jiddischen Dichter Abraham Sutzkever schrieb Chagall einmal davon, daß alle seine Bilder eigentlich eine Autobiographie seien. Völlig zu Recht spricht deshalb auch sein profundester Biograph, sein Schwiegersohn Franz Meyer, von einer „inneren Chronologie", die Leben und Werk Chagalls bestimmt, die beides zusammenhält und eins werden läßt. Diese „innere Chronologie", so Meyer, „ist die selbstverständliche Basis für die Kenntnis der Entwicklung und damit auch für das Verständnis von Chagalls Kunst", auch wenn es mit der Feststellung dieser Chronologie oft Schwierigkeiten gibt, weil eben Chagalls Vorstellung vom eigenen Schaffen „sich anderen Rhythmen unterordnet als dem regelmäßigen Ablauf der Jahre und eher der Ereigniszeit als der kalendermäßigen Uhrzeit folgt". Meyer räumt zwar ein, daß man der „inneren Schau der Werkentwicklung" bei Chagall auch eine „äußere" entgegensetzen kann, verweist aber dann darauf, daß unabhängig von der Beziehung Chagalls zur Umwelt „die künstlerische Gestalt von Chagalls Malerei selbst ihre eigene, in der Zeit begreifbare Logik besitzt, als Wandel nämlich der Beziehung der Formen untereinander, der Form zur Farbe, von Form und Farbe zum bildhaften Ereignis". Als Beleg für die enge Verbindung von Leben und Werk bei Chagall zitiert Meyer diesen Ausspruch des Künstlers: „Malerei darf nicht zur Arbeit werden." Damit dieses, auf den ersten Blick nur saloppe Bonmot im Zusammenhang richtig interpretiert wird, muß sofort hinzugefügt werden, daß Chagall unter „Arbeit" ganz einfach „Leben" verstand, daß es für ihn kein bloßes Tun, keine Ausübung einer handwerklichen Fertigkeit, keinen „Beruf" gab. Franz Meyer erklärt dazu: „Jede wahre Kultur stammt, wie Chagall meint, aus der Lebensnotwendigkeit, wird vom Leben in jedem Moment bestimmt und wirkt wieder ins Leben zurück." Chagall dazu: „Man lernt als Künstler nicht ein Metier, man lernt das 'Leben': dieses verändert dann die Arbeit." Selbst im hohen Greisenalter, er starb ja 1985 im biblischen Alter von 97 Jahren und malte bis kurz vor seinem Tode, bekannte er: „Kein anderer Künstler hat je eine solche Arbeitswut an den Tag gelegt..."

Zu dem „Leben-lernen" im Sinne von Chagall gehörte aber auch, daß in Leben und Werk eines wirklich großen Künstlers der Gegensatz im Fühlen und Denken ständig existent ist, bei Chagall, wie Franz Meyer schreibt, herrührend vom aktiven Unternehmungsgeist der Mutter und dem eher passiven, zur stillen Verinnerlichung der jüdischen Mystik des Chassidismus neigenden Vaters. Die meisten Juden in Chagalls Geburtsstadt Witebsk waren Anhänger dieser jüdisch-mystischen „Entdeckungsbewegung" aus dem 18. Jahrhundert, die eine Rückkehr zu den biblischen Quellen, zu einer innigen Gemeinschaft mit Gott verlangte, wobei das religiöse Leben mehr in Freude, Tanz und Gesang bestehen sollte als im eigentlichen Gebet. Dieser Geist der jüdischen Mystik war der Nährboden für Chagalls innere Welt und hat seiner Kunst immer wieder wesentliche Akzente gegeben, auch wenn Chagall sich während seines künstlerischen Werdegangs aus dem Chassidismus gelöst und zu einer von allen Bewegungen und Doktrinen der Kunstgeschichte unabhängigen Malerei gefunden hat.

Der Kunstschriftsteller Karl Wirth nannte in den zwanziger Jahren als „Heimat und Herkunft" von Chagall „die kindliche Fröhlichkeit des Frommen und die Güte des Beladenen" sowie eine „Innigkeit, wie sie nur die heimatliche Verbundenheit des Blutes, des Schicksals und des Glaubens zu geben vermag". Die Gegensätzlichkeit zwischen dem „genrehaften Realisten aus der russischen Provinz" und dem „jüdischen Visionär" (Wirth) spürte Chagall selbst in sich. Er sagt einmal: „Ich bin meiner selbst sicher - ich zweifle". Zweifeln muß aber jeder große Künstler, wenn er im Vertrauen auf sein Können der Wirklichkeit dieser Welt gegenübertritt, denn nur so kann er dem Geheimnisvollen des Lebens, dem Wirklich-Unwirklichen, mittels seiner Kunst auf die Spur kommen. Shakespeare hat das Wort geprägt: „Nur der Große weicht dem großen Streit nicht aus." Chagall hat sein Leben lang danach gelebt und gearbeitet. Und er hat deshalb auch immer nur solche Künstler besonders verehrt - von Rembrandt bis Klee -, bei denen er „in aller Sicherheit und Meisterschaft die Unruhe, das innere Erschrecken vor dem Gesicht der Wirklichkeit spürt" (Meyer). Als Chagall 1922 aus Rußland nach Paris kam, hat er gesagt: „Mein einziger Wunsch ist, Bilder zu malen... Weder das zaristische Rußland noch das Rußland der Sowjets können mit mir etwas anfangen. Fremd und unverständlich bin ich ihnen. Ich bin sicher, daß Rembrandt mich liebt ... Und vielleicht wird mich Europa lieben und mit ihm mein Rußland." Dabei ist es „bedeutsam und erschütternd zugleich, daß Chagall gerade in Rußland die höchsten Gipfel seiner Ausdrucksmöglichkeiten erklomm und einer der großen Meister des zwanzigsten Jahrhunderts wurde", wie der Kunsthistoriker Jean-Paul Crespelle schrieb. Und dies trotz Krieg, Revolution, Hunger und Not.

Chagall hat aber auch in seinem reichen, langen Leben immer die Liebe gesucht und gefunden, ja, er lebte aus der Liebe und für die Liebe. „Man schafft nichts, wenn man nicht liebt", sagte er 1974 anläßlich der Einweihung seiner Glasfenster in der Kathedrale von Reims. Für ihn erzählten alle Städte, in denen er arbeitete und lebte, von geliebten Menschen, von der Liebe, die den Menschen die Freiheit schenkt, sich zu entfalten. Das Land am Mittelmeer, seine zweite Heimat in Frankreich, hatte er in seiner inneren Welt längst mit der Erinnerung an das Land seiner Kindheit verwoben. Chagalls Freund André Verdet sagte dazu: „Indem er der mediterranen Landschaft, die ihn aufnahm, seinen Dank als Künstler abstattet, erweist er ihn auch dem fernen, östlichen Witebsk als der Quelle seiner Inspiration." Dasselbe gilt natürlich auch für Jerusalem und die Heimat Israel, als ihn 1959, im Alter von 72 Jahren, der Auftrag für zwölf Glasgemälde für die Synagoge des Hadassah-Krankenhauses in Jerusalem erreichte, die er 1961 vollendete. Diese Glasgemälde gelten in der ganzen Welt heute als das größte religiöse Kunstwerk unserer Zeit. Der Kunsthistoriker Werner Haftmann urteilte über diese Glasfenster von Jerusalem so: „Der festliche Bilderdom der Hadassah-Synagoge ist erfüllt von einer tiefen inneren Freude, die verehrende Liebe und mancherlei schalkhaften Humor einschließt, die das ganze Werk Chagalls so liebenswürdig durchdringen. Vom Gesamten des Werkes her gesehen, sind diese Fenster die Kulmination der lebenslangen artistischen und koloristischen Bemühungen des Malers."

Eine amerikanische Frauenvereinigung hatte diesen Auftrag bei ihm bestellt, mit dem folgende Problematik verbunden war: nach dem mosaischen Gesetz ist es verboten, das menschliche Antlitz darzustellen. Doch das war für Chagall eher Ansporn als Hindernis. Mit einer erstaunlichen Virtuosität umging er die Schwierigkeiten, indem er durch symbolische Gegenstände wie Leuchter, Gesetzestafeln, Thorarollen, Schofar-Horn und hebräische Buchstaben die zwölf Stämme Israels versinnbildlichte: Ruben, Simeon, Levi, Juda, Sebulon, Issachar, Dan, Gad, Aser, Naphtali, Joseph und Benjamin. Im Februar 1962 wurden die Glasfenster in Jerusalem eingeweiht. Chagall sagte am Morgen der Einweihung: „Und dies, was heutzutage religiöse Kunst genannt wird, führte ich aus, indem ich ebenso an die großen alten Schöpfungen der semitischen Völker dieser Region dachte. Und ich hoffe, daß ich so eine Hand ausstrecke zu den Freunden der Kultur, den Dichtern und Künstlern benachbarter Länder und aller Länder."

Fünf Jahre später, während des Sechstagekrieges zwischen Israel und seinen feindlichen Nachbarn, offenbarte er gegenüber Abraham Sutzkever auch sein Herz für Israel und die Juden: „Die Antisemiten möchten uns ergreifen wie einst die Pharaonen. Aber wir sind durch das Meer der Ghettos gezogen und unser Sieg ist in der Haggadah verewigt... Laßt die Welt zittern, wenn sie unseren Ruf nach Gerechtigkeit vernimmt. Tausende und Tausende von Menschen überall sind mit Euch. Nur jene ohne Land sind mit unseren Feinden... Wenn man zuläßt, daß Israel und die Juden erwürgt werden, dann überläßt man die ganze biblische Welt der Zerstörung. Keine neue Religion kann überleben ohne diesen Tropfen Herzblut, und wir werden dann sehen, ob wir ein Weiterleben noch verdienen oder ob wir durch die Atombombe in Nichts aufgelöst werden..."

Was Franz Meyer als das Signum großer Künstlerschaft bezeichnete, nämlich „das innere Erschrecken vor dem Gesicht der Wirklichkeit", sprach im Zusammenhang mit Marc Chagall auch sein einflußreicher Mentor in Frankreich, André Malraux, französischer Kulturminister von 1958 bis 1969, in einem Brief an den Künstler an. Er schrieb von der unbewußten Gnade in einem großen Künstler, die sich in dessen „Erstaunen angesichts des Lebens" ausdrücke und erklärte dieses „Erstaunen" so: „Sind wir gerade dem Tod entronnen, so werden uns Wäscheklammern zu Schwalben, und wir wundern uns 'bis an die Grenze der Verwunderung' – wie es in 'Tausendundeine Nacht' heißt –, daß der Mensch den Besen erfunden hat." Besser und klarer kann man die „innere Chronologie" in der Kunst Chagall nicht verständlich machen, eine Kunst, in der „die Freude seine Palette erhellt und durchflutet, auf der die gleißenden, schillernden Nuancen vorherrschen", in der „die Vorliebe vor allem dem Blau gehört, das unter seinem Pinsel die Heiterkeit der befriedeten Seele ausdrückt!" (Bernard Dorival).

Nur Chagall selbst, der gleichzeitige „Träumer und Realist, Pragmatiker und Poet, ironische Gefühlsmensch, kalkulierende Schlafwandler" (Sidney Alexander), fand noch einfachere Worte für die Einheit von Leben und Werk seines Künstlertums. In einer 1946 an der Universität von Chikago gehaltenen Vorlesung sagte er mit der Schlichtheit seiner Größe: „Ich bin ein Maler und sozusagen ein unbewußt bewußter Maler. Es sind so viele Dinge im Reich der Kunst, für die schwer Schlüsselworte zu finden sind. Aber warum eigentlich muß man unbedingt diese Tore zu öffnen versuchen? Manchmal scheint es, daß sie sich von selbst auftun, ohne Anstrengung, ohne überflüssige Worte."

Gottfried Benn

Jener

Ich habe die Erde oft gesehn
und sie manchmal auch verstanden,
Sterben und Stille und Auferstehn,
Korn und Flechten und Laubverwehn,
auch Moore, wo sie sich fanden.
Doch wie sieht die Erde für Jenen aus:
„Komm in unser umblühtes Haus"?

Ein Jubel aus Süden, ein Liebesschwarm
von Malven über den Stufen
zum Saale, zum Garten, die Brunnen warm,
Zikaden rings um den Villencharme,
die sonneversengten, rufen.
Sieht so die Erde für Jenen aus:
„Komm in unser umblühtes Haus"?

Ich weiß es nicht, ich kann auch nicht
weder Norden noch Süden trauen,
ich glaube, erst wenn der Raum zerbricht,
erst wenn die Stunde der Träume spricht,
kommen Oleander und Pfauen.
Dann sieht die Erde für Jenen aus:
„Komm in unser umblühtes Haus."

Hans Peter Duerr

Über die Liebe zum Leben

Sieht man von den letzten Jahrtausenden ab, so kann man sagen, daß die Menschen sich während ihrer gesamten Geschichte mit der Welt, in der sie lebten, identifizieren konnten, und zwar mit einer Welt, wie sie *war* und nicht wie sie *sein sollte.* Diese Liebe zum Leben hatte natürlich ihren materiellen Grund. Mag es auch etwas überzeichnet sein, die Wildbeuter als „ursprüngliche Überflußgesellschaft" zu charakterisieren, so steht doch fest, daß die Jäger und Sammlerinnen im Vergleich zu den späteren Bauern und Hirtennomaden wenig arbeiten mußten, um ihre Existenz zu sichern. Zudem machte die flexible Lebensform der sowohl egalitären als auch individualistischen kleinen Gruppen es möglich, größere gesellschaftliche Konflikte dadurch zu vermeiden, daß man sich aus dem Wege ging.

Ein solches Leben ließ sich recht umstandslos bejahen, und so standen auch die religiösen Rituale dieser Gesellschaften im Dienste des Lebens. Wenn sich der Kosmos zyklisch regenerierte, dann nahmen die Menschen in ihren Ritualen an dieser Erneuerung teil, und es hat den Anschein, daß sie so etwas wie eine Geburtshilfe leisteten, wenn die Natur in den Wehen lag, indem sie dazu beitrugen, das Jagdwild aus dem Bauch der Erde zu lösen.

Nach dem Ende der letzten Eiszeit wurden die meisten Wildbeutergesellschaften, vor allem offenbar durch das Bevölkerungswachstum, dazu gezwungen, ihre traditionelle Lebensform aufzugeben, Nutzpflanzen anzubauen und Tiere zu züchten. Zwar blieben die zentralen Rituale Regenerierungszeremonien, aber sie bezogen sich jetzt nicht mehr auf die Wiederkehr der abgewanderten Tierherden, sondern vornehmlich auf das Wachstum der Nahrungspflanzen. Die Arbeit war freilich mühsamer, eintöniger und vor allem langwieriger geworden und das Konfliktpotential zwischen den Gesellschaften und innerhalb der Gesellschaft immens gewachsen. So steht die kaum getrübte elementare Lebensfreude, die viele Ethnographen bei den meisten Wildbeutern beobachtet haben, die Liebe zum Leben, so wie *es ist,* und nicht, wie es *sein sollte,* in markantem Gegensatz zum Lebensgefühl der Pflanzer, Bauern, Hirtennomaden und der Angehörigen der Industriegesellschaften, die entweder in mühsamer Arbeit im Schatten der drohenden Mißernten die ewige Wiederkehr des Gleichen erhoffen bzw. zu erzwingen versuchen, oder denen lediglich die Perspektive, daß eines Tages alles *ganz anders* sein wird, den Weg durch das Jammertal erträglich sein läßt.

In anderen Worten: obgleich die Zivilisation seit der „neolithischen Revolution" stetig Fortschritte machte, sank die „Lebensqualität", und das Bewußtsein davon, daß das Leben im wesentlichen mühselig und leidvoll war, führte im ersten vorchristlichen Jahrtausend zur Entwicklung von Weltanschauungen, die später von Nietzsche als die „bisher größten Attentate auf das Leben" bezeichnet werden sollten. Auf der einen Seite entstanden die „Transzendenzideologien", in denen einem jenseitigen oder einem künftigen Leben ungleich größerer Wert beigemessen wurde als dem, welches die Menschen in Wirklichkeit führten, und auf der anderen Seite artikulierten sich die „Weltfluchtideologien", in denen das Leben überhaupt abgewertet und verneint wurde. Während sich bekanntlich die „Transzendenzideologie" in späterer Zeit zur offiziellen Weltanschauung der Zivilisation entwickelte, die sich die Erde untertan machte, wurde die „Weltfluchtideologie" in weiten Teilen Asiens zur tragenden Religion und begleitete im Westen häufig die „Jenseitslehre" als mystische Unterströmung.

Dabei sollte man beachten, daß „Weltflucht" nicht notwendigerweise – und sogar nur in den selteneren Fällen – einen Rückzug des Menschen in die Abgeschiedenheit des Klosters, der Wüste oder des Urwaldes bedeutet. Meist geht es eher darum, die Dinge *sub specie aeternitatis,* im Schatten der Ewigkeit zu sehen, so daß alles, was gedacht oder getan werden kann, zur absoluten Bedeutungslosigkeit zusammenschrumpt.

Paul Feyerabend hat einmal bemerkt, daß ihn einer, der den Dingen der Welt mit der wissenschaftlichen Methode beikommen will, an jemanden erinnerte, der versuchte, mit den Schritten des klassischen Baletts das Matterhorn zu besteigen. In diesem Sinne mache ich nicht den Versuch, die verschiedenen Ideologien zu werten, gleichsam um die dem Menschen angemessene Weltanschauung herauszufiltern. Dies nicht deshalb, weil ich etwa ein Liebhaber des Relativismus wäre, sondern weil unter bestimmten geschichtlichen Bedingungen gewisse Lebensstrategien sinnvoller sind als solche, die uns im Augenblick mehr ansprechen mögen. So kann ich mir zwanglos Situationen vorstellen, in denen Nekrophilie, Todessehnsucht oder Zynismus dem Überlebenden dienlicher sind als ein pausbäckiges „Ja zum Leben".

„Der Wald ist das Gute", singen die Bambuti. So, wie er normalerweise ist, ist es gut. Und ist er eingenickt, abgelenkt oder geschwächt, dann ist er nicht böse, vielmehr schläft dann auch seine Güte, die mithin den Pygmäen in dieser Zeit entzogen ist.

Es macht einen Unterschied, ob Gutes mangelt oder ob Böses da ist. Denn im einen Fall wird man versuchen, das Gute wieder herbeizuholen oder zu stärken, während man im anderen Fall eher dazu neigen wird, das Böse zu bekämpfen. In ähnlicher Weise macht es einen Unterschied, ob das Richtige nicht geschieht oder ob das Falsche geschieht.

So hat man von den Navaho gesagt, daß sie ihre Rituale nicht so sehr durchführen, um etwas zu beeinflussen oder herzustellen, sondern eher, um sich wieder in etwas einzugliedern, was sie verlassen haben, aus dem sie herausgetreten sind; und deshalb vollziehen sie keine Zeremonien, in denen das Falsche oder Schlechte bekämpft wird, sondern solche, in denen richtig gehandelt wird, oder anders ausgedrückt: in denen man zur paradigmatischen Handlung zurückkehrt.

Hierbei ist es nicht unwichtig, darauf zu achten, daß das Wort „zurückkehren" wörtlich zu verstehen ist. Wenn heute Erwachsene sagen, daß jedes Jahr Weihnachten wiederkehrt, dann verstehen dies meist nur deren Kinder in dem Sinne, daß man sich bis zur Mitte des Jahres von Weihnachten entfernt hat und anschließend dem Fest wieder näherrückt. Für die Kinder gibt es nur *das* Weihnachtsfest, während für die meisten Erwachsenen ein Weihnachten dem anderen folgt.

In diesem Sinne müssen wir auch das „Regenerieren" im Ritual verstehen. Im Ritual wurde weniger etwas geschaffen, hergestellt oder beeinflußt, vielmehr kehrte man in ihm zum Normalzustand zurück, von dem die Natur und damit auch die Menschen sich entfernt hatten, und man kann beinahe sagen, daß die Natur selber das Ritual vollzog, an dem sich die Menschen beteiligten. Das Leben in seiner Blüte war „das Gute", so wie der wache, aufmerksame Wald, der seine Kinder, die Bambuti, mit Nahrung versorgt, und wenn das Leben welkte, dann wurde es nicht böse, dann war es nicht „das Schlechte", sondern es hatte sich nur von dem, was es ist, entfernt.

Aber diese Entfernung stand „im Dienste des Lebens", denn das Leben konnte nur das sein, was es ist, indem es sich ständig erneuerte. Etwas philosophischer ausgedrückt: Die Menschen der Regenerierungsrituale wußten, daß das Leben immer nur das sein konnte, was es ist, indem es zugleich das war, was es nicht ist, daß es seine Kraft aus dem Tode bezog; sie wußten, daß Leben und Tod, Sein und Nichtsein in einem dialektischen Verhältnis zueinander standen, daß der Tod dem Leben nicht entgegengesetzt, sondern ein Moment des Lebens war.

Deshalb erstrebten sie nicht das Paradies. Das Paradies kennt keine Dialektik. Es ist, was es ist, tot vor Unsterblichkeit. Die Sehnsucht nach dem Paradies entstand, als man der regenerierenden Kraft der Natur nicht mehr trauen konnte, und als zudem die ewige Wiederkehr des Gleichen vor allem die ewige Wiederkehr von Plackerei und Mühsal bedeutete.

War für die Wildbeuter der Tod ein Moment des Lebens, so wandelte sich mit der Zeit das Leben zu einem Moment des Todes. Ein solches Lebensgefühl wurde besonders in Indien ideologisiert. Auch im alten Israel gab es diese Grundstimmung, aber dort war sie verwoben mit dem Lebensgefühl der wandernden Hirtennomaden, die auf den Horizont der neuen Weidegründe und die Zukunft hin lebten.

Hatten die Wildbeuter eine „Lebensideologie", indem sie das Leben liebten, wie es war, und den Tod in den Dienst des Lebens stellten, und entwickelten sich in Südasien aus dem zum Pessimismus neigenden Lebensgefühl der Bauern eine „Todesideologie", die das Leben in den Dienst des Todes stellt, so war Israel die Keimzelle einer Ideologie, die weder das Leben akzeptierte noch den Tod.

Das Surrogat für das Leben, wie es *war*, konnte aber nur ein Leben sein, wie es *sein sollte*, ein Leben jenseits des Horizontes oder ein Leben in der Zukunft.

Etwas überspitzt ausgedrückt kann man vielleicht sagen, daß in Israel die Transzendenz und die Zukunft erfunden wurden, und es ist nicht weiter überraschend, daß eine Zivilisation wie die westliche, die ihr Heil in räumlicher und zeitlicher Expansion suchte, gerade die jüdisch-christliche Weltanschauung zu ihrer tragenden Ideologie machte. Weder eine Lebens- noch eine Todesideologie taugen dem, der zum Horizont und in die Zukunft „fortschreitet", denn beide können nur Sand im Getriebe einer Zivilisationsmaschine sein.

Heute erleben wir indessen, daß diese Maschine ohnehin knirscht, und es scheint, daß nicht nur die Kurzzeit-, sondern auch die Langzeiterwartungen, die sie geweckt hatte, unerfüllt bleiben werden.

Während die religiöse Variante der jüdisch-christlichen Transzendenzideologie schon vor längerer Zeit obsolet geworden war, was bedeutet, daß man sie, die ihre historische Schuldigkeit getan hatte, ausrangierte und ihr heute in sonntäglicher Nische ihr Gnadenbrot gibt, scheint inzwischen auch die säkularisierte Variante dieser Ideologie wenn nicht ihre Macht, so doch ihre Legitimität verloren zu haben.

In dieser Situation kann es nicht ausbleiben, daß nicht wenige Menschen auf die Ideologien zurückgreifen, die noch vor kurzem ein für allemal auf dem Dunghaufen der Geschichte gelandet zu sein schienen.

Hören wir auf der einen Seite wieder das uns inzwischen vertraute Bambuti-Lied „Der Wald ist das Gute", so taucht auf der anderen Seite die „Todesideologie" auf, die heute in dieser Zivilisation eine Plausibilität für sich in Anspruch nehmen kann, die sie nie zuvor hatte.

Guido Frei

Freude 87

Der Titel enthält eine bohrende Frage: Ist Freude in diesem Jahr 1987 überhaupt noch möglich? Ist es nicht widersinnig, ja geradezu zynisch, jetzt ein Buch erscheinen zu lassen, das der Freude gewidmet ist? „Die Freude der Pauken feiert, das Jauchzen der Fröhlichen ist aus, und die Freude der Harfe hat ein Ende. Man klagt, daß alle Freude weg ist, alle Wonne des Landes dahin ist," – bekommt dieses Wort des Propheten Jesaja nicht bittere Aktualität angesichts des fatalen Versagens einer hochentwickelten Einrichtung fern in der Ukraine, das bewirkt, daß tödliche Strahlungen sich freimachen, sich über Tausende von Kilometern ausbreiten, Menschen, Tiere und Pflanzen aufs höchste gefährden, kaum absehbare Spätfolgen verursachen?

Und wird das Jesaja-Wort von den Wonnen des Landes, die dahin sind, nicht nackte, bedrängende Gegenwart angesichts der Bedrohung der Menschheit durch eine Krankheit, die in ihrer unheimlich perfiden Bösartigkeit an jene Zeiten erinnert, da in Europa Hunderttausende dem Schwarzen Tod zum Opfer fielen? Und ist „das Jauchzen der Fröhlichen nicht aus", wenn wir hören, daß über den Polen der Erde die schützende Atmosphäre aufgerissen ist, und der Mensch Einwirkungen ausgesetzt wird, die ihn aufs höchste gefährden? Und müssen nicht die, „die von Herzen fröhlich waren, seufzen", weil menschliches Tun bewirkt, daß für Monate das Leben in einem stolzen Strom abgestorben ist? Und klagt man nicht über alle „Freude, die weg ist", wenn immer neue Hiobsbotschaften vom Sterben der Wälder in Europa uns treffen?

Freude 1987 – ein Gegensatz in sich selbst, weil die Welt offensichtlich an einem Punkt angelangt ist, da Freude zur sinnentleerten Vokabel wird, im Begriff ist, sich davonzustehlen aus dem Dasein der katastrophengebeutelten Menschen der Endphase dieses Jahrhunderts. Was sich ausbreitet, ist Angst, nackte Angst, und damit eine kollektive Depression, die sich im Leben des Einzelnen einnistet, sein Tun und Handeln, sein Fühlen und Denken unmerklich immer mehr zu beherrschen beginnt. Es kommt hinzu, daß diese negative Bewußtseinslage, in die der Mensch zu geraten droht, von politischen Gruppierungen verschiedenster Couleur mit Hilfe der Medien für ihre Ziele nutzbar gemacht wird, was die Furcht vor katastrophalen Entwicklungen noch einmal steigert. Der Einzelne erfährt so einen immer stärkeren Autonomieverlust: er wird gehandelt, statt daß er selbst handelt. Und das ist verhängnisvoll angesichts einer Situation, die durch das Zusammenwirken verschiedenster, teils voneinander unabhängiger, teils einander bedingender Prozesse in den verschiedensten Bereichen des Lebens ernst, ja alarmierend geworden ist. Es ist verhängnisvoll deshalb, weil die Abhängigkeit von den Ängsten, mit denen der Mensch pausenlos konfrontiert wird, ihn in die Resignation treibt, ihn lähmt, ihn in ein gefährliches laisser aller-laisser faire hineinführt. Dabei müßte er doch alle Kräfte freimachen können, um sein schwierig gewordenes Dasein zu bestehen. Denn die Bedrohungen, die heute so globale Dimension haben, können unmittelbar seine personale Existenz treffen, sie gefährden, sie in Frage stellen. Der Einzelne läuft dann Gefahr, dem unheimlich Kollektiven und Anonymen dieser Bedrohungen zu erliegen: Was vermag er allein denn angesichts von Vorgängen und Prozessen, die ablaufen, ohne daß er auch nur die geringste Möglichkeit hat, sich ihnen entgegenzustellen?

Der Mensch dieser letzten Phase des ausgehenden Jahrhunderts steht vor Aufgaben, die er nicht zu lösen vermag, wenn Kleinmut von ihm Besitz ergreift, Resignation sein Handeln bestimmt, Angst sein Tun lähmt. Gerade jetzt, mitten in den Bedrohungen unserer Existenz braucht der Mensch wie nie zuvor Zuversicht, Mut, Phantasie, einen hochgemuten Sinn – und die Fähigkeit, sich zu freuen, Freude zu empfangen, Freude zu geben. Dann wird er imstande sein, sich als Glied der Gemeinschaft, in der er steht und wirkt, strebend zu bemühen, das Seine zu leisten, damit diese Welt zwar nicht heil, aber heiler wird. „Es gibt Kräfte, die nach dem Bestehen des Einzelnen zielen. Sie sichern den Bestand des Einen und dadurch den Aller", sagt Adalbert Stifter in seiner berühmten Vorrede zu den „Bunten Steinen". Und diese Kräfte gilt es gerade heute, angesichts globaler Bedrohungen, freizumachen. Dann werden wir die Freude wieder lernen, werden sie zurückholen, sie, die im Begriffe war, sich davonzumachen aus einer Welt, in der sie anscheinend keinen Platz mehr haben soll. Aber vielleicht ist es eine andere Freude, eine Freude, die weiß um ihr dunkles Korrelat, die Trauer, und die gerade darum stärker und beständiger ist, weil sie, leiser geworden, nach innen weist und eng verschwistert ist mit der Hoffnung, ohne die unser Leben immer weniger machbar wäre.

Freude 87 – sie ist noch möglich, ist noch lebendig, aber als eine Freude, von der Erich Fromm sagt, sie sei nicht Ekstase, das Feuer des Augenblicks, sondern die Glut, die dem Sein innewohnt.

Folco Portinari

Il piacere della gola

Rinuncio a un eventuale sabba lessicale, tra il „pigliare per la gola", il „mentire per la gola", il „fare gola", giù fino allo splendido „golare", per *godere* che coglie in quel sito il luogo universale, reale (e surrettizio) del piacere. Donde la „goleria", che il Tommaseo così definisce: „Il vizio della gola, piuttosto nella qualità che nella quantità: ma più sovente è la cosa che titilla la gola." Però il lessico ha la sua parte nella pièce, sia pure in negativo, prova e riprova di inefficienza e inadeguatezza. Per averne documento probante basta leggere cosa e come scrivono i gastronomi di mestiere, per guide o gazzette; contro quali muri siamo costretti a sbattere il capo, fino a renderlo quadro, cubo o parallelepipedo che sia, nell'esercizio sadomasochistico di riprodurre verbalmente le piacevoli sensazioni. È una constatazione amara: la descrizione dei piaceri è riservata da sempre ai poeti, proprio perché non è, né può essere, una descrizione; per indescrittibilità.

Precipito nell'ovvio e mi ripeto: il piacere non è descrivibile o riproducibile, se non analogicamente, mai direttamente e oggettivamente. È la sua peculiarità, la sua difesa, o la difesa della natura per rendere possibile la sua sopravvivenza. O forse della società, dell'uomo coltivato più che del selvatico. Ricorre dunque al prestito di simboli da un altro linguaggio. È altresì vero, ne convengo, che si sono messe assieme delle approssimazioni convenzionali, su un parametro statistico-medio (mediocre), con divisioni selettive gergali, settoriali, a seconda della classe sociale, della collocazione geografica, della cultura generale o particolare dell'utente in indirizzo. La polisemia impazza tra i piatti. Ciò comporta e ciò accade perché il piacere è, per sua natura, criticabile solo da un punto di vista morale, ma non in sé, data la sua inafferrabile soggettività. Precipito ulteriormente con gli esempi: a me non piacciono i pomodori, quindi non li mangio, nonostante le diverse convinzioni e apostolati e tentativi di conversione. Faranno anche bene, non dico di no, come farebbe bene il pesce a mia figlia, che non lo ama, branzino, aragosta o ostrica che sia. D'altra parte Orazio non amava l'aglio, ch'io amo: „Se uno strozza il vecchio padre con mano sacrilega, *edit cicutis alium nocentius,* mangi per punizione l'aglio, peggiore della cicuta. *O dura messorum ilia,* o intestini duri dei mietitori!" (*Epodi,* III). All'altro polo sta la vendita della primogenitura, con tutti i suoi vantaggi e onori, in cambio di un piatto di lenticchie, si spera di Rodi, da parte di Esaù, „un uomo che s'intendeva di caccia", figlio di Isacco, che lo amava, perché „la cacciagione era di suo gusto" (*Genesi,* 25–27, 31).

Certo, un conto è nutrirsi e un conto è provarvi piacere, goderne, farne un vizio, però è un godimento che partecipa del privilegio della sublimità, della celestiabilità, come da processo deduttivo. Dico che attenuanti ce ne sono. E anche deviazioni e indotti, bene o male riconducibili proprio alla gnummereddicentricità dell'umana cultura. Recupero il filo del discorso perso o abbandonato, per ritornare al piacere della gola, al piacere quantitativo, che mi pare quello più esemplarmente indicativo, per la qualità, l'imponenza, la persistenza e le motivazioni del caso. È, pure questo, un problema sviscerato, sotto specie sociologica e psicologica, né io credo di avere nuove proposte di lettura da avanzare. Per ora mi basta tirar giù dalla memoria, per un palatale esofagico piacere accessorio, traverso, quel poco che ricordo sull' argomento e che corrisponde a quel che mi piace o m'è piaciuto per antiche frequentazioni letterarie. Qualche chiosa minima, sul generale, mi sembra però opportuna, a me, per ripigliare il filo.

Che il piacere stia nella quantità è „naturale", se quel piacere si sostanzia, si arricchisce con una dimostrazione e una esibizione di potenza che possono esorcizzare, sconfiggendole nel rituale gastronomico, la fame e la morte. Il contenuto alimentare delle letterature non si discosta da questi argomenti di „potere", sia che prenda in considerazione gli „eroi" (che per appartenenza, per classe, potevano partecipare alle *grandes bouffes*) sia coloro che „eroi" non sono, senza diritto di ingresso nella letteratura, oltre che nei banchetti, privi di testimonianza storica (quelli che tiravano su le Piramidi, a braccia). Tanto da mettere in piedi, per riscontro, una mitologia ancestrale, diffusa, buona, con poche variazioni marginali, a tutte le latitudini, l'Eden, la sua perdita e la sua promessa. E, nel mezzo, i Saturnali e il Carnevale, le liturgie scaramantiche, sulle quali si stende ormai una ricchissima bibliografia, piena di fascini decrittatori. Eppure l'esperienza ne è viva, attuale, verificabile ancora nelle campagne, un modo esibito di scacciare quei due spettri, fame e morte, che inquinano la vita (riti che si mascherano o si trasferiscono nelle abitudini riprodotte: basta visitare un ristorante campagnolo di domenica, Langhe o Monferrato, per accertarsene; il residuo inconscio, collettivo, d'una rivalsa, d'una sicurezza contro fame e morte, che può garantire solo lo spreco, visibile, quasi a sfida contro il destino, il destinatario, la destinazione: una rivalutazione delle mandibole su tutti gli altri muscoli, specie se sentimentalisticamente lisci). E l'immaginario collettivo disegna, con precisione, le sue mappe, la sua geografica edenica, le sue isole riprodotte di paradisi terrestri, dov'è l'abbondanza di cibo, persino manufatto, a caratterizzarli, tanto da soddisfare la voglia, il piacere di straffogarvicisi, pieni riempiti.

Il piacere della gola è molteplice e non si ferma alla sola formula masticatoria. Né al bere. Basta pensarci su un poco:

l'apprendistato infantile, infatti, vede il bimbo che sugge, succhia. E quindi lecca. Il piacere di leccare è un piacere primario, che resiste anche nel tempo. Ciascuno di noi... Tiro giù dalla memoria... dove porcino e porcone si misturavano. Ricordo certe domeniche, prima della guerra: c'era l'antipasto (affettato di prosciutto cotto, l'ormai introvabile con l'osso), le lasagne di mio padre (lasagne, besciamella, fontina filosa, ragù, funghi secchi, a piani, a ripetizione). Quindi il pollo. Serviva per due giorni.

Di quell'evento io, però, ricordo il piacere di leccare. Non dico quelle caramellone piatte e sottili, grandi e colorate, con su la faccia di Gianduja, carnevalesche (la fabbrica era a Torino, a Porta Palazzo). Un'anticipazione dei più diffusi lecca-lecca col bastoncino (quello che lecca la piccola Paulette nella prima inquadratura di *Jeux interdits*). No, era il gusto unguentale dell'unto, ungersi e leccare assieme, lo spago che legava il pollo per tenerlo compatto. Per poi leccarsi le dita, igiene, pulizia. Come il bambino in primo piano, nelle nozze contadine di Bruegel, con un gran cappello in testa e l'indice in bocca, che si lecca il piatto. La leccarda. Lecco.

Ed era, nel giorno del mio compleanno, leccare la forma del budino di cioccolato, „il più buono", mettere in gola, per il lungo, un lungo frutto di vaniglia e poi tirarlo tra le labbra strette a culo di gallina. Era il piacere di leccare un gelato da quattro soldi, con calma perché durasse di più. Non è durato più di tanto.

Anche il bere è un piacere della gola. Da Noè in giù la storia è piena di grandi sbronze, di ubriacature che non è il caso di ricuperarle. I Lapiti invitano i Centauri alle nozze di Ippodamia e Piritoo; i Centauri si ubriacano e tentano di rapire Ippodamia con tutte le donne; arriva Teseo, vince e li uccide quasi tutti: tattica familiare nei secoli, fino al Far West, con esiti contrastanti. E all'altro capo c'è Pierre Besucov che sfida le vertigini e la gravità in bilico su una finestra, a buttar giù alcool.

C'è un bello sbronzo nella *Secchia rapita* (II, 39) di Tassoni. Bello per il paragone (ma l'ubriaco è Alcide, Ercole „con la mazza/capitan de la guardia de la piazza", durante il concilio degli dèi):

„ch'un ubriaco svizzero paria,
di quelli che con villan moto insolente
sogliono innanzi 'l papa il dì di festa
romper a chi le bracchia a chi la testa."

È quello svizzero che mi intriga. Che potrebbe benissimo essere un tedesco. (Lo svizzero e il tedesco mi fanno venire in mente la birra, che è antica quanto il vino, prodotta in Mesopotamia quanto in Egitto, gradita a Nabucodonosor e ai faraoni, consigliata da Ippocrate, rimessa costì in uso da Marco Visconti, un piacere da non trascurare, insomma, vista anche la sua attuale diffusione su tutti i continenti, specie dove non arriva il vino. Ecco cosa può stuzzicarmi uno svizzero ubriaco).

Anche Proust beve. O meglio, anche in Proust si beve, oltre a mangiare e frequentare ristoranti di lusso. Uno di questi è il Rivebelle di *À l'ombre des jeunes filles en fleurs,* un locale „tipico" proustiano, per intermittenze e piaceri: „Avevo già bevuto parecchio Porto (. . .) Lasciavo che il mio piacere andasse docilmente a posarsi su ogni nota, dov'era la musica stessa a condurlo. Se, simile a quelle industrie chimiche dove si producono in grande quantità corpi che in natura si trovano assai di rado e in modo accidentale, il ristorante Rivebelle riuniva in un solo momento numerose donne capaci di farmi giungere sollecitazioni e prospettive di felicità (. . .), d'altra parte la musica che ascoltavamo – arrangiamenti di valzer, di operette tedesche, di canzonette da caffè-concerto, tutte nuove per me – era a sua volta una sorta di aereo luogo di piacere, sovrapposto al primo e ancor più inebriante." Come dire, straussianamente, vino donne canto. Il piacere del bere all'interno del piacere della tavola, accompagnato, sorretto e incrementato dal piacere della musica. Come, del resto, avveniva da tempi immemorabilmente omerici nelle corti, ai banchetti, un elemento in più a scompaginare le illusioni di assoluta saporosità o di oggettività dei deliri buccoventrali.

Proust ormai voul dire *madeleines,* è un po' la sua maledizione da schema e da pigrizia (ma è anche un referente solido e chiaro, ottimamente utilizzabile). Più dei biscottini, comunque, gli piacevano quelle bignole lunghe dal lampeggiante nome di *éclairs.*

A ogni incontro con il *Don Giovanni* di Mozart alla fine mi domando in cosa consistesse il menù del banchetto con il convitato di pietra. Seduttore e Commendatore a quali delizie, o nequizie, rinunciano? Il gioco valeva la candela? E se quel pranzo, secondo locuzione corrente, avesse fatto risuscitare il morto? Distrazioni, lo so, ma mi perseguitano da anni. È vero che il Commendatore ribatte all'invito:

„Non si pasce di cibo mortale
chi si pasce di cibo celeste."

Sì, c'era stato del fagiano ma è presumibile che Leporello l'abbia terminato *di nascosto:*

„Questo pezzo di fagiano
piano, piano – vo' inghiottir."

Ci aggiungo l'„eccellente marzimino", e non ho altre informazioni.

Don Giovanni muore con fagiano e marzimino. O meglio, scende all'inferno. Se, per delirio d'ipotesi, dovessi scegliere un'ultima volontà, un piacere ultimativo, ebbene ho scelto: una bottiglia di Chateau d'Yquem, da scolarmi da solo. Il piacere della sublimità prodotto da materie ignobili, secondo umana ricetta.

Zola: *Le ventre de Paris.* Non è solo questione di senso simbolico del ventre, il „dentro“ d'una città e d'una società che produce escrementi (altro simbolo), ma anche la *pancia,* un gusto, una cultura, un'economia, una politica ventrali. Da lì dilagarono e si trasferirono, quaggiù, a Torino, a Milano, a Roma, a Napoli, ciascuna zolianamente col suo ventre.

Basta poco per perdere l'amore di Emma Bovary, predisponendola al tradimento. Il comportamento a tavola di Charles ne è la spia: „Al dessert affettava il tappo delle bottiglie vuote; dopo mangiato passava la lingua sui denti; trangugiando il brodo un gorgoglìo a ogni sorsata.“

Adamo che mangia la mela, giocandosi così tutto, è un eroe gastronomicamente positivo, di curiosa golosità. Appartiene cioè alla categoria degli esploratori, coloro che non cercano a tutti i costi gli spaghetti a Mosca o a New York.

Amo dall'infanzia i cocomeri, le angurie. Quel che non capisco è come mai un frutto già allegro a vedersi (non manca mai nelle „nature morte“) non compaia sulla tavola di nessun ristorante italiano, almeno del Centro-Nord. Mentre è d'obbligo in Grecia *(carpusi),* ma anche in Brasile. E in Asia Centrale (all'aeroporto di Khiva un vecchio me ne affidò una, di anguria, preziosamente, da portare a Mosca a un suo parente; lo tradii e me la mangiai).

James Joyce

A Portrait of the Artist as a Young Man

Towards dawn he awoke. O what sweet music! His soul was all dewy wet. Over his limbs in sleep pale cool waves of light had passed. He lay still, as if his soul lay amid cool waters, conscious of faint sweet music. His mind was waking slowly to a tremulous morning knowledge, a morning inspiration. A spirit filled him, pure as the purest water, sweet as dew, moving as music. But how faintly it was inbreathed, how passionlessly, as if the seraphim themselves were breathing upon him! His soul was waking slowly, fearing to awake wholly. It was that windless hour of dawn when madness wakes and strange plants open to the light and the moth flies forth silently.

An enchantment of the heart! The night had been enchanted. In a dream or vision he had known the ecstasy of seraphic life. Was it an instant of enchantment only or long hours and days and years and ages?

The instant of inspiration seemed now to be reflected from all sides at once from a multitude of cloudy circumstances of what had happened or of what might have happened. The instant flashed forth like a point of light and now from cloud on cloud of vague circumstance confused form was veiling softly its afterglow. O! In the virgin womb of the imagination the word was made flesh. Gabriel the seraph had come to the virgin's chamber. An afterglow deepened within his spirit, whence the white flame had passed, deepening to a rose and ardent light. That rose and ardent light was her strange wilful heart, strange that no man had known or would know, wilful from before the beginning of the world: and lured by that ardent roselike glow the choirs of the seraphim were falling from heaven.

Are you not weary of ardent ways,
Lure of the fallen seraphim?
Tell no more of enchanted days.

The verses passed from his mind to his lips and, murmuring them over, he felt the rhythmic movement of a villanelle pass through them. The roselike glow sent forth its rays of rhyme; ways, days, blaze, praise, raise. Its rays burned up the world, consumed the hearts of men and angels: the rays from the rose that was her wilful heart.

Your eyes have set man's heart ablaze
And you have had your will of him.
Are you not weary of ardent ways?

And then? The rhythm died away, ceased, began again to move and beat. And then? Smoke, incense ascending from the altar of the world.

Above the flame the smoke of praise
Goes up from ocean rim to rim.
Tell no more of enchanted days.

Smoke went up from the whole earth, from the vapoury oceans, smoke of her praise. The earth was like a swinging smoking swaying censer, a ball of incense, an ellipsoidal ball. The rhythm died out at once; the cry of his heart was broken. His lips began to murmur the first verses over and over; then went on stumbling through half verses, stammering and baffled; then stopped. The heart's cry was broken.

The veiled windless hour had passed and behind the panes of the naked window the morning light was gathering. A bell beat faintly very far away. A bird twittered; two birds, three. The bell and the bird ceased: and the dull white light spread itself east and west, covering the world, covering the roselight in his heart.

Fearing to lose all, he raised himself suddenly on his elbow to look for paper and pencil. There was neither on the table; only the soupplate he had eaten the rice from for supper and the candlestick with its tendrils of tallow and its paper socket, singed by the last flame. He stretched his arm wearily towards the foot of the bed, groping with his hand in the pockets of the coat that hung there. His fingers found a pencil and then a cigarette packet. He lay back and, tearing open the packet, placed the last cigarette on the windowledge and began to write out the stanzas of the villanelle in small neat letters on the rough cardboard surface.

Having written them out he lay back on the lumpy pillow, murmuring them again. The lumps of knotted flock under his head reminded him of the lumps of knotted horsehair in the sofa of her parlour on which he used to sit, smiling or serious, asking himself why he had come, displeased with her and with himself, confounded by the print of the Sacred Heart above the untenanted sideboard. He saw her approach him in a lull of the talk and beg him to sing one of his curious songs. Then he saw himself sitting at the old piano, striking chords softly from its speckled keys and singing, amid the talk which had risen again in the room, to her who leaned beside the mantelpiece a dainty song of the Elizabethans, a sad and sweet loth to depart, the victory chant of Agincourt, the happy air of Greensleeves. While he sang and she listened, or feigned to listen, his heart was at rest but when the quaint old songs had ended and he heard again the voices in the room he remembered his own sarcasm: the house where young men are called by their christian names a little too soon.

At certain instants her eyes seemed about to trust him but he had waited in vain. She passed now dancing lightly across his memory as she had been that night at the carnival ball, her white dress a little lifted, a white spray nodding in her hair. She danced lightly in the round. She was dancing towards him and, as she came, her eyes were a little averted and a faint glow was on her cheek. At the pause in the chain of hands her hand had lain in his an instant, a soft merchandise.

- You are a great stranger now.
- Yes. I was born to be a monk.
- I am afraid you are a heretic.
- Are you much afraid?

For answer she had danced away from him along the chain of hands, dancing lightly and discreetly, giving herself to none. The white spray nodded to her dancing and when she was in shadow the glow was deeper on her cheek.

A monk! His own image started forth a profaner of the cloister, a heretic franciscan, willing and willing not to serve, spinning like Gherardino da Borgo San Donnino, a lithe web of sophistry and whispering in her ear.

No, it was not his image. It was like the image of the young priest in whose company he had seen her last, looking at him out of dove's eyes, toying with the pages of her Irish phrasebook.

- Yes, yes, the ladies are coming round to us. I can see it every day. The ladies are with us. The best helpers the language has.
- And the church, Father Moran?
- The church too. Coming round too. The work is going ahead there too. Don't fret about the church.

Bah! he had done well to leave the room in disdain. He had done well not to salute her on the steps of the library. He had done well to leave her to flirt with her priest, to toy with a church which was the scullerymaid of christendom.

Rude brutal anger routed the last lingering instant of ecstasy from his soul. It broke up violently her fair image and flung the fragments on all sides. On all sides distorted reflections of her image started from his memory: the flowergirl in the ragged dress with damp coarse hair and a hoyden's face who had called herself his own girl and begged his handsel, the kitchengirl in the next house who sang over the clatter of her plates with the drawl of a country singer the first bars of *By Killarney's Lakes and Fells,* a girl who had laughed gaily to see him stumble when the iron grating in the footpath near Cork Hill had caught the broken sole of his shoe, a girl he had glanced at, attracted by her small ripe mouth as she passed out of Jacob's biscuit factory, who had cried to him over her shoulder:

- Do you like what you seen of me, straight hair and curly eyebrows?

And yet he felt that, however he might revile and mock her image, his anger was also a form of homage. He had left the classroom in disdain that was not wholly sincere, feeling that perhaps the secret of her race lay behind those dark eyes upon which her long lashes flung a quick shadow. He had told himself bitterly as he walked through the streets that she was a figure of the womanhood of her country, a batlike soul waking to the consciousness of itself in darkness and secrecy and loneliness, tarrying awhile, loveless and sinless, with her mild lover and leaving him to whisper of innocent transgressions in the latticed ear of a priest. His anger against her found vent in coarse railing at her paramour, whose name and voice and features offended his baffled pride: a priested peasant, with a brother a policeman in Dublin and a brother a potboy in Moycullen. To him she would unveil her soul's shy nakedness, to one who was but schooled in the discharging of a formal rite rather than to him, a priest of eternal imagination, transmuting the daily bread of experience into the radiant body of everliving life.

The radiant image of the eucharist united again in an instant his bitter and despairing thoughts, their cries arising unbroken in a hymn of thanksgiving.

Our broken cries and mournful lays
Rise in one eucharistic hymn.
Are you not weary of ardent ways?
While sacrificing hands upraise
The chalice flowing to the brim,
Tell no more of enchanted days.

He spoke the verses aloud from the first lines till the music and rhythm suffused his mind, turning it to quiet indulgence; then copied them painfully to feel them the better by seeing them; then lay back on his bolster.

The full morning light had come. No sound was to be heard: but he knew that all around him life was about to awaken in common noises, hoarse voices, sleepy prayers. Shrinking from that life he turned towards the wall, making a cowl of the blanket and staring at the great overblown scarlet flowers of the tattered wallpaper. He tried to warm his perishing joy in their scarlet glow, imagining a roseway from where he lay upwards to heaven all strewn with scarlet flowers. Weary! Weary! He too was weary of ardent ways.

A gradual warmth, a languorous weariness passed over him, descending along his spine from his closely cowled head. He felt it descend and, seeing himself as he lay, smiled. Soon he would sleep.

He had written verses for her again after ten years. Ten years before she had worn her shawl cowlwise about her head, sending sprays of her warm breath into the night air, tapping her foot upon the glassy road. It was the last tram; the lank brown horses knew it and shook their bells to the clear night in admonition. The conductor talked with the driver, both nodding often in the green light of the lamp. They stood on the steps of the tram, he on the upper, she on the lower. She came up to his step many times between their phrases and went down again and once or twice remained beside him forgetting to go down and then went down: Let be! Let be!

Ten years from that wisdom of children to his folly. If he sent her the verses? They would be read out at breakfast amid the tapping of eggshells. Folly indeed! The brothers would laugh and try to wrest the page from each other with their strong hard fingers. The suave priest, her uncle, seated in his armchair, would hold the page at arm's length, read it smiling and approve of the literary form.

No, no: that was folly. Even if he sent her the verses she would not show them to others. No, no: she could not.

He began to feel that he had wronged her. A sense of her innocence moved him almost to pity her, an innocence he had never understood till he had come to the knowledge of it through sin, an innocence which she too had not understood while she was innocent or before the strange humiliation of her nature had first come upon her. Then first her soul had begun to live as his soul had when he had first sinned: and a tender compassion filled his heart as he remembered her frail pallor and her eyes, humbled and saddened by the dark shame of womanhood.

While his soul had passed from ecstasy to langour where had she been? Might it be, in the mysterious ways of spiritual life, that her soul at those same moments had been conscious of his homage? It might be.

A glow of desire kindled again his soul and fired and fulfilled all his body. Conscious of his desire she was waking from odorous sleep, the temptress of his villanelle. Her eyes, dark and with a look of languor, were opening to his eyes. Her nakedness yielded to him, warm, odorous and lavishlimbed, enfolded him like a shining cloud, enfolded him like water with a liquid life: and like a cloud of vapour or like waters circumfluent in space the liquid letters of speech, symbols of the element of mystery, flowed forth over his brain.

Sergio Ortolani

Gioia mi resta . . .

Gioia mi resta dell'ardente notte
ricontemplare illuminato il giorno,
maravigliando che sia vero. E forse,
se con me tu non fossi, or non saprei
crederlo, amica.

Ma rigoder l'innamorata festa
nella limpidità di questo giorno
meglio ci fa partecipi delle acque
che in lungo plauso a noi versano il canto
delle fontane.

Guarda che arborea gentilezza impenna
i loro voli e come intorno annoda
il rotear dei pispini all'eretto
stelo, piegando quei cristalli a lenti
gesti di danza.

Tali una gaia frenesia ci avvinse,
e ne serbiamo nelle membra il facile
gorgo, cedendo come sciolti rami
alla sgorgante levità di tanta
onda d'amore.

Poi, come il vento ti denuda, sento
che ci mutiamo in amorose statue,
quando, salita la scalea che in vetta
apre il sereno fra i bianchissimi archi,
soli restiamo.

VOLKSFEST

Festa popolare
Fête populaire
Kermis

Es gibt sie überall, die Jahrmärkte und Volksfeste. In den Dörfern, in Kleinstädten und in Großstädten. Die Attraktionen zur Volksbelustigung werden immer raffinierter, folgen aber uralten Grundmustern. Einige prägen sogar das Bild einer Stadt, denn was wäre der Wiener Prater ohne sein Riesenrad? Volksfeste sind eigentlich öffentliche Familienfeste, denn hier eröffnet sich in erster Linie eine Wunderwelt für Kinder und solche, die es noch einmal sein möchten. „Hier ist", wie Goethe seinen Faust sagen läßt, „des Volkes wahrer Himmel! Zufrieden jauchzet groß und klein: Hier bin ich Mensch, hier darf ichs sein!" Manchmal wird das Menschliche auch allzu menschlich, aber das tut der allgemeinen Lebensfreude keinen Abbruch. Das Klangkonglomerat der elektronischen Orgeln, das Duftgemisch von Bratwürsten, kandierten Nüssen und Bierdünsten, die Stimmen der Anpreiser vor Glücksbuden und Geisterbahnen erzeugen jene unverwechselbare Atmosphäre, die Hans Rauchensteiner in Bildern eingefangen hat.

Di fiere e feste popolari ce n'è dappertutto: nei paesi e nelle città, sia grandi che piccole. Le attrazioni, i divertimenti diventano sempre più raffinati, pur rifacendosi a modelli vecchissimi. Alcune di esse contrassegnano addirittura l'immagine di una città. Cosa sarebbe, infatti, il Prater di Vienna senza la sua ruota panoramica? Le feste popolari sono, in realtà, feste familiari pubbliche; esse, infatti, presentano un mondo fantastico per bambini e chi lo vuol ridiventare. Come Goethe fa dire al suo Faust, „qui è il vero paradiso del popolo! Grandi e piccoli levano grida di gioia, contenti: è qui che sono uomo, è qui che posso esserlo!" Qualche volta l'umano diventa anche troppo umano, ma ciò non nuoce in alcun modo alla generale gioia di vivere. Il guazzabuglio sonoro degli organini elettronici, la mescolanza di odori creata dai würstel ad arrostire, dalle noci candite e dalla birra, le voci che invitano a sfidare la fortuna e gli otto volanti generano quell'atmosfera inconfondibile che Hans Rauchensteiner ha riprodotto con le sue foto.

Elles sont partout, ces foires, ces fêtes populaires. Dans les villages, les petites et les grandes villes. Les attractions qui font le bonheur de tous sont de plus en plus raffinées mais reposent toujours sur de vieux principes. Certaines sont même symbole d'une ville car que serait le Prater de Vienne sans sa Grande Roue? En fait, ces fêtes populaires sont des fêtes de famille publiques car ici c'est en premier lieu un monde merveilleux qui s'ouvre aux enfants et à ceux qui aimeraient l'être encore. Ici c'est – comme Goethe mit dans la bouche de son Faust – »le vrai paradis du peuple! Petits et grands jubilent: Ici, je suis l'homme, ici j'ai le droit de l'être!« Mais parfois l'humain devient plus qu'humain mais cela ne porte pas préjudice à la joie générale de vivre. L'orgue électronique et son assemblage de sons, l'odeur des saucisses, les amandes grillées et les émanations de bière, les appels comme ceux »tentez votre chance« devant les stands et les trains fantômes créent cette atmosphère inimitable que Hans Rauchensteiner a su capter dans ses photos.

Ze zijn overal, de jaarmarkten en kermissen. In de dorpen, in kleine en grote steden. De attracties die het volk moeten vermaken, worden steeds geraffineerder, terwijl ze daarbij oude grondpatronen aanhouden. Enkelen drukken zelfs hun stempel op het silhouet van een stad, want wat zou het Prater in Wenen zijn zonder het reuzenrad? Kermissen zijn eigenlijk openbare familiefeesten, want hier gaat op de eerste plaats een wonderwereld open voor kinderen en allen die nog eens kind willen zijn. „Hier is", naar Goethe zijn Faust laat zeggen, „'s volks ware hemel! Tevreden jubelt groot en klein: Hier ben ik mens, mag het hier zijn!" Soms wordt het menselijke ook wel eens al te menselijk, maar dat doet geen afbreuk aan de algemene levensvreugde. Het klank-conglomeraat van de elektronische orgels, het geurmengsel van gebraden worstjes, gesuikerde amandelen en bierwalm, de stemmen van de kermisbazen voor gokkramen en spookhuizen vormen allemaal samen die unieke atmosfeer, die Hans Rauchensteiner in zijn foto's heeft vereeuwigd.

IKARUS
Wein-Wirt
KELLEREI NYMPHENBURG
IKARUS

Oktoberfest – eines der ältesten und berühmtesten in Deutschland.

Oktoberfest – una delle feste più vecchie e famose della Germania.

»Oktoberfest«, une des plus célèbres du genre en Allemagne.

Het „Oktoberfest" – één van de oudste en beroemdste feesten in Duitsland.

Nur Fliegen ist schöner. Solo volare è più bello.

Voler pourrait être à la rigueur plus beau. Alleen vliegen is nog fijner.

Die Rutschbahn ins Vergnügen – wenn sie nur nie ein Ende hätte! Der häufigste Satz auf dem „Rummelplatz": „Ach bitte, bitte, noch einmal!"

Lo scivolo che porta al divertimento – magari non finisse mai! La frase più ricorrente alle giostre è: „Ancora una volta, per favore!"

Le tobogan glissant vers la joie – si seulement elle n'avait pas de fin! La phrase la plus fréquente sur ce terrain: »Encore, encore, encore une fois!«

De rutschbaan in het plezier – als hij toch nergens op zou houden! Het meestgehoorde zinnetje op de kermis is nog steeds: „O alsjeblieft, mag ik nog een keertje?"

Da hört man sie jauchzen, beim Kettenkarussell.

Si sente tutta la loro gioia!

Jubilation sur les manèges.

Je hoort ze juichen, in de stoomcarousel.

Das „kreist und dreht sich nur und hat kein Ziel“. „Ruota e gira solo senza meta.”

„Ça tourne et tourne encore, sans but". Die „draait alsmaar rond, doelloos en snel".

„und manchesmal ein Lächeln hergewendet“. „a volte ti regala anche un sorriso“.

»parfois, on risque un sourire«. „en menig keer een glimlach toegedraaid“.

– „an dieses atemlose blinde Spiel . . .“ (Rainer Maria Rilke)

– „in questo cieco gioco mozzafiato . . .“ (Rainer Maria Rilke)

– »dans ce jeu sans souffle et aveugle . . .« (R.M. Rilke)

– „bij dit ademloze blinde spel . . .“ (Rainer Maria Rilke)

Die höchste Stufe hat erreicht, wer weiß, worüber er sich freuen soll, wer seine Glückseligkeit nicht auf eines anderen Willkür gründet. Unruhig und seiner selbst nicht sicher ist der Mann, der irgendeiner Hoffnung nachhängt, wäre ihre Erfüllung auch nahe und ohne Schwierigkeiten möglich, und hätte er auch niemals noch in einer Hoffnung Enttäuschung erfahren. Du mußt vor allem eines tun: lerne dich freuen!

Lucius Annaeus Seneca

Il gradino più alto lo ha raggiunto colui che sa per cosa gioire, colui che non fonda la sua beatitudine sull'arbitrio di altri. Inquieto ed incerto è quell'uomo il quale insegua una qualsiasi speranza, la cui realizzazione fosse anche vicina e possibile senza difficoltà alcuna, e quandanche non fosse mai stato deluso da una speranza. Tu devi fare innanzitutto una cosa: impara a gioire!

Lucius Annaens Seneca

Janosch

Der Frosch, der flog

Warum ich Bücher für Kinder mache?

Das Leben erscheint mir –, um abstrakte Begriffe zu begreifen oder zu erklären, schaffe ich mir *Bilder* –, erscheint mir also so: Da wird einer, soll für ihn das Leben beginnen, oben über einen Abgrund gestellt und hinuntergestoßen. Dies nicht anzunehmen oder dem aus eigenem Willen zu entfliehen, dazu gibt es – zumindest hier an diesem Anfang – keine Möglichkeit.

Und nun gilt es, mit diesem Sturz zurechtzukommen. Ihn ein dumpfes Fallen sein zu lassen und die Augen zu schließen, ihn als einen furchtbaren Sturz zu empfinden – oder aber als seligen Flug, ein wunderbares Glück und ihn mit Freude und scheinbar freiwillig zu tun. Am Ende steht unwiderruflich der Aufprall für den einen – und die selige Landung für den letzteren. Der Weise erfährt unterwegs, daß der Aufprall nicht schmerzt.

Und das letztere scheint mir der einzige Ausweg, eine große und seltene Kunst zu sein. Unendlich ausbaufähig und variabel –, denn da kann man für sich Kunstflugstücke erlernen, man kann anderen den Sturz mildern, man kann die Landschaft um sich und im Fall erkennen, sich unendlich daran erfreuen, sie gar beschreiben, für jene, die durch den Sturz und die Schwerkraft, durch die falsche aufgezwungene Blickrichtung nicht sehen können. Der Bilder wären viele, allein diesen Flug als ein großes Glück zu beschreiben.

Nur erlernen ihn nicht gerade viele.

Da wird einer geboren, ungefragt in ein Leben geworfen, aber *wie* er leben soll, wird ihm kaum gesagt. Oder besser: so gesagt, wie es nachher meist nicht funktioniert. Er wird sehr oft in falsche Richtungen geschickt, davon abzuweichen ist ihm bei (Todes-)strafe verboten – so jedenfalls erfuhr ich es, es soll aber auch anderes geben. Ich kann nur von dem mit Sicherheit reden, was ich erlebt habe. Von anderem mögen andere berichten.

Und da komme ich zum Motiv meines „Werkes". Ich meine, es ist mir gelungen, selig zu fliegen. Ich meine, man kann diesen Sturz zu einem fröhlichen Flug machen, man muß die Arme ausbreiten und die Furcht verlieren.

Die Furcht verlieren!

Das ist das, was ich ihnen sagen muß. Unauffällig, verborgen in scheinbar gefälligen Geschichten, denn nichts ist penetranter, als gesagt zu bekommen, man müsse etwas tun, was man so leicht nicht tun kann. Ein halbes Jahrhundert mußte ich aufwenden, um die Furcht zu verlieren, die man mir als wehrlosem Kind mit der Axt ins Programm schlug. Hätte ich sie ablehnen können, das hätte mir das Leben gekostet – so schien es mir damals wenigstens.

Ereignisse, vor denen ich mich unerträglich und jahrelang gefürchtet hatte, waren dann, wenn sie eintraten, nur ein Bruchteil von dem, was ich gefürchtet hatte.

Kinder sind wehrlos, weil sie (scheinbar) schwächer, körperlich aber in jedem Fall die Schwächeren sind. Sie werden merkwürdigerweise auch nicht genügend geschützt. Liest man da nicht in der Zeitung, daß ein Mann(!) das Kind seiner Freundin (4 Jahre) in langwieriger Kleinarbeit zu Tode gefoltert hat? Die Mutter war dabei, der Mann bekam 7 Jahre Gefängnis usw., und in mir kommt ein Zorn auf, den ich nicht ertragen kann, weshalb ich dieses Thema hier abbreche.

Ich muß Euch sagen, daß Gesetze, die man uns aufzwingt, falsch sein können. Daß wir, solange wir noch schwach sind, im Verborgenen, später aber mit jäher Gewalt, diese Gesetze ignorieren dürfen, ja gar müssen! Denn steht da nicht irgendwo geschrieben: „Du sollst Vater und Mutter ehren (oder gar lieben!) – egal, wie sie sich verhalten..."

Was aber ist, wenn der Vater ein gewalttätiger Säufer ist? Was ist, wenn die Stimmung in der Familie so giftig ist, daß die Wanzen hinter den Fußleisten krepieren? Und wo steht: „Du sollst dein Kind wie einen Menschen behandeln!"

Was ich Kindern sagen muß, ist: nehmt es nicht ungeprüft hin, was sie euch sagen. Und wenn da jemand *ein* falsches Gesetz schafft, dann sind seine anderen Verordnungen auch zu prüfen, sind verdächtig. Und wenn dahinter ein imaginärer Gott stehen soll, der die Strafe für diesen (soll ich sagen: Unsinn?) also: Unsinn bereit hält, der man nicht ausweichen können soll, denn eine Verteidigung ist nicht vorgesehen – Kinder, dann schafft eines Tages eine andere Welt! Eine andere Ordnung. An dieser Stelle begriff ich zum ersten Mal die Welt"ordnung". Also gut, ich höre dann und wann, jetzt sei alles anders. Ich sage dagegen: aber nicht überall. Da wird doch noch anderer Unsinn verbreitet. Da werden andere falsche Richtungen aufgezeigt. Da wird oder wurde eines Tages behauptet, es gäbe keine Autorität. Und sie liefen weg, wanderten bis nach Indien, um sich eine Autorität zu finden, die ihnen letztlich und aus der Hinterhand verkündete: Auch ich bin keine Autorität. Aber wenn ihr dumm genug seid, eine zu brauchen, dann bitte bin ich's.

Und wo ist der Ausweg?

Weiß ihn jemand, kann ihn jemand dann aber auch beschreiben, will er ihn auch nennen? Wird man ihn so verstehen, wie er ihn beschreibt? Und bin ausgerechnet ich derjenige, der ihn beschreiben kann, ja, kann ich denn überhaupt von mir denken, ich hätte ihn gefunden? Die letzte Frage mit Ja zu beantworten, wäre schon Größenwahn. Nichts ist für den Zuhörer (oder Leser) langweiliger, als Biografisches aus dem Leben seines Gegenüber anhören zu müssen, denn letztlich interessiert sich (fast) jeder nur für sich selbst. Man vergebe mir, wenn ich also von mir berichte. Das nur, um etwas zu illustrieren:

Mein Vater war ein gewalttätiger Säufer, der mir den Totschlag androhte (was er wahrscheinlich nicht ernst meinte), wenn ich kein Streber in der Schule würde. Für mich die Hölle. Er selber konnte nur mühsam lesen und schreiben. Alles, was er und die Schule mir damals aufzwangen, erwies sich später als falsch. Es gelang mir, mit 13 Jahren aus der Schule zu fliehen, denn die äußeren Umstände erlaubten dies damals. Einer der schönsten Augenblicke meines Lebens war es, vor den Trümmern des Hauses zu stehen, in dem sich die elende Wohnung meiner ersten Jahre mal befunden hatte.

Aber dann stand ich da, vollgeschlagen mit einem falschen Programm, unfähig, zurechtzukommen. Arbeit oder auch Hunger waren nicht schlimm, gar lächerlich. Aber nicht zu wissen, was richtig oder falsch ist und niemanden zu finden, der es mir sagte, das war die Hölle.

Daß es Bücher gab, war mir damals fast unbekannt, denn alles wurde gelenkt von denen, denen die „Erziehung" oblag. Geh' ich heute an einer Schule oder einem „Gotteshaus" vorbei, bekomme ich Magenschmerzen. Geschichten, Märchen oder was auch immer an „Erziehungsmaterial" hatten die Weichen falsch gestellt, es galt, dieses Programm zu löschen. Und wer das weiß, der weiß, das ein Leben meist nicht ausreicht, Programmiertes aus den ersten Lebensjahren wieder herauszubringen.

Was ich will?

Ich will ihnen ein anderes Programm anbieten. Verpackt in Geschichten, Spätzündung. Situationen darstellen, die hier gelöst werden, möglichst auch richtig. Situationen, die einem später einmal begegnen werden –, und dann kommt es darauf an, die richtige Lösung zu finden. Da wurde zuvor in Märchen verkündet: den Prinzen zu heiraten sei das größte Glück. Und die, denen man dies einprogrammiert, leben in ihren falschen Programmen weiter, denn wie wäre dieser Unfug möglich, daß da Zeitungen, die ihre Seiten mit dümmlichen, möglicherweise auch unwahren Aussagen von dieser und jener Prinzessin füllen, Unmassen von Lesern finden? Bin ich denn fähig, ein anderes – oder richtiger: ein besseres Programm anzubieten?

Ich weiß es nicht.

Ich denke manchmal Ja. Denn bei mir funktioniert das, was ich denke, nur mit wenigen Fehlern. Ich kenne kaum noch Furcht (wobei ich freilich immer vorziehen würde, daß schlimme Ereignisse nicht eintreten), Probleme werden gelöst und anderes mehr.

Ich meine, daß ich eine Zusammenfassung, eine Kürzung, sozusagen die wichtigsten Richtungen, die ich auf der doch schon verhältnismäßig langen Strecke meines Fluges gefunden habe, weitergeben muß. Ihnen sagen: probiert es doch einmal so. Schaut euch während des Fliegens oder Stürzens mal um, da hinten sieht man das Meer und es ist wunderbar blau. Und wenn euch einer zu behindern versucht – ausweichen, eine Schleife schlagen, und erst, wenn es nicht mehr anders geht, ihm eins draufhaun.

Ich biete ihnen Gartenzwerge an, die man später als Wurfgeschoß verwenden kann. Ich stecke ihnen verborgen hinter kleinen Tigern auch schon mal eine kleine Waffe zu, denn weiß einer, ob er in Notwehr nicht einmal sein Leben retten muß?

Ich muß sagen, daß und warum ich kein Schriftsteller bin, nicht sein will und (hoffentlich) auch gar nicht sein kann. Schriftstellerei im Sinne der Bedeutung ist mir unerträglich.

Grass und Handke sind Schriftsteller. Schriftsteller sind Leute, die Schrift stellen. Umstellen, Wörter hin und herschieben, das eine nach vorn, das andere nach hinten, wo sie gar nicht hingehören, so lange, bis Einfaches so unverständlich wird, daß man sich darüber ärgert. Außer der Schriftsteller selbst, der sich daran ergötzt, wenn er mit einer Aussage von drei nötigen Wörtern fünf Seiten füllen kann, evtl. und möglichst dafür bezahlt wird. Und per Saldo waren nicht einmal die drei Wörter nötig, gesagt zu werden.

Ich schreibe meine kleinen Geschichten 20 bis 30 Malc, und die große Arbeit daran ist, über Wochen herauszufinden, welche Wörter nicht nötig sind. Ich bin kein Schriftsteller, in keinem Sinn, ich schreibe nur deswegen die Texte zu meinen Bildern, weil ich niemanden kenne, der's täte. Oder ich meine: gut täte. Ich muß meine Bilder loswerden, weil ich davon lebe. Maler bin ich, das ja. Ich male ein bißchen mit den Wörtern. Wo das Bild nicht reicht, ergänze ich mit Wörtern. Ich ärgere mich oft über Handke, neuerdings auch über Botho Strauß, wenn ich oft 2 Stunden meines Lebens wegwerfe und versuche, den Sinn seiner Schriftstellerei zu ergründen und dann merke: der hat ja gar nichts gesagt, was ich nicht längst gesehen habe, wenn ich zum Fenster rausschau.

Bin ich etwa einer, der sich gern und über alles ärgert? Nicht die Bohne. Denn mit Begeisterung lese ich Singer, Tolstoi, Meyrink und ab und zu die Zeitungsberichte Wondratscheks. Und auch noch einige andere.

Es wäre mir recht, wenn ich wenigstens einigen helfen könnte, die zu Hause ein unerträgliches vergiftetes Leben ertragen müssen, es aber nicht ändern können, es unter einer Tarnkappe *unbeschadet* zu überstehen und dann so früh wie möglich weg von dort. Eltern muß man nicht lieben.

Es gibt viele Eltern, die diese meine verborgenen Waffen entdecken, manchmal auch falsch verstehen und sie dort sehen, wo sie gar nicht sind. Trifft das, was ich dann beim Namen nenne, auf sie zu, empören sie sich.

Es wäre mir sehr recht, wenn Eltern, welche den Kindern nicht das anbieten, was sie ihnen anbieten müssen, – denn sie haben sie zu ihrem eigenen Vergnügen gemacht (nicht zur Freude der Kinder, denn das Leben ist nach wie vor ein Absturz mit vagem Ausgang)–, sich mal an der Nase packen und fragen: was tue ich hier mit meinem wehrlosen Kind?

Und wie wichtig wäre es mir, hier mit Spätzündung einen späteren Richter aufzuwecken, der Kindermißhandlung ein wenig anders verurteilt, als es heute geschieht. Nicht mehr in etwa der Tierquälerei gleichsetzt.

Was ich hier sage, ist *eine* Seite – klar. Es gibt auch die anderen unzähligen Seiten. Es gibt die Kinder alleinstehender Mütter, die ihre Mutter zu Kleinholz verarbeiten. Weil der Mensch von der Erfindung her möglicherweise und wie wir es um uns herum sehen – eine Bestie ist.

Es wäre mir recht, wenn ich den Menschen von seiner Bestimmung (eine Bestie zu sein) durch meine harmlose Geschichte abbringen könnte. Und wann könnte ich das Programm günstiger umstellen, als gerade in den ersten Jahren? Ihnen erzählen, daß da ein Hase durch seine friedliche Anwesenheit und nichts weiter den Frieden im Dorf der Karnikkel herstellen kann und gar noch den wilden Hund verjagt.

Es fällt mir immer schwerer, den Flug als einen „voller Freude" zu beschreiben, denn alles, was da geschieht, scheint mich als einen Lügner zu entlarven. Möglicherweise ist die Landschaft, die ich im Sturz sehe, eine Illusion – und der Aufschlag doch hart. Mir scheint diese Lösung aber besser zu sein, als sich fallen zu lassen und den ganzen Weg über sich zu fürchten. Und habe ich da nicht eine Geschichte erfunden von einem Frosch, der sagt: dann und dann werde ich von jenem Ort mich erheben und fliegen. Sie kamen alle hin voller Schadenfreude, denn bis da flog noch nie ein Frosch. Er würde abstürzen und sich den Hals brechen.

Und was war?

Er kam, kletterte auf eine Blume – und flog weg.

Aber sie haben es ihm nicht geglaubt.

Franz Alt

Meine Freude am Zaubern

Es macht sehr viel Freude, ein intelligentes Publikum zauberisch-spielend hinters Licht zu führen. Das gelingt aber nur dem, der wirklich selbst spielerisch zaubern kann. Eine Zaubervorstellung wird dann gut, wenn ich auf der Bühne für diese 75 Minuten weiß: „Ich zaubere, also bin ich". Homo ludens – das Leben als Spiel begreifen und leichten Sinnes (nicht leichtsinnig) leben – davon muß ein Zauberer etwas haben. Wobei Spiel, gar das Spiel des Lebens, immer zugleich spielerisch und ernst ist. Beides gehört zusammen: Ohne Ernst kein wirkliches Spiel, ohne Spiel keinen wirklichen Ernst des Lebens. Der sogenannte „Ernst des Lebens" hätte viel von seinem Schrecken verloren, wenn ältere Menschen, die jüngeren meist belehrend und drohend auf diesen „Ernst des Lebens" hinweisen, ihr eigenes Leben etwas spielerischer zu leben wüßten. Nur der Humor von ernsten Menschen ist ansteckend, oberflächliches Gelächter stößt eher ab. Zauberer sind Spieler auf der Bühne ähnlich den Clowns im Zirkus: Sie spielen uns etwas vor, um auf etwas Verborgenes in uns aufmerksam zu machen. Dabei haben die Handwerker und Taschen-Spieler heute eine größere Chance als die Techniker unter den Zauberern. Wenn jeder zu Hause technische Geräte bedient, macht das Bedienen technischer Geräte auf der Bühne keinen besonderen Eindruck mehr. Das war vor 150 Jahren sicher anders. Zauberei als schiere Trickfolge oder als das raffinierte Bedienen teurer technischer Zaubergeräte ist heute im technischen Zeitalter für den Zauberer so langweilig wie für die Zuschauer. Erst die Kombination von Herz und Witz, von Hand und Verstand eines zaubernden Menschen läßt Zuschauer zu Verzauberten werden. Zaubern kann nur, wer das Kind in sich bei jeder Zaubervorstellung neu zum Leben erweckt und das Kind in seinen Zuschauerinnen und Zuschauern anspricht. Gelungene Zauberei in dieser rationalistischen Erwachsenen-Welt ist die Schwingung von *kindlicher* Seele zu kindlicher Seele. *Kindische* Seelen finden das Zauber-Spiel so doof und überflüssig wie Besserwisser und andere Spießer. Deren jeden Zauberer immer wieder entwaffnender Kommentar nach einer Zaubervorstellung heißt grundsätzlich: „Alles nur Tricks" oder „Fauler Zauber".

Spießer sind Menschen, deren spielerische Ader abgestorben ist. Sie müssen ständig fragen und grundsätzlich analysieren und „kennen" natürlich jeden Trick. Sie lassen sich nicht verzaubern, weil sie kaum noch staunen können. An diesem Publikum hat kein Zauberer Freude. Ein „richtiger" Zauberer wünscht sich ein „richtiges" Publikum. Das heißt: Ein spielender Gaukler, der mit sich selber zaubert, hat Freude an einem Publikum, das sich mit Vergnügen auf den Schein des Zauberns einläßt. Ein Zauberer, der diesen Namen verdient, ist immer auch ein Komödiant, er will keine Opfer unter seinem Publikum, sondern intelligente, phatasievolle Mitspieler. Zauberei ist immer Täuschung. Wenn aber eine Täuschung gelingen soll, muß der, der täuscht, überzeugend sein.

Die Zauberei ist insofern ein ehrliches Gewerbe, als ein Zauberer zu täuschen verspricht und es anschließend – hoffentlich – auch tut. Vielleicht unterscheidet sich deshalb die Zauberei auch von (fast) allen anderen Tätigkeiten. Am nächsten kommt der Zauberei vielleicht noch die Politik – nur steht hier die Täuschung oft hinten und das Versprechen zur Ehrlichkeit vorn. Mündige Staatsbürger können die feinen Unterschiede und die noch feineren Verbindungen zwischen Politik und Zauberei in jedem Wahlkampf neu prüfen. Wenn manchmal bei einer Zaubervorstellung einige Zuschauer in dem Zauberer Francesco Altini den politischen Fernseh-Moderator Franz Alt erkannt haben, kommt die Frage: „Was unterscheidet eigentlich Politik von Zauberei?". Da kann ich – ehrlich wie wir Zauberer nun mal sind und sein müssen – nur antworten: „Im Gegensatz zu manchen Politikern geben Zauberer zu, daß sie mit Tricks arbeiten."

Diese Ehrlichkeit wird uns von kritischen Zuschauern in der ersten Reihe vor der Bühne nicht immer leicht gemacht. Einer meiner ersten Zaubertricks hieß „Rasierklingen-Verschlucken". 10 scharfe und vom Publikum kontrollierte Rasierklingen nahm ich einzeln in den Mund, um sie hörbar und sichtbar zu zerkauen und zu schlucken. Dazu verschluckte ich einen Faden, um anschließend die Rasierklingen wieder einzeln und natürlich unbeschädigt an eben diesem Faden hängend aus meinem Mund zu ziehen. Mein Pech: Ein kluger Zuschauer hatte mitgezählt und rief nun lautstark durch den Saal. „Sie haben ja nur 10 Rasierklingen geschluckt. Wieso ziehen Sie denn 11 wieder heraus?"

Nach einer Schrecksekunde konnte ich – natürlcih wieder ganz ehrlich – sagen: „Wissen Sie, 10 Rasierklingen schlucken und 10 herausziehen – das machen alle Zauberer. Aber 10 schlucken und 11 herausziehen – das hat bis heute noch keiner gemacht."

Ich vermute, daß ein Politiker anders antwortet, wenn er ertappt wird. Politiker bestreiten alles, Zauberer geben alles zu. Da liegt der Reiz der Zauberei – und für einige auch der Reiz der Politik.

Einer der Größten im zauberhaften Geschäft der Neuzeit war der Franzose Robert Haudin. Er schrieb in seinen Memoiren: „Die Kunst der Zauberei besteht nicht so sehr darin, wunderbare Dinge zu vollbringen, als darin, die Zuschauer zu überzeugen, daß wunderbare Dinge geschehen." Ähnliches sagte der deutsche Bundeskanzler Helmut Schmidt 1978: „Nicht der Beste wird Bundeskanzler, sondern der, den die Wähler für den Besten halten." Diese Ehrlichkeit eines Politikers erinnert ja nun wirklich sehr an die vorhin beschriebene Ehrlichkeit der Zauberer.

Die Magie war groß, bis das Fernsehen kam. Seither gibt es weniger Illusionen, weniger Hindu-Mystik, weniger orientalische Märchen auf unseren Zauberbühnen. Noch der polnische Zauberer Goldstein hatte mit seiner zersägten Jungfrau so viel Erfolg, daß er in den zwanziger Jahren sechs Truppen unter seinem Namen arbeiten und jeden Abend landauf, landab „Jungfrauen zersägen" ließ. Der mit viel Schlagzeilen angekündigte Zauberer, der seine Damen mit hohen Prämien hatte versichern lassen, entlockte seinen Zuschauern häufig den Aufschrei „Mörder". Goldstein gab unter dem Künstlernamen Goldin seine „Jungfrauen" ohne Kiste der Säge preis – der Meister sägte jahrzehntelang.

Doch heute werden kaum noch Frauen zersägt, Elefanten sieht man nicht mehr auf Zauberbühnen, und Tauben kann schon keiner mehr sehen. Jeder hat im Fernsehen Taubentricks schon viel zu oft serviert bekommen. Vor fünfzig und hundert Jahren haben Zauberer noch „aus Fliegen Elefanten" gemacht und hatten volle Säle. Heute werden aus Tüchern Tauben produziert und die Säle sind zur Hälfte leer. Im Fernsehzeitalter ist es schwerer, ein Publikum zum Staunen zu bringen als vorher.

Warum ich zaubere? Früher war die Magie für mich studentischer Brötchenerwerb. Und heute denke ich: Man kann sich nicht nur mit Politik beschäftigen. Man muß gelegentlich auch was Anständiges tun. Wahrscheinlich kompensiere ich einiges mit Zauberei.

Die Weisheit der Jesus-Forderung: „Werdet wie die Kinder!" wird mir nie so klar wie nach einer Zaubervorstellung. Das Staunen, die Freude, das Wunder auf der Zauberbühne und die dauernden Verwandlungen sind heilsam für die Seele der Zuschauer und des Zauberers. Magie in dieser maskulin-rationalistischen Welt ist wie unsere andere, unbewußte Seite: Die weiblich-emotionale Ergänzung.

Wenn ich 500 Leuten einen *schwarzen* Holzball zeige und frage: „Sehen Sie diesen *roten* Ball?" und alle sagen „Ja" – dann ist meine Freude unendlich. Meine Freude am Zaubern: Das ist einfach die Freude an etwas ganz anderem. Es ist auch die Freude, anderen und damit mir selbst Freude zu bereiten, und es bedeutet – nicht zuletzt – ein Stück Unabhängigkeit gegenüber dem permanenten Ärger, der mit dem Hauptberuf eines aufklärerischen Meinungsjournalismus nun mal verbunden ist. Alles, was ich am Bildschirm nicht machen kann oder darf – das treibe ich mit diebischem Vergnügen auf der Zauberbühne. Warum nur dort? Verwechseln Sie doch mal schwarze und rote Holzköpfe im Fernsehen!

Friedrich Schiller

An die Freude

Freude, schöner Götterfunken,
Tochter aus Elysium,
wir betreten feuertrunken,
Himmlische, dein Heiligtum.
Deine Zauber binden wieder,
was die Mode streng geteilt;
alle Menschen werden Brüder,
wo dein sanfter Flügel weilt.

Chor:
Seid umschlungen, Millionen!
Diesen Kuß der ganzen Welt!
Brüder – überm Sternenzelt
muß ein lieber Vater wohnen.

Wem der große Wurf gelungen,
eines Freundes Freund zu sein,
wer ein holdes Weib errungen,
mische seinen Jubel ein!
Ja – wer auch nur eine Seele
sein nennt auf dem Erdenrund!
Und wer's nie gekonnt, der stehle
weinend sich aus diesem Bund!

Chor:
Was den großen Ring bewohnet,
huldige der Sympathie!
Zu den Sternen leitet sie,
wo der Unbekannte thronet.

Freude trinken alle Wesen
an den Brüsten der Natur,
alle Guten, alle Bösen
folgen ihrer Rosenspur.
Küsse gab sie uns und Reben,
einen Freund, geprüft im Tod;
Wollust ward dem Wurm gegeben,
und der Cherub steht vor Gott.

Chor:
Ihr stürzt nieder, Millionen?
Ahndest du den Schöpfer, Welt?
Such ihn überm Sternenzelt!
Über Sternen muß er wohnen.

Freude heißt die starke Feder
in der ewigen Natur.
Freude, Freude treibt die Räder
in der großen Weltenuhr.
Blumen lockt sie aus den Keimen,
Sonnen aus dem Firmament,
Sphären rollt sie in den Räumen,
die des Sehers Rohr nicht kennt.

Chor:
Froh, wie seine Sonnen fliegen
durch des Himmels prächt'gen Plan,
wandelt, Brüder, eure Bahn,
freudig wie ein Held zum Siegen.

Aus der Wahrheit Feuerspiegel
lächelt sie den Forscher an.
Zu der Tugend steilem Hügel
leitet sie des Dulders Bahn.
Auf des Glaubens Sonnenberge
sieht man ihre Fahnen wehn,
durch den Riß gesprengter Särge
sie im Chor der Engel stehn.

Chor:
Duldet mutig, Millionen!
Duldet für die beßre Welt!
Droben überm Sternenzelt
wird ein großer Gott belohnen.

Göttern kann man nicht vergelten;
schön ist's, ihnen gleich zu sein.
Gram und Armut soll sich melden,
mit den Frohen sich erfreun.
Groll und Rache sei vergessen,
unserm Todfeind sei verziehn,
keine Träne soll ihn pressen,
keine Reue nage ihn.

Chor:
Unser Schuldbuch sei vernichtet!
Ausgesöhnt die ganze Welt!
Brüder – überm Sternenzelt
richtet Gott, wie wir gerichtet.

Freude sprudelt in Pokalen,
in der Traube goldnem Blut
trinken Sanftmut Kannibalen,
die Verzweiflung Heldenmut.
Brüder, fliegt von euren Sitzen,
wenn der volle Römer kreist,
laßt den Schaum zum Himmel spritzen:
Dieses Glas dem guten Geist!

Chor:
Den der Sterne Wirbel loben,
den des Seraphs Hymne preist,
dieses Glas dem guten Geist
überm Sternenzelt dort oben!

Festen Mut in schweren Leiden,
Hilfe, wo die Unschuld weint,
Ewigkeit geschwornen Eiden,
Wahrheit gegen Freund und Feind,
Männerstolz vor Königsthronen –
Brüder, gält' es Gut und Blut:
Dem Verdienste seine Kronen,
Untergang der Lügenbrut!

Chor:
Schließt den heilgen Zirkel dichter,
schwört bei diesem goldnen Wein,
dem Gelübde treu zu sein,
schwört es bei dem Sternenrichter!

Fritz Usinger

Vom Wesen der Clowns

An der Rampe der Bühne steht Alberto Fratellini und schickt sich an, ein Konzert zu geben. Alle Clowns sind anscheinend von dem ewigen Traum erfüllt, ein Konzert zu geben. Dafür genügt ein Gesangssolo, und auch jedes Instrument taugt dazu, von der Miniaturgeige bis zum Susaphon. Nur einmal ein Konzert geben, vor einem begeisterten Publikum die Seele ungestört in Musik ergießen! Aber die Tragik des Clowns ist es, daß es zu diesem Konzert niemals kommt. So steht also auch Alberto Fratellini an der Rampe der Bühne und schickt sich an, ein Konzert zu geben. Jedoch sobald er die Klarinette ansetzt, schiebt sich im Hintergrund aus der rechten Kulisse ein mächtiger Balken, und es erscheint, gebeugt wie ein Wolgaschiffer, der Bruder Paolo, der, ohne nach dem Klarinettisten hinzusehen, stillschweigend das lange, vierkantige Bauholz über die Bühne schleppt. Beide Handlungen scheinen miteinander gar nichts zu tun zu haben. Aber das Schicksal gebietet über dunkle Zusammenhänge. Denn sobald Alberto die Klarinette wieder ansetzt und die ersten Töne hören läßt, taucht aus der Kulisse der Balken wieder auf, feierlich von dem zusammenbrechenden Wolgaschiffer auf die andere Seite der Bühne hinübergeschleppt. Und so geschieht es jedesmal, bis Alberto dem Spuk ein Ende zu machen gedenkt. Erst lockt er wieder den Balken durch Musik, um dann, als dieser zu erscheinen beginnt, mit einem Sprung hinter die Leinwand, das hochgeschwungene Beil in beiden Händen, dem nichts ahnenden Balkenträger aufzulauern. Und nun geschieht das Wunder: Schon hat sich der Balken etwa einen Meter weit aus der Kulisse vorgeschoben, da zieht er sich auch schon wieder langsam und unbeeilt zurück, ohne daß sein Träger sichtbar geworden wäre. Tief erschüttert über das Ahnungsvermögen des Balkens, läßt Alberto sein Beil sinken: Ihm scheint es hier nicht mit rechten Dingen zuzugehen, und das schöne Konzert wird endgültig aufgegeben. So ergeht es allen diesen Clowns mit der musikdurstigen Seele. Es gelingt ihnen niemals der reine Gesang. Noni, der ekstatische Violinvirtuose, stürzt schon sofort beim Betreten der Bühne über einen Teppich und zertrümmert seine Geige. Wenn Grock Klavier spielen will, schnappt jedesmal der Deckel über den Tasten wie ein böses Tiermaul zu. Und Charlie Rivels Bruder, der „ein opéra" aufführen will, hat das berühmte Malheur mit seinem Degen. Im tragischen Rausch seiner wilden, Verdi-getönten Arie zieht er den Degen, aber als er ihn wieder einstecken will, verfehlt er die schmale Scheide. Wiederholte Versuche scheitern. Verzweiflungvoll verlängert er durch immer wildere, tumultuösere Improvisationen seine Arie, um das Publikum von seinem Unglück abzulenken und in der Zwischenzeit den Degen in die Scheide zu stoßen. Aber der vor Aufregung bebenden Hand gelingt es nicht, und es bleibt dem Mimen nichts übrig, als ein schmählicher Rückzug von den Brettern.

Manche Clowns, wie dieser seinem eigenen Degen unterliegende, sind Helden von einem tragischen Schimmer, in deren traurigem Abgang von der Bühne die ganze Menschheit eine Niederlage erleidet. Sie kämpfen einen komischen Titanenkampf, um in einer Welt der dummen und heimtückischen Widerstände das Schöne möglich zu machen. Wenn es tatsächlich gelingt, ein seltenes Ereignis, so nimmt es bisweilen Formen einer wahrhaften seraphischen Süßigkeit an, wie etwa bei Grock, wenn er seiner kleinen Handharmonika jene Arabesken der Zärtlichkeit entlockt, durch die er sich mit seinem Partner ohne Worte unterhält. Es sind keine großen Melodien, sondern von Grock selbst gefundene Tonfigurationen, kurze, einstimmige Koloraturen im pianissimo, Fragen, Tröstungen, Glücksseufzer, wie sie manchmal die Amseln im Winter, reglos auf einem Aste kauernd, vor sich hinflöten, so völlig versunken und mehr nach innen als nach außen, daß nur der in nächster Nähe Vorübergehende es hört. So ähnlich ist es auch hier. Aus dem unförmigen Manne singt eine Amselseele ihr scheues und zärtliches Glück in Tönen, die von einem Menschen fast nichts mehr an sich haben. Und weil Grock aus seiner Weltparodie dieses Stück Himmel rettet, deshalb ist er wohl der abgründigste der Clowns.

Gibt es etwas Geduldigeres als einen Clown? Alle Fallstricke und Heimtücken der Welt können ihn nicht hindern, seinen harmlosen Kunststücken nachzugehen. Immer wieder zieht sich Grock hinter die Spanische Wand zurück und versucht, den emporgeworfenen Geigenbogen aufzufangen, was ihm vor den Augen des Publikums nicht gelingen will und hinter der schützenden Wand mühelos gelingt. Der Clown ist der wunderbare Mensch, der durch die ewigen Widerstände der Welt nicht verhärtet und böse wird. Wann wird ein Clown einmal böse? Wann wird er zornig? Eigentlich nie. Oder es muß schon ein Clown sein, der eine ganz ungewöhnliche Naivität und Beschränktheit verkörpert wie Alberto Fratellini. Dem hat sein Bruder aufgebunden, Menschen können Eier legen, herrliche, große Straußeneier, und jener hat es ihm vorgemacht und tatsächlich ein mächtiges Straußenei gelegt. Und nun begegnet Alberto einem harmlosen Spaziergänger, einem nichtsahnenden Spaziergänger mit Kneifer und schwarzem Hut, und Alberto verlangt von ihm, er solle ein Ei legen. Und da, als der arme Spaziergänger seine Unzuständigkeit für dieses Geschäft zu verstehen gibt, verliert Alberto die Fassung und wird zornig. „Legen Sie ein Ei!", schreit er wild und tritt dem fremden Mann in jenen Körperteil, dem eigentlich die Produktion des Straußeneis obläge, „Legen Sie ein Ei!", schreit er in manischer Wut, da er glaubt, der andere täte es aus Bequemlichkeit oder Bosheit nicht. Es geschieht selten, wie gesagt, daß ein Clown seine Sanftmut verliert. Es ist möglich, wie die eben geschilderte Szene zeigt, aber es ist eine Ausnahme, eine Randerscheinung, die deutlich macht, daß der Clown hier an die Grenzen seines komischen Reiches rührt.

Das Wesen der Artistik besteht darin, schwierige Dinge leicht zu machen oder, besser gesagt, leicht erscheinen zu lassen, wodurch sie eine unleugbare Verwandtschaft mit den Produktionen der Kunst offenbart. Es gibt Passagen der Dichtung, da, wie bei dem Mann auf dem schwankenden Stahlmast, das Orchester aussetzt und der magische Trommelwirbel die Sekunden der Überwindung des Todes anzeigt. Auch der Zauberer gehört hierhin, der nicht nur das Schwierige, sondern das völlig Unmögliche möglich macht, und zwar mit nichts als einer zierlichen Handbewegung, ohne jede Mühe. Denn was sollte einem Zauberer Mühe machen? Hier ein unvergeßliches Schauspiel dieser Art: Der chinesische Magier öffnet eine Kiste, und unter seinen beschwörenden Handbewegungen taucht aus dieser Kiste ein mächtiger goldener Ball, schimmernd und spiegelnd, und zieht, von den Händen des Zauberers geheimnisvoll angestrahlt, seine Bahn allein durch die Luft, mit einer unfaßlich mondhaften Langsamkeit, nie schwankend, nie schwingend, nie zitternd, ein echtes Gestirn, das, als es seine Ekliptik bewältigt hat, sich still wieder in seinen Kasten senkt, über dem der Magier den Deckel schließt. Während dieser Gestirnbahn aber schlägt einem das Herz bis zum Halse vor der unwahrscheinlich vollendeten Schönheit dieses Rätsels. Der doppelte Salto mortale zwischen zwei fliegenden Trapezen ist nicht aufregender. Der vollkommene Artist macht das Schwierigste spielerisch leicht und das Unmögliche mit Grazie möglich.

Beim Clown ist es gerade umgekehrt. Bei ihm wird das Leichteste kompliziert, das Einfachste ist gepanzert mit Schwierigkeiten. Sein Beruf ist der unablässige Kampf gegen den universalen Weltwiderstand, den er, und das ist das sonderbare Schicksal des Clowns, magnetisch auf sich zu ziehen scheint. Man spricht von Menschen, die im Leben Pech haben. Dann besteht dieses Pech aus einzelnen unerfreulichen oder unglücklichen Zwischenfällen. Beim Clown sind es keine Zwischenfälle mehr. Bei ihm ist das ganze Leben eine einzige, nie abreißende Pechsträhne. Alle Chaplin-Filme lehren es. Der Abrundung zuliebe haben sie manchmal ein illusorisches happy-end. Das verfälscht die wahre Situation des Clowns. Diese hat Chaplin einmal festgehalten in jenem Filmschluß, da er, allein von dem schon abgewanderten Zirkus übriggeblieben, auf dem Felde sitzt, in dem der Sägemehlring der Manege noch kenntlich ist, ein verlassenes Wesen, das weder Menschen noch Dinge in ihren Kreis für immer aufnehmen wollen, ein Bruder des Pierrot lunaire, ein Tagbruder des Mondfreundes, wohl auch tief deprimierbar, aber doch glückhafter, weil immer wieder lebensbereit und zu einem neuen Glücksversuch geneigt. Und so erhebt sich denn auch in diesem Filmschluß Charly Chaplin zu guter Letzt, rückt sein Hütchen und geht, auf seinen spinnendünnen Spazierstock gestützt, langsam in das aufblühende Morgenlicht hinein, neuen Abenteuern und neuen Enttäuschungen zu.

Von hier aus versteht sich die tiefe Melancholie vieler Humoristen. Ja, Jean Paul, der von diesen Dingen mehr verstanden hat, als irgendein anderer Sterblicher, meint sogar: da die komische Idee die sinnliche Welt (und wir fügen hinzu, noch mehr die geistige) zu einem zweiten Chaos ineinanderwirft, der Verstand aber nur in einem ordentlich eingerichteten Weltgebäude wohnen kann, ließe sich eine scheinbare Angrenzung des Humors an den Wahnsinn denken, denn der Humor sei, wie die Alten den Diogenes nannten, ein rasender Sokrates. Aus einem Filmschluß wie dem eben angeführten scheint hervorzugehen, daß Charly Chaplin nicht nur ein Clown ist, sondern ein Komiker großen Schlages, der um diese ideellen Voraussetzungen der Komik weiß. Denn beides braucht nicht zusammenzugehen. Ein Clown hat eine Witterung für das Komische, aber er braucht keine Idee des Komischen zu haben. Diese Idee des Komischen gehört zu den schwierigsten Gedankenkomplexen, die es gibt. Das Lachen vergeht einem sofort, wenn man es erklären soll.

Der Clown lebt in einer Welt der Materie, an die er überall anstößt, die ihm überall Grenzen setzt. Über dieser Welt der Materie gibt es für den Clown keine Welt des Geistes, über den Dingen keine Idee der Dinge, weshalb er immer dieselben Schläge bezieht und immer wieder dieselben Fehler macht. Damit hängt auch zusammen, daß der Clown kein Verhältnis zur Sprache hat. Er spricht kaum oder nur das Allernötigste, was ihn oder vielmehr das Publikum über Dinglich-Stoffliches informiert. Aber er spricht keine Worte der geistigen Verständigung zu einem Mitmenschen, einem Partner, einem Mitclown, sondern höchstens Worte des Mißverständnisses. Der Clown lebt in einer Welt der Isoliertheit. Auch wenn man mehrere Clowns nebeneinander stellt, ist jeder doch ein einzelner, wie bei den drei Fratellinis oder den drei Rivels. Darum ist auch jeder der drei anders kostümiert, auf einen anderen Typus abgestellt, weil er mit seinen Mitspielern innerlich nicht verbunden ist und ganz für sich allein steht. Unter Scharen von Clowns wäre jeder einzelne völlig verlassen. Wie er mit seinen Mitclowns innerlich nichts zu schaffen hat, so haben in seiner Welt auch die Dinge innerlich nichts miteinander zu schaffen, und darum stehen sie so feindlich gegeneinander und kommt es immer zu Schlägen, Stößen, Scherben. Aber darum kann auch nach Sekunden immer gleich wieder alles gut sein, weil hier nie ein Ganzes zerstört wird, das es ja beim Clown nicht gibt, sondern immer nur Teile, die man wieder ersetzen kann, also z. B. ein Stapel Teller, den man durch einen neuen Stapel Teller ersetzen kann. In der Außenwelt des Clowns fehlt jeder Atem der Liebe. Er selbst kann einen Hauch davon in sich tragen, wie Grock oder manchmal Charly Chaplin, aber die Welt antwortet ihm darauf nicht. Gelegentlich sind auch die Clowns, genau wie ihre Welt, schadenfroh, bös und ohne Gewissen. Dann sind sie innerlich dem boshaften Geist der Dinge unterlegen. Wie diese agieren, so re-agieren sie. Auch die hintergründigsten, tiefsinnigsten Clowns sind niemals groß zu nennen. Sie sind Exzentriker, d.h. von dem menschlichen Maß Abweichende und als solche niemals groß, sondern höchstens eigenartig, geistvoll, unheimlich, ergreifend. Sie haben weder einen menschlichen, noch einen göttlichen Maßstab, und deshalb wird in ihrem Lebensumkreis so leicht das Große mit dem Kleinen, das Ernste mit dem Lächerlichen, das Ganze mit dem Zerbrochenen ausgetauscht.

Die Welt des Clowns ist die Welt der Widersprüche, des Paradoxen. Ist darum der Clown überhaupt noch ein Mensch, da er so gänzlich außerhalb der Ordnung, der Liebe, der Idee lebt? Er ist das komische Zerrbild des Menschen, der ohne Weltverbundenheit existiert, also des modernen Menschen, der in dem Clown sich selbst belacht und auch vielleicht beweint. Es spricht nicht gegen den Clown, wenn er von der Problematik, aus der er hervorgegangen ist, nichts weiß. Er braucht sie nicht zu wissen, aber er muß sie sein. Auch ein Genie wie Picasso, das ganz außerhalb des Humors steht, braucht nicht zu wissen, was es alles an Problematik aufwirft. Er braucht diese Probleme nur seiend und schaffend darzustellen. Das ist seine Schicksalsaufgabe. Sie ist die größte von allen, denn das Sein ist immer größer als das Wissen. So braucht der Clown nur zu sein und aus seinem Sein heraus nur zu tun. Aber er braucht nicht zu wissen. Im Gegenteil, je geschlossener, je unreflektierter er ist, desto vollkommener ist er und um so reicher sind die Möglichkeiten, ihn zu deuten. Seine Aufgabe ist eine bildnerische wie bei jedem Künstler.

Fernab von dem rauschenden Gelächter der Zuschauer aber zergrübeln sich die tiefsten Geister um das Rätsel des Komischen. Natürlich ist das Komische älter als sein Begriff. Dieser Begriff des Komischen entwickelt sich, zusammen mit den höchsten dichterischen Leistungen der Komik, im 18. Jahrhundert, dem Jahrhundert der erwachenden Ich-Problematik. Dieses moderne, der Komik zugetane Ich leidet an der Welt, an dem Zwiespalt zwischen Ich und Welt, an der Inkongruenz zwischen Geist und Welt. Vor der Unendlichkeit des Geistes erscheint die überall zwischen Grenzen eingeklemmte Endlichkeit der irdischen Erscheinung nichtig und komisch. Wer der reinen Idee anhängt, muß vor der Unvollkommenheit der Welt verzweifeln oder er muß sie belächeln. Welche von beiden Haltungen der Betrachter einnimmt, ist eine Frage seines Naturells. Aber hinter beiden Betrachtungsarten lauert der moderne Weltpessimismus. Die Komik vieler Humoristen ist nur die Überformung ihrer Melancholie. Sie leiden an dem Abstand der realen Welt von einer gedachten, idealen Welt. Über diesen Abstand schlägt der Humorist eine Brücke, indem er die Welt in ihrer Unzulänglichkeit akzeptiert, aus Mitleid, aus Liebe.

Er ist sich ihrer ganzen Schwäche bewußt, aber um ihrer Schwäche willen, ihrer Hilfsbedürftigkeit willen, liebt er sie, oder er zeigt sie als verrückte, als groteske Welt, durch ein Medium der Ironie. Der Humor durchschaut die Armseligkeit der Welt vor der Idee, er vernichtet sie geistig durch den Vergleich mit der Idee, läßt sie aber real bestehen, aus liebendem Mitleid. Man könnte sagen, der Humor ist ein frommer Nihilist, ein Mensch, der aus dem Glauben gerade heraustritt und auf dem Wege zum Nihilismus ist und nun zwischen beiden verharrt, ohne die letzten Konsequenzen zu ziehen.

Aus dieser Einsicht ergibt sich die wichtige Feststellung, daß der moderne Humor gewisse christliche und gewisse bürgerliche Elemente, aber beide in einem Schwundstadium, in sich birgt. In dem vollgültigen Christentum ist der Humor überflüssig und charakteristischerweise nur der geprellte Teufel komisch. Im Himmel gar gibt es kein Gelächter. Bei allem Abstand des Einzelwesens von Gott ist dieses Einzelwesen dennoch ein göttliches Geschöpf und also hierarchisch gebunden und unverloren. Es ist an seinem Platze von Gott eingesetzt und unbezweifelbar. Sobald jedoch der individualistische Geist aus dem christlichen Kosmos heraustritt, verliert das Einzelwesen die Qualität seiner göttlichen Einsetzung und Einordnung und ist nichts mehr als einfach verloren und verlassen. Hier steht es entweder dem großen Nihil verzweifelnd gegenüber oder es wendet sich in einem mitleidenden Liebesgefühl den hilflosen Kreaturen dieser Welt zu, sie in ihren unwandelbaren Schwächen und Gebrechlichkeiten belassend und belächelnd, wie es in der wunderbarsten Weise Jean Paul tat.

Zwischen diesen beiden Polen des Nihilismus und des Humors gibt es eine ganze Skala von Möglichkeiten der Mischung. Ihre Abwandlungen sind abhängig von der Natur der Völker und der einzelnen Menschen. Wenn die angelsächsischen Völker eine stärkere Begabung für das Komische haben, so ist dagegen die Erfassung des Rätsels der Komik in keinem Lande so tief und geistreich gelungen wie in Deutschland, wo Jean Paul schaffend und deutend die Komik zu ihren letzten Konsequenzen führte, weit über alles hinaus, was daneben die vielgerühmte „romantische Ironie" zu produzieren und zu spintisieren imstande war.

Inzwischen aber mögen sie weiter mimen und musizieren, die mit den Generationen wechselnden und dennoch unsterblichen sanften Matadore des Unsinns, diese armen Ritter der bedrohten Menschlichkeit, die nach einer Niederlage sofort wieder zu lächeln bereit sind, jene wahnwitzigen Kämpfer gegen den Wahnwitz der Welt, die, siegend oder besiegt, uns in ein Gelächter stürzen, daß wir vor Tränen des Glücks und der Ergriffenheit gar nicht mehr sehen, wie der Held auf dem wüsten Trümmerfelde seiner harmlosen Unternehmungen zum zehnten Male die Klarinette ansetzt, um endlich das zu tun, was ihm nie gelingt und was jeder Sterbliche gern tun möchte: einmal ungestört seine Seele aussingen.

Kurt Tucholsky

Augen in der Großstadt

Wenn du zur Arbeit gehst
am frühen Morgen,
wenn du am Bahnhof stehst
mit deinen Sorgen:
da zeigt die Stadt
dir asphaltglatt
im Menschentrichter
Millionen Gesichter:
Zwei fremde Augen, ein kurzer Blick,
die Braue, Pupillen, die Lider –
Was war das? vielleicht dein Lebensglück . . .
vorbei, verweht, nie wieder.

Du gehst dein Leben lang
auf tausend Straßen;
du siehst auf deinem Gang,
die dich vergaßen.
Ein Auge winkt,
die Seele klingt;
du hasts gefunden,
nur für Sekunden . . .
Zwei fremde Augen, ein kurzer Blick,
die Braue, Pupillen, die Lider –
Was war das? kein Mensch dreht die Zeit zurück
vorbei, verweht, nie wieder.

Du mußt auf deinem Gang
durch Städte wandern;
siehst einen Pulsschlag lang
den fremden Andern.
Es kann ein Feind sein,
es kann ein Freund sein,
es kann im Kampfe dein
Genosse sein.
Es sieht hinüber
und zieht vorüber . . .
Zwei fremde Augen, ein kurzer Blick,
die Braue, Pupillen, die Lider –
Was war das?
Von der großen Menschheit ein Stück!
Vorbei, verweht, nie wieder.

Novalis

Hymnen an die Nacht

Welcher Lebendige, Sinnbegabte liebt nicht vor allen Wundererscheinungen des verbreiteten Raums um ihn das allerfreuliche Licht – mit seinen Farben, seinen Strahlen und Wogen; seiner milden Allgegenwart, als weckender Tag. Wie des Lebens innerste Seele atmet es der rastlosen Gestirne Riesenwelt und schwimmt tanzend in seiner blauen Flut – atmet es der funkelnde, ewigruhende Stein, die sinnige, saugende Pflanze und das wilde, brennende, vielgestaltige Tier – vor allen aber der herrliche Fremdling mit den sinnvollen Augen, dem schwebenden Gange und den zartgeschlossenen, tonreichen Lippen. Wie ein König der irdischen Natur ruft es jede Kraft zu zahllosen Verwandlungen, knüpft und löst unendliche Bündnisse, hängt sein himmlisches Bild jedem irdischen Wesen um.

Abwärts wend ich mich zu der heiligen, unaussprechlichen, geheimnisvollen Nacht. Fernab liegt die Welt – in eine tiefe Gruft versenkt – wüst und einsam ist ihre Stelle. In den Saiten der Brust weht tiefe Wehmut. In Tautropfen will ich hinuntersinken und mit der Asche mich vermischen. – Fernen der Erinnerung, Wünsche der Jugend, der Kindheit Träume, des ganzen langen Lebens kurze Freuden und vergebliche Hoffnungen kommen in grauen Kleidern wie Abendnebel nach der Sonne Untergang. In andern Räumen schlug die lustigen Gezelte das Licht auf. Sollte es nie zu seinen Kindern wiederkommen, die mit der Unschuld Glauben seiner harren?

Was quillt auf einmal so ahndungsvoll unterm Herzen und verschluckt der Wehmut weiche Luft? Hast auch du ein Gefallen an uns, dunkle Nacht? Was hältst du unter deinem Mantel, das mir unsichtbar kräftig an die Seele geht? Köstlicher Balsam träuft aus deiner Hand, aus dem Bündel Mohn. Die schweren Flügel des Gemüts hebst du empor. Dunkel und unaussprechlich fühlen wir uns bewegt – ein ernstes Antlitz seh ich froh erschrocken, das sanft und andachtsvoll sich zu mir neigt und unter unendlich verschlungenen Locken der Mutter liebe Jugend zeigt. Wie arm und kindisch dünkt mich das Licht nun – wie erfreulich und gesegnet des Tages Abschied. – Also nur darum, weil die Nacht dir abwendig macht die Dienenden, säetest du in des Raumes Weiten die leuchtenden Kugeln, zu verkünden deine Allmacht – deine Wiederkehr – in den Zeiten deiner Entfernung. Himmlischer als jene blitzenden Sterne dünken uns die unendlichen Augen, die die Nacht in uns geöffnet. Weiter sehen sie als die blässesten jener zahllosen Heere – unbedürftig des Lichts, durchschaun sie die Tiefen eines liebenden Gemüts – was einen höhern Raum mit unsäglicher Wollust füllt. Preis der Weltkönigin, der hohen Verkündigerin heiliger Welten, der Pflegerin seliger Liebe – sie sendet mir dich – zarte Geliebte – liebliche Sonne der Nacht, – nun wach ich – denn ich bin dein und mein – du hast die Nacht mir zum Leben verkündet – mich zum Menschen gemacht – zehre mit Geisterglut meinen Leib, daß ich luftig mit dir inniger mich mische und dann ewig die Brautnacht währt.

Muß immer der Morgen wiederkommen? Endet nie des Irdischen Gewalt? Unselige Geschäftigkeit verzehrt den himmlischen Anflug der Nacht. Wird nie der Liebe geheimes Opfer ewig brennen? Zugemessen ward dem Licht seine Zeit; aber zeitlos und raumlos ist der Nacht Herrschaft. – Ewig ist die Dauer des Schlafs. Heiliger Schlaf – beglücke zu selten nicht der Nacht Geweihte in diesem irdischen Tagewerk. Nur die Toren verkennen dich und wissen von keinem Schlafe als dem Schatten, den du in jener Dämmerung der wahrhaften Nacht mitleidig auf uns wirfst. Sie fühlen dich nicht in der goldenen Flut der Trauben – in des Mandelbaums Wunderöl und dem braunen Safte des Mohns. Sie wissen nicht, daß du es bist, der des zarten Mädchens Busen umschwebt und zum Himmel den Schoß macht – ahnden nicht, daß aus alten Geschichten du himmelöffnend entgegentrittst und den Schlüssel trägst zu den Wohnungen der Seligen, unendlicher Geheimnisse schweigender Bote.

Einst, da ich bittre Tränen vergoß, da in Schmerz aufgelöst meine Hoffnung zerrann und ich einsam stand am dürren Hügel, der in engem, dunkeln Raum die Gestalt meines Lebens barg – einsam, wie noch kein Einsamer war, von unsäglicher Angst getrieben – kraftlos, nur ein Gedanken des Elends noch, – wie ich da nach Hülfe umherschaute, vorwärts nicht konnte und rückwärts nicht und am fliehenden, verlöschten Leben mit unendlicher Sehnsucht hing: – da kam aus blauen Fernen – von den Höhen meiner alten Seligkeit ein Dämmerungsschauer – und mit einem Male riß das Buch der Geburt – des Lichtes Fessel. Hin floh die irdische Herrlichkeit und meine Trauer mit ihr – zusammen floß die Wehmut in eine neue, unergründliche Welt – du, Nachtbegeisterung, Schlummer des Himmels, kamst über mich – die Gegend hob sich sacht empor; über der Gegend schwebte mein entbundner, neugeborner Geist. Zur Staubwolke wurde der Hügel – durch die Wolke sah ich die verklärten Züge der Geliebten. In ihren Augen ruhte die Ewigkeit – ich faßte ihre Hände, und die Tränen wurden ein funkelndes, unzerreißliches Band. Jahrtausende zogen abwärts in die Ferne, wie Ungewitter. An ihrem Halse weint ich dem neuen Leben entzückende Tränen. – Es war der erste, einzige Traum – und erst seitdem fühl ich ewigen, unwandelbaren Glauben an den Himmel der Nacht und sein Licht, die Geliebte.

Antonio Fiore

Per me il cinema è divertimento

Intervista a Claudia Cardinale

Per Claudia Cardinale la gioia è come il coraggio, se uno non ce l'ha non se la può dare: „Una nasce in un certo modo o in un altro. O la si ha dentro da sempre questa gioia di vivere, sapendo sfruttare ogni attimo della propria vita e assaporando tutti i momenti positivi, oppure si è „dall'altra parte" e si vive la vita in un modo molto più drammatico, molto più tetro, molto più angosciato. Per quanto mi riguarda, ho sempre vissuto la mia esistenza in un modo molto *spensierato*."

Eccolo qua, quello che è già passato alla storia del cinema italiano come l'„enigma CC": un miscuglio inscindibile di solare semplicità e di brume malinconie, la sensualità felice di uno dei sorrisi più cinegenici mai apparsi sugli schermi e la roca selvatichezza di una voce in cui risuona l'eco d'un segreto che deve rimanere tale. La seconda voluta maternità e la boa dei quarantacinque anni hanno regalato allo sguardo brusco e altero di Carmelina, dei *Soliti ignoti* della ragazza con la valigia e di Angelica del *Gattopardo* una luce diversa: quella piena di una donna che ha avuto una figlia ed un nipote a distanza di pochi mesi l'uno dall'altra (Patrick, suo figlio, divenne padre di Lucilla poco dopo la nascita della figlia di Claudia e Pasquale Squitieri), ma che nessuno oserebbe definire „nonna" senza un attimo di perplessità. Una donna che ha vissuto intensamente le tappe di una maturazione interiore, e la coabitazione" con un carattere non dei più facili: „Ma forse devo subito contraddirmi a proposito della „spensieratezza", perché in effetti la mia natura è molto solitaria, introversa, segreta. Sono portata ad esteriorizzarre molto poco i miei sentimenti. È un fatto di carattere, di pudore, non so. Io sono una persona che non ha questa gioia di vivere così plateale; però la gente che mi ha conosciuto ha sempre detto che io ispiravo una specie di „serenità"... Il motivo non l'ho mai capito bene. Sarà forse per via di questo mio sorriso . . ."

– Mi pare un buon motivo . . .

„Ma il mio sorriso è, in effetti, un sorriso di difesa. Perché, essendo sempre stata una timidissima, ho sempre risolto tutti i problemi sorridendo.

– Un sorriso, dunque, che esprimeva gioia ma celava drammi.

„Oh, sì! Drammi, o imbarazzi . . . Ho sempre buttato avanti il mio sorriso, come una specie di maschera. Ma non era un fatto cosciente, quanto piuttosto un meccanismo naturale. Mi ha sempre dato molto fastidio angosciare la gente, che ha già di per sé tanti problemi; e ho sempre pensato che il sorriso, l'essere gradevoli, dolci, gentili con gli altri è un dovere. Anche se da piccola, in verità, non sorridevo mai. Ero talmente timida che anche il sorriso mi costava. Perché equivaleva già a scoprirsi. Perciò ero una che non sorrideva proprio mai."

– A quando risale il primo sorriso di Claudia Cardinale?

„Ho cominciato a sorridere quando ho cominciato a fare il mestiere di attrice, quando sono andata via dall'Africa, dalla Tunisia dove ero nata e dove ero una molto chiusa e avara non solo di sorrisi ma anche di parole. E qui ho capito che questo mio essere introversa era visto come una cosa molto „misteriosa": tutti si accanivano a cercare di capire che cosa ci fosse dietro questa „maschera". Questa timidezza, dunque, non mi ha dato solo problemi, ma anche qualche vantaggio: perché questa „diversità" stimolava molto i registi nei miei primi anni di carriera . . . Ognuno voleva vedere quel che c'era dietro la maschera, anche se poi magari non c'era . . . niente. Sì, ero molto enigmatica: poi però ho cominciato ad accorgermi che tutta questa curiosità, tutte queste domande mi davano un po' fastidio. E allora ho capito che era molto più semplice regalare un sorriso. Così la gente intorno a me era tutta contenta. Io non rispondevo, ma sorridevo, ed era fatta. Ma i problemi rimanevano . . . Comunque, per tornare alla gioia: io non sono una persona seriosa, vedo sempre il lato positivo della vita. Sono però stata sempre restia ad esternare la gioia – e dunque anche il dolore."

– Spesso proprio chi vive più intensamente certi sentimenti è meno capace di renderli pubblici.

„Io sono il contrario dell'esibizionismo."

– Questa per un'attrice, una diva, è un'affermazione che comporta qualche rischio.

„In effetti è curioso, sì: perché al tempo stesso io sono anche molto ambiziosa, altrimenti non avrei fatto questo mestiere. E sono anche narcisista, come un attore deve essere . . . Sul set io ho fama di essere una persona molto „solare", perché ho bisogno di avere un rapporto autentico con la gente che lavora con me . . . insomma io sono simpatica alle persone."

– Ancora la forza del sorriso?

„Sì, dopo tanto tempo lo uso ancora come un'„arma" per difendermi da chi vuol sapere troppo, scavare troppo. Il mio è ancora un sorriso di timidezza. In tanti anni non ho imparato ad essere sfacciata."

– La popolarità è gioia?

„Credo di essere una delle attrici che compare di meno in tv. A ritirare i premi vado rarissimamente, e solo se è proprio „indispensabile". Mi invitano spesso e dappertutto, ma io, gentilissima, invento un sacco di balle pur di non muovermi da casa. Dico magari che sono già impegnata, che sto partendo per Londra o per Parigi: e invece me ne resto qui, in questa villa sulla Flaminia che è il mio rifugio. Se uno risponde bruscamente, a muso duro, la gente non capisce, insiste . . ."

– Lei dice di non essere portata a drammatizzare. Ma scegliere ad esempio di non

andare a ritirare un premio non è forse drammatizzare un evento in sé magari piacevole?

„È un piacere relativo. Un premio è importante più all'inizio della carriera che dopo un po'. Nel mio caso è faticoso, con una bambina piccola, una casa da mandare avanti . . . io non ho una vita di attrice „normale", sono molto male organizzata, non ho bambinaie . . . Ma, parlando di popolarità, non è che io la disprezzi, che abbia un atteggiamento snobistico nei suoi confronti. Anzi. A Cannes sono rimasta commossa per l'affetto che il pubblico mi ha manifestato. Sentirsi chiamare per nome, vedere la folla che ti applaude per strada . . . sono momenti estremamente piacevoli. Commoventi. Anche se a me fanno un po' ridere . . .

– *Sorridere, vorrà dire.*

„No, no, proprio ridere. Perché per me è sempre tutto sproporzionato, dunque un po' ridicolo. Penso che, in fondo, sono soltanto un'attrice. Non bisogna mai prendersi troppo sul serio. E poi ci sono le altre gioie, quelle private, intime."

– *Ce ne confidi qualcuna.*

„L'incontro con l'uomo con cui decidi di vivere. Momenti della tua vita con quest'uomo. La nascita di un figlio . . . Queste sono le gioie „grandi". . . Ma io sono portata ad approfittare della vita e dei piccoli momenti della vita. Dunque per me la gioia è anche starmene fuori, in campagna, ed essere lì come può esserlo un'africana – come del resto le mie origini tunisine mi consentono – a contemplare un bel tramonto, gli uccelli, i fiori che crescono. Sono momenti di grandissima gioia, di grandissima serenità. Le mie vere gioie sono queste: la vita frenetica, le telefonate a ripetizione, le corse in auto non fanno parte della mia natura, non mi appartengono."

– *Non le appartenevano nemmeno agli anni degli esordî, all' epoca in cui vivere concitatamente era quasi un obbligo?*

„Anche ai primi tempi mi sembrava una cosa ridicola. E ho sempre pensato che era un gioco . . . No, no, meglio coltivare il giardino.

Il massimo, poi, è starsene senza fare proprio niente: guardarsi intorno, osservare i colori, sentire i profumi . . . starmene con mia figlia che gioca, che scopre la vita. Sono momenti che non baratterei con niente al mondo."

– *Questa sua esigenza di calma, di serenità non la tiene però mai molto lontana dal cinema . . .*

„Ultimamente non è che abbia una gran voglia di lavorare: ho fatto *La Storia* con Comencini, *Un uomo innamorato* con un regista francese e che è passato a Cannes, *Naso di cane* con Pasquale (Squitieri, ndr.) e poi mi sono fermata.

– *Il suo „senso del dovere" la fa sentire in colpa per questa pausa?*

Un po' sì, forse. Ma il bello di questo mestiere è che puoi scegliere. Anche di non lavorare. Poi quando c'è la necessità di lavorare, perché prima o poi succede, allora fai solo quello."

– *Dopo ottanta film e passa: c'è ancora gioia in Claudia Cardinale al momento del ciak?*

„Ho sempre fatto delle scelte non in base ai soldi, ma in base al piacere di fare quel determinato film. Fare del cinema per la mia gioia è il principio al quale ho cercato e cerco di attenermi."

– *Avere come compagno di vita un uomo col quale si hanno in comune anche interessi di lavoro dà più gioia o più grattacapi?*

„Il confronto è positivo in una coppia. Adesso Pasquale sta preparando un nuovo film: e io, anche se non sono nel *cast,* sono automaticamente coinvolta. Lui scrive, sta qui con gli sceneggiatori . . . e io finisco col partecipare . . . insomma, quando lui prepara un film io cerco di non prepararne nessuno, e viceversa. Cerchiamo di non lavorare a film differenti nel medesimo periodo, così l'uno può star vicino all'altra e viceversa."

– *La gioia di essere bella, e di essere amata e riconosciuta anche per questo. Chissà quante volte Claudia Cardinale l'avrà provata . . .*

„Io credo che la gente sente moltissimo quello che tu sei *dentro* e capisce al volo, istintivamente, quando un personaggio è falso, costruito. Io per fortuna sono abbastanza incontaminata, questo sì. Questo mestiere non mi ha nevrotizzata: godo di questi incontri col pubblico in un modo molto naturale. A tutt'oggi ricevo una marea di lettere, da tutte le parti del mondo. Ho un rapporto col pubblico di grande affetto: mi considerano non solo o non tanto una „star" quanto un'amica, una persona. Infatti non si limitano a chiedermi la classica foto con l'autografo; molti mi scrivono confidandomi i propri problemi, le proprie angosce. L'unico mio cruccio è che non sempre ho il tempo di rispondere a tutti. Sapere di essere importanti, almeno un pochino, per persone che non conosci è un'altra cosa che dà gioia. Perché io so con assoluta certezza che se per assurdo nel giorno del mio compleanno le persone a me care si dimenticassero di farmi gli auguri (cosa che non potrebbe accadere, perché sanno che mi arrabbierei da morire), ecco, anche quel giorno mi arriverebbero cartoline, telegrammi, biglietti provenienti magari dalla Russia o dalla Svezia . . . È una buona assicurazione contro la solitudine, no? È bello sapere che fai parte della vita di persone lontane, ignote."

– *Lei giovanissima, vent'anni o giù di lì ha avuto il privilegio di essere diretta dai più bei nomi del cinema italiano: Fellini, Comencini, Visconti, Zurlini . . . che cosa ricorda con più gioia di queste sue „prime volte"?*

„È un ricordo senz'altro molto gratificante: ero vicino a gente che è nella storia del cinema e adesso, grazie a loro, nella storia del cinema ci sono anch'io. In questi film da salvare ci sarò. Ci sarò per sempre." E per la prima volta nel corso dell'intervista, mi pare di cogliere sul volto di Claudia Cardinale un sorriso che non è di difesa. Ed è un sorriso talmente gioioso che le vien subito voglia di nasconderlo, di minimizzare, di cambiare argomento: „Con tutti i registi che ha citato ho mantenuto rapporti di grande affetto, molto teneri, molto umani . . .

Forse perché non ho mai creato problemi. È insopportabile per me l'idea di creare problemi: forse per questo ho sempre voluto mostrare quest'aspetto sorridente, disponibile. Anche se poi naturalmente disponibile non lo sono tanto."

– Ma da dove le viene quest'idea di poter creare problemi? Ha davvero così paura del suo carattere?

„Non è paura. Ma penso che la vita è già così piena di problemi per tutti . . . almeno io cerco di non crearne . . . E poi è anche una questione di professionismo."

– Già: è nota la sua passione per i film che comportano anche una certa fatica fisica, un margine di rischio o di avventura . . . Si racconta che sul set de Il Circo, John Wayne le abbia detto riferendosi ammirato al suo coraggio in certe sequenze: „Claudia sei un vero uomo". . .

„A me piace la gente allegra, la gente strana. E nel cinema ce n'è ancora parecchia, per fortuna.

Molti film li ho fatti proprio per conoscere paesi, situazioni nuove: a volte mi imbarcavo in produzioni senza capo né coda come *Popsy Pop* che girai in Venezuela, in cui cantavo anche. Un film allucinante. O *Una rosa per tutti,* girato in Brasile, che come film non era granché, ma al quale sono legati ricordi stupendi . . ."

– Non solo suoi, signora Cardinale, non solo suoi. In quel film lei era assolutamente strepitosa . . .

„Beh, se c'è un „tipo" che rappresenta la gioia di vivere questo è Rosa, la protagonista della pellicola. Mi piaceva molto quel personaggio di Jorge Amado. E la gente in Brasile era incredibile: non potevo letteralmente uscire dall'albergo . . ."

. . . e poi ci sono state avventure „epiche" come quella ad Iquitos in Perù e nella foresta amazzonica con Herzog: lei ha superato col sorriso sulle labbra una prova che ha fatto ammalare gravemente un „duro" come Jason Robards e fuggire a gambe levate un perfezionista come Mick Jagger.

„Un'esperienza tremenda. Tremenda, ma non per me. Mi dicevano: quelli – Herzog e Kinski – sono due pazzi. Ma io con i pazzi sto benissimo. Guardo il lato positivo di ogni cosa, quello negativo lo dimentico immediatamente. Ma non solo sul lavoro. Anche i momenti difficili della mia vita – e ce ne sono stati molti – li cancello, non ci sono più. Sul set di Fitzcaraldo tutti erano stupiti del mio sorriso, della mia allegria. Io mi divertivo moltissimo: ma gli altri prendono le cose troppo sul serio. Il cibo, il clima, niente andava bene . . ."

– Non c'è un pizzico di incoscienza in questa Cardinale-Indiana Jones?

„Non un pizzico. Moltissima."

– L'America secondo CC.

„Lì tutto è business, lavoro. Invece per me il cinema è vacanza, divertimento. Il lavoro è quando me ne sto qui: i miei impegni di donna, di mamma, di scuola . . .

Fare un film è una vacanza. Noi siamo pagati per andare in vacanza. La trovo una cosa meravigliosa."

– Se la sente qualche collega . . .

„Ma questo non è un lavoro. Il lavoro è ben altro. Perciò l'anno scorso, quando mi hanno proposto la croce del cavaliere del lavoro, non so, la nomina a commendatore, l'ho rifiutata. Mi veniva da ridere. Quando mi incontra, il presidente Cossiga mi fa ancora così con la mano per ricordarmi quanto sono stata cattiva. Ma era più forte di me . . ."

– Torniamo ai suoi registi preferiti: da ognuno una gioia diversa . . .

Federico: è una grande gioia ogni volta che lo incontro, anche se in *8 e 1/2* dicevo al suo *alter ego,* Mastroianni, „Sei un mascalzone" . . . o forse no, dicevo „Sei un buffone". . . oddio, non mi ricordo più . . . Luchino era il nostro maestro, ci ha insegnato tutto. Di me diceva che sembravo dolce come una gatta da salotto buona, tenera, mansueta. Ma aggiungeva: „State molto attenti, perché questa gatta può tirar fuori gli artigli e diventare una tigre."

Con Luigi Comencini non ho bisogno di parlare: dai tempi della *Ragazza di Bube* ci capiamo al volo. Il personaggio di Ida nella *Storia* è stato un regalo bellissimo che pochissime attrici hanno la fortuna di ricevere. Anche se sulle prime Pasquale era preoccupato, perché pensava che un po' del carattere del personaggio morantiano fosse entrato in me: non aveva tutti i torti, perché non ci si libera facilmente di una figura come quella dopo essersela portata „addosso" per tanto tempo."

– Il dolore è il prezzo necessario della gioia?

„Forse. Ma è meglio non avere troppi dolori. Anche se non provarlo è impossibile. Alzarsi la mattina presto tutti i giorni per accompagnare tua figlia a scuola è già un dolore, ma poi ci sono altre gioie in cambio: uno sguardo d'intesa con il tuo uomo, tua figlia che ti stringe la mano nell'attraversare la strada . . ."

– Claudia Cardinale due volte mamma a distanza di vent'anni. Due gioie che si somigliano?

„Quando si è ragazzi si è molto incoscienti: e allora vivi l'esperienza della maternità non pienamente. A quarant'anni è una scelta, la tua vita c'è già: e hai molto più tempo da vivere con tuo figlio . . ."

– Ha dunque il rimpianto di non aver dedicato a Patrick, quando era piccolo, tutto il tempo che avrebbe voluto?

„Sì."

– *Gioia e felicità sono sinonimi?*

„La gioia è fatta di momenti di autenticità, di semplicità. Attimi. Felicità è una parola molto più impegnativa, che uso molto poco. Io non vado a cercare la luna. Anche se non dico l'impossibile, ma il „molto" io l'ho ottenuto.

E poi ho sentito sempre dentro di me una grande forza: la sensazione che tutto sarebbe finito bene, la certezza assoluta che mi faceva essere ottimista anche nei momenti più neri. L'importante però è saper cogliere gli attimi. Come ho fatto con quelle . . ." e indica qualcosa alle mie spalle. Mi volto: è un mazzo di splendide rose selvatiche che Claudia ha appena colto in giardino.

Gerard Manley Hopkins

The May Magnificat

May is Mary's month, and I
Muse at that and wonder why:
Her feasts follow reason,
Dated due to season –

Candlemas, Lady Day;
But the Lady Month, May,
Why fasten that upon her,
With a feasting in her honour?

Is it only its being brighter
Than the most are must delight her?
Is it opportunest
And flowers finds soonest?

Ask of her, the mighty mother:
Her reply puts this other
Question: What is Spring? –
Growth in every thing –

Flesh and fleece, fur and feather,
Grass and greenworld all together;
Star-eyed strawberry-breasted
Throstle above her nested

Cluster of bugle blue eggs thin
Forms and warms the life within;
And bird and blossom swell
In sod or sheath or shell.

All things rising, all things sizing
Mary sees, sympathising
With that world of good,
Nature's motherhood.

Their magnifying of each its kind
With delight calls to mind
How she did in her stored
Magnify the Lord.

Well but there was more than this:
Spring's universal bliss
Much, had much to say
To offering Mary May.

When drop-of-blood-and-foam-dapple
Bloom lights the orchard-apple
And thicket and thorp are merry
With silver-surfèd cherry

And azuring-over greybell makes
Wood banks and brakes wash wet like lakes
And magic cuckoocall
Caps, clears, and clinches all –

This ecstasy all through mothering earth
Tell Mary her mirth till Christ's birth
To remember and exultation
In God who was her salvation.

CLOWNS

Manage frei für die Stunde der Clowns!

Die Theaterdirektorin Neuber ließ 1737 eine Puppe des Hanswurst öffentlich verbrennen, um den Spaßmacher damit von den deutschen Bühnen zu verbannen. Ganz ist ein solches Denken, daß die „wahre" Kunst nur ernst sein könne, bis heute noch nicht überwunden. Obwohl sich die Spaßmacher die Bühne längst wieder zurückerobert haben und die Filmleinwand dazu. Der „ewige Hanswurst" blieb auf den Jahrmärkten, in Varietés und im Zirkus so lebendig, wie er es zu allen Zeiten bei allen Völkern war, als Harlekin, Clown, Pierrot, Narr, Pickelhering, Kasperle und und und –

Pista libera, arrivano i clown!

Nel 1737 la direttrice teatrale Neuber fece bruciare in pubblico un burattino con il costume di Arlecchino con l'intento di bandirlo, una volta per tutte, dai palcoscenici tedeschi. A dir la verità, l'idea che la „vera" arte possa essere solo seria si è perpetrata, anche se in misura minore, fino ai giorni nostri, sebbene il buffone abbia riconquistato da tempo il palcoscenico imponendosi pure sullo schermo cinematografico. „L'eterno pagliaccio" è rimasto così vivo nelle fiere di paese, nei varietà e nel circo nella stessa misura in cui lo è sempre stato presso tutti i popoli: come Arlecchino, Pierrot, buffone, burattino ecc. ecc.

Dégagez la piste, elle appartient aux clowns!

En 1737, la directrice de théâtre Neuber fit brûler en public un mannequin de ce bouffon des jeux de carnaval, le «Hanswurst», pour bannir ce pitre des scènes allemandes. De nos jours ancore, il arrive de trouver cette tendance: «le vrai» art ne peut être que sérieux. Et pourtant les bouffons ont bel et bien reconquis la scène tant au thêâtre qu'à l'écran. Cet éternel «Hanswurst», c'est notre Guignol, il est bien vivant dans les foires, aux variétés et au cirque comme il l'a été de tout temps et dans tous les peuples. On le nomme aussi Arlequin, Pierrot, le Bouffon Pickelhering, le Kasperle allemand ou polichinelle.

Manege vrij voor het uur van de clowns!

De theaterdirectrice Neuber liet in 1737 een hansworst-pop in het openhaar verbranden, om de grappenmaker daarmee van het Duitse toneel te verbannen. Ook nu nog is een dergelijke denkwijze, dat „echte" kunst alleen maar ernstig zou kunnen zijn, niet geheel en al verdwenen. En dat ondanks het feit dat de grappenmakers het toneel allang weer heben heroverd, en het witte doek erbij. De „eeuwige hansworst" bleef op jaarmarkten, in variétés en in het circus zo springlevend als hij door de eeuwen heen bij alle volkeren is geweest – als harlekijn, pierrot, nar, potsenmaker, Jan Klaassen enzovoort enzoverder …

Hereinspaziert ins Wunderland der Kinder, wo auch die Erwachsenen verzaubert werden.

Tutti a vedere il paese delle meraviglie dei bambini, dove rimangono incantati anche gli adulti.

Entrez dans le monde merveilleux des enfants, ici on ensorcelle aussi les grands.

Kom maar binnen in het kinder-wonderland, waar ook volwassenen worden betoverd.

„Hüll dich in Tand und schminke dein Antlitz, man hat bezahlt ja, will lachen für sein Geld."

„Copriti di cianfrusaglie e imbellettati il volto, abbiam pagato per vederti, facci ridere un po."

«Enveloppe-toi de colifichets et grime ton visage, on a payé et on veut rire et en avoir pour son argent."

„Tooi u met prullen en grimeer uw gelaat, het volk heeft immers betaald en wil lachen voor zijn geld."

Jeder Clown möchte so gern schöne Musik machen, aber widrige Umstände verwehren es ihm.

Ogni clown vorrebbe suonare delle belle melodie, ma poi c'è sempre qualcosa che manda a monte i suoi piani.

Quel est le clown que ne voudrait pas faire de la belle musique, mais les circonstances lui sont défavorables.

Iedere clown zou zo graag muziek willen maken, maar door ongunstige omstandigheden wordt het hem onmogelijk gemaakt.

Unmögliches fällt ihnen leicht und Leichtes fällt ihnen schwer. Es ist die verkehrte Welt der Clowns, in der sie jedoch nie den Mut verlieren.

Le cose impossibili gli riescono facili e quelle facili diventano difficili fino all'inverosimile. È il mondo dei clown, un mondo che funziona a rovescio ma nel quale essi non si perdono mai d'animo.

L'impossible leur paraît facile et le facile difficile. C'est le monde des clowns, un monde à l'envers, dans lequel ils ne perdent pourtant jamais courage.

Het onmogelijke is voor hen gemakkelijk, en wat gemakkelijk is kost hun moeite. Dat is de omgekeerde wereld van de clowns, waarin zij toch nooit de moed opgeven.

Akrobat? Schön! Man muß viel können, um so zu tun, als ob man nichts könnte.

Un'acrobazia? Bella! Ci vuole molta abilità per far finta di essere dei buoni a nulla.

Acrobate? Bien! Et il faut en savoir faire des choses pour donner l'impression de ne rien savoir.

Acrobaat? Mooi! Je moet veel kunnen om zo te doen alsof je niets kunt.

Vermutlich sprechen Clowns auch die Sprache der Tiere.

Presumibilmente i clown parlano anche la lingua degli animali.

Vraisemblablement, les clowns connaissent-ils le langage des animaux.

Vermoedelijk spreken clowns ook de dierentaal.

Das neidet man ihnen ein wenig: daß sie immer zu spielen scheinen und auch noch die schönsten Spielzeuge haben.

Siamo sinceri, c'è una cosa di cui li invidiamo: che sembrano sempre giocare e che hanno i giocattoli più belli.

On leur envie un peu une chose, celle de toujours donner l'impression de jouer et de plus d'avoir les plus beaux jouets.

Daar zijn we allemaal een beetje jaloers op: het lijkt net of ze altijd spelen, en het mooiste speelgoed hebben ze bovendien.

Er hat nur ein Ziel: Freude.

Ha solo un obiettivo da raggiungere: la gioia.

Il a un but: la joie.

Hij heeft één doel: vreugde.

DU
TU

Ich habe durch mein ganzes Leben gefunden, daß sich der Charakter eines Menschen aus nichts so sicher erkennen läßt, wenn alle Mittel fehlen, als aus einem Scherz, den er übel nimmt.

Georg Christoph Lichtenberg

Attraverso la mia vita ho scoperto che per riconoscere il carattere di un uomo non c'è niente di più sicuro, in mancanza di altri mezzi, di uno scherzo per cui questi si offende.

Georg Christoph Lichtenberg

Antoine de Saint-Exupéry

Der Durst

Der Westwind weht, der den Menschen in neunzehn Stunden ausdörrt. Noch ist mein Schlund offen, aber schon hart und schmerzhaft. Ein leises Rasseln kann ich auch schon vernehmen. Bald kommt der Husten, den man mir beschrieben hat und auf den ich schon lange warte. Meine Zunge ist mir im Wege. Das Schlimmste aber ist, daß ich leuchtende Flecken sehe. Wenn diese zu Flammen werden, stürze ich zusammen.

Wir gehen schnell, um die Kühle des jungen Tages auszunutzen. Wir wissen wohl, daß wir an der hellen Sonne nachher nicht mehr weiter können. An der hellen Sonne...

Wir dürfen nicht mehr schwitzen, wir dürfen keine Zeit verlieren. Denn selbst diese Kühle hat nur achtzehn Prozent Luftfeuchtigkeit; der Wind mit seiner verlogenen Liebkosung kommt aus der Wüste. Unser Blut verdunstet!

Ich fühle keinen Hunger, nur Durst. Dabei hatte ich so gut wie nichts zu essen gehabt, am ersten Tage einige Trauben, seitdem eine halbe Apfelsine und etwas Kuchen. Für mehr Nahrung hatten wir keinen Speichel gehabt. Der Durst aber ist allmächtig, eher noch die Folgen des Durstes: die harte Kehle, die Zunge aus Gips, das Rasseln im Schlund und ein ekliger Geschmack im Munde. Das sind mir neue Empfindungen, und zunächst bringe ich sie in keine Verbindung mit dem Wasser, das sie heilen könnte. Der Durst wird immer mehr zu einer Krankheit und immer weniger ist er ein natürliches Verlangen.

Schon will es mir scheinen, daß der Gedanke an Früchte und Quellen weniger herzzerreißend ist. Ich habe schon fast vergessen, wie freundlich die Apfelsine leuchtete. Ich habe alle Sehnsucht vergessen. Ich vergesse vielleicht alles. Einen Augenblick haben wir gerastet, nun geht es weiter. Wir verzichten auf große Marschabschnitte und sinken alle halben Kilometer erschöpft nieder. Ich genieße es jedesmal, mich auszustrekken. Aber wir müssen weiter. Die Landschaft verändert sich, die Steine werden seltener und wir gehen auf Sand. Zwei Kilometer vor uns beginnen die Dünen mit einigen Anzeichen kleinen Pflanzenwuchses. Der Sand ist doch besser als dieser stählerne Panzer. Er ist die blonde Wüste, meine Sahara, die ich kenne und liebe.

Jetzt müssen wir schon alle zweihundert Meter rasten. Aber wir wollen weiter, zumindest bis zu den Büschen. Die sollten die letzte Grenze sein, machen wir aus. Später, als wir im Kraftwagen unseren Spuren entlangfuhren, um den Simoun zu bergen, konnten wir feststellen, daß dieser letzte Ausmarsch achtzig Kilometer betragen hat. Ich war also an die zweihundert gegangen. Wie konnte ich da weiter?

Gestern ging ich ohne Hoffnung; heute hat dieses Wort seinen Sinn verloren. Wir gehen, weil wir gehen, wie die Ochsen im Pflugjoch.

Gestern träumte ich von paradiesischen Apfelsinenwäldern, heute kenne ich kein Paradies mehr. Ich glaube nicht mehr an Apfelsinen.

Nichts mehr fühle ich in mir als Dürre des Herzens. Ich werde fallen und keine Verzweiflung spüren, nicht einmal Kummer. Das kränkt mich, denn die Fähigkeit, Kummer zu fühlen, wäre mir eine Wohltat wie Wasser. Ich bemitleide mich und bedaure mich wie ein Freund. Aber ich habe keinen Freund mehr auf der Welt.

Wenn mich die Leute mit meinen entzündeten Augen finden, dann werden sie sich einbilden, daß ich laut gerufen und viel gelitten habe. Aber jeder Aufschwung, jeder Schmerz, alles bewußte Leiden wären Reichtümer für meine vertrocknete Seele. Ich habe ja gar nichts mehr. Wenn einem Mädchen seine erste Liebe stirbt, dann hat sie doch noch ihren Schmerz und ihre Tränen, einen zuckenden Ausdruck von Leben. Ich, ich habe keinen Schmerz mehr.

Ich bin schon eins mit der Wüste. Ich bringe keinen Speichel mehr hervor und auch keine Bilder, nach denen ich mich sehnen könnte. Die Sonne hat den Quell der Tränen ausgetrocknet.

Doch was sehe ich? Ein Hoffnungshauch geht über mich wie ein Windstoß über das Meer. Etwas hat mein triebhaftes Erkennen getroffen, noch ehe es mir bewußt geworden ist. Nichts hat sich verändert, und doch ist alles anders. Das Bahrtuch des Sandes, diese flachen Hügel mit Ahnungen von Pflanzenwuchs sind nicht mehr eine tote Landschaft. Sie sind eine Bühne, zwar noch leer, aber für das Schauspiel bereit. Ich sehe Prévot an, auch er hat staunend den gleichen Schlag erhalten, ohne ihn deutlich zu verstehen.

Gleich muß etwas geschehen, sage ich euch.

Die Wüste lebt, sage ich euch. Diese Leere, dies Schweigen sind bewegter als ein Volksgedränge auf offenem Markt. Rettung – Spuren im Sand!

Eben noch waren wir abgeschnitten vom Menschengeschlecht, mit unserer Art zerfallen, allein auf der Welt, vergessen bei einer allgemeinen Abwanderung. Und da finden wir im Sande abgedrückt die wunderbaren Füße von Menschen.

„Prévot, hier haben zwei sich verabschiedet."

„Hier hat ein Kamel gekniet."

„Hier..."

Wir sind noch gar nicht gerettet. Wir können ja nicht einfach warten, denn schon in wenigen Stunden kommt jede Hilfe zu spät. Der Durst wirkt zu verheerend, sobald der Husten beginnt. Und unsere Kehlen...

Nein, ich glaube an diese Karawane, die irgendwo durch die Wüste schwankt.

Prévot faßt mich am Arm: „Hören Sie!"

„Was denn?"

„Den Hahn!"

Ja aber – ja aber...

Ja aber, daß hieße Leben – du Dummkopf!

Noch eine Täuschung sucht mich heim. Ich sehe drei Hunde herumjagen. Prévot sieht hin und kann nichts wahrnehmen. Aber nun strecken wir beide Arme den Beduinen entgegen, beide holen wir den letzten Atem aus unserer Brust und beide lachen wir vor Glück.

Aber unsere Stimmen tragen keine dreißig Meter mehr. Die Stimmbänder sind vertrocknet. Wir hatten miteinander nur noch geflüstert und das nicht einmal bemerkt.

Der Beduine und sein Kamel, die hinter dem Hügel hervorgekommen sind, wollen sich entfernen. Langsam, langsam ziehen sie weiter. Vielleicht ist er allein! Vielleicht hat ein grausamer Teufel uns diesen Menschen gezeigt, um ihn uns wieder zu nehmen.

Und wir können nicht mehr rennen!

Da erscheint ein anderer Araber auf der Düne, mit der linken Seite uns zugewandt. Wir schreien – aber ganz leise. Wir schwenken die Arme und erfüllen nach unserer Meinung den Himmel mit riesigen Signalen. Aber der Beduine sieht immer nach rechts. Jetzt aber, ganz langsam, macht er eine Viertelwendung links. Sobald er das Gesicht uns zugewendet hat, ist es auch schon geschehen: Durst, Tod und Luftspiegelungen sind verwischt in dem Augenblick, in dem er uns erblickt. Eine kleine Viertelwendung verwandelt unsere Welt. Eine Bewegung des Körpers, ein rascher Blick schaffen Leben, und er scheint mir nicht von dieser Welt.

Ein Wunder! Ein Wunder! Er kommt auf uns zu wie ein Gott über das Meer! Er hat uns ins Gesicht gesehen, hat uns die Hände auf die Schultern gelegt und wir haben ihm gehorcht und uns hingelegt. Hier gibt es keine Rasse, keine Sprache, keine Partei. Ein armer Wanderhirte hat Engelshände auf unsere Schultern gelegt.

Wir haben auf seine Rückkehr gewartet, die Stirn in den Sand gepreßt. Und nun trinken wir, auf dem Bauche liegend, den Kopf im Becken wie die Kälber. Der Beduine erschrickt und zwingt uns, alle Augenblicke einzuhalten. Aber kaum läßt er uns frei, so tauchen wir auch schon das ganze Gesicht ins Wasser.

Wasser!

Wasser, du hast weder Geschmack, noch Farbe, noch Aroma. Man kann dich nicht beschreiben. Man schmeckt dich, ohne dich zu kennen. Es ist nicht so, daß man dich zum Leben braucht: du selber bist das Leben! Du durchdringst uns als Labsal, dessen Köstlichkeit keiner unserer Sinne auszudrücken fähig ist. Durch dich kehren uns alle Kräfte zurück, die wir schon verloren gaben. Dank deiner Segnung fließen in uns wieder alle bereits versiegten Quellen der Seele.

Du bist der köstlichste Besitz dieser Erde. Du bist auch der empfindsamste, der rein dem Leib der Erde entquillt. Du schenkst uns ein unbeschreiblich einfaches und großes Glück.

Du aber, unser Retter, Beduine aus Libyen, du wirst mir aus dem Gedächtnis schwinden! Deines Gesichtes kann ich mich nicht entsinnen. Du bist der Mensch und erschienst mir mit dem Antlitz aller Menschen! Du hattest uns nie zuvor gesehen und hast uns doch erkannt! Du bist mein geliebter Bruder, und ich werde dich in allen Menschen wiedererkennen!

Du erscheinst mir voll Adel und Leutseligkeit, ein großmächtiger Herr, in dessen Macht es stand, Wasser zu reichen. Alle meine Freunde, alle meine Feinde kommen mir in deiner Person entgegen, und ich habe keinen einzigen Feind mehr auf der Welt.

Peter Gan

Du

Es ist kein größer Wort als „du".
Ein „du" schließt alle Wunden zu,
und schließt in allerletzter Stund'
dem Höllenrachen selbst den Mund.

Der Mensch sagt „du", drum ist er „ich";
im „du" nur kommt das „ich" zu sich;
„du" kommt wie groß, „du" geht wie klein
vom Himmel in die Windel ein.

O „Du", Du machtest dich zum Kind,
weil Deine Kinder Kinder sind.
„Du": Gotteswort in Menschenmund;
du" heißt dein Gott, „du" heißt dein Hund.
„Du": Hunderttausendmeilenschuh.
Und ist kein kleiner Wort als „du".

Mario Vargas Llosa

Mein Sohn, der Rastafari

Aus dem Spanischen von Gisbert Haefs

Bis man mich einlud, Mitglied jener Jury der Berliner Filmfestspiele zu sein, war ich davon überzeugt gewesen, es könne einem im Leben nichts Besseres passieren, als Mitglied einer Filmjury zu werden. Ich war es bereits gewesen – in Cannes, in San Sebastian, bei der Woche des Farbfilms in Barcelona –, und bei all diesen Gelegenheiten war mir die Gewißheit zuteil geworden, daß Glück keine Schimäre, sondern faßbare Realität ist. Ich liebe das Kino, und an einem Tag vier oder fünf Filme zu sehen, und seien sie auch schlecht, ist etwas, was ich bestens ertragen kann. Dazu die besten Hotels, die besten Sitzplätze, Einladungen zu allen Pressekonferenzen, Ausstellungen, Festveranstaltungen und die Möglichkeit, zwischen zwei Filmen die Stars der Leinwand leibhaftig anschauen zu können – kann man mehr verlangen?

Aber in Berlin fand ich heraus, daß Jurymitglied sein auch erschöpfende Arbeit mit ungeahnten ethischen Zwängen bedeuten kann. Unsere Vorsitzende war Liv Ullmann; sie erwies sich in Fleisch und Blut als ebenso schön und intelligent wie in den Filmen von Ingmar Bergman. Sie erwies sich jedoch auch als behaftet mit einem nahezu monströsen Verantwortungsgefühl; als eine Vorsitzende, die beschlossen hatte, daß die ihr unterstellte Jury bei den Entscheidungen nichts anderes als die absolute Gerechtigkeit durchsetzte. Und die davon überzeugt war, daß dies möglich sei, wenn man nur dieses Unterfangen mit dem übermenschlichen Bestreben angehe, alle Filme des Wettbewerbs (24 lange und 16 kurze) vollständig zu analysieren, zu vergleichen, zu bewerten und zu memorieren.

In Berlin wußten wir vom ersten Moment an, daß unsere unbestechliche Vorsitzende sich nicht damit begnügen würde, uns sagen zu hören: „Ich bin dafür, daß dieser Film den ersten Preis bekommt, daß Soundso als bester Regisseur ausgezeichnet wird, etc." Jeder einzelne Film, Regisseur, Schauspieler, Kameramann, Beleuchter, Drehbuchautor, Komponist, Cutter, Mischer – und vielleicht auch Tontechniker, Maskenbildner, Schneider, Komparsen? – mußte zuvor durch das Sieb unserer kritischen Beurteilung geseiht, untersucht, abgewogen und verglichen und gegenübergestellt werden den Bilanzen und Beurteilungen unserer Kollegen; dies im Laufe von Sitzungen, die alle Atempausen zwischen zwei Filmen verschlangen, unsere Mahlzeiten auf ein Sandwich reduzierten und uns in den Vorführsesseln vor Müdigkeit zusammensacken ließen.

Um nicht bei Liv Ullmanns Fragen zu verstummen oder ins Stottern zu geraten, blieb mir nichts anderes übrig, als den Vorführungen mit Notizzetteln beizuwohnen und diese vollzukritzeln, um nicht vor jedem neuen Film meine Eindrücke zu vergessen. Das Ergebnis war natürlich, daß die Filme aufhörten, ein Quell der Freude zu sein und zu einer wirren Aneinanderreihung wurden, einem Kampf gegen Zeit, Dunkelheit und meine eigenen ästhetischen Empfindungen, die durch diese Autopsien zur Konfusion verschlugen. Bei soviel Mühsal, jeden einzelnen Film zu bewerten, geriet mein Wertsystem in eine Krise, und sehr bald stellte ich fest, daß ich nicht einmal mehr ohne Schwierigkeiten sagen konnte, ob mir etwas gefiel oder nicht, und auch nicht warum.

In dieser heiklen psychologischen Lage befand ich mich, als mein zweitältester Sohn in Berlin eintraf, um eine Woche mit mir zusammen zu verbringen: Gonzalo Gabriel, der Wolkengänger.

Er war nicht ganz sechzehn, lebte in England in einem Internat, und ich hatte ihn seit einem Trimester nicht gesehen. Die Berliner Filmtage fielen mit einigen Ferientagen seines College zusammen, und ich hatte ihn eingeladen, diese Zeit mit mir zu verbringen. Die Organisatoren reservierten ihm ein Bett in meinem Zimmer im Hotel Kempinski und gaben mir Ausweiskarten, damit er während seines Aufenthaltes in Berlin an den Vorführungen und Veranstaltungen teilnehmen konnte.

Anders als seine Geschwister, die mit allem einschließlich der Ellenbogen reden und temperamentvolle Plagegeister sind, war Gonzalo Gabriel immer äußerst zurückhaltend und verträumt. Seiner Mutter und mir schien er immer in den Wolken zu wandeln (deswegen der „Nephelibat"), und es war für uns immer sehr schwierig, festzustellen, ob er zufrieden oder traurig, gelangweilt oder amüsiert war, und was er dachte, empfand oder mochte.

Meine Kinder verbrachten ihre Jugend unter ständigem Wechsel von Ländern, Sprachen, Häusern und Schulen. Dieses schweifende Zigeunerleben hatte weder auf den Ältesten noch auf die Jüngste große Auswirkungen, wohl aber auf Gonzalo Gabriel. Das wurde uns in Barcelona klar, als wir bemerkten, daß er einen Beutel huckepack mit sich herumschleppte, von dem er sich nicht einmal beim Essen oder Schlafen trennte; er war gefüllt mit Krimskrams – Streichholzschachteln, Steinchen, Schmetterlingen –, den er im Garten des Londoner Hauses gesammelt hatte, wo er seine ersten Jahre verbrachte. In der schwindelerregenden Abfolge von Städten, die seine Kindheit war – London, Washington, San Juan (Puerto Rico), Lima, Paris, Barcelona –, stellte dieser Beutel das einzig Stabile und Dauerhafte in seinem Leben dar, eine Art Amulett gegen den Dämon der Umzüge. Beim Schlafen klammerte er sich daran, und wenn wir versuchten, ihm den Beutel wegzunehmen, gab es jedesmal furchtbare Weinkrämpfe. In dem Jahr, als ich Gastprofessor an der Universität von Cambridge war, fühlten er und sein älterer Bruder sich im College sehr wohl. So wohl sogar, daß sie selbst auf die Idee kamen, in England im Internat zu bleiben, als Patricia und ich nach Peru zurückkehrten. So geschah es. Sie blieben fünf Jahre lang dort. Die Ferien verbrachten sie in Lima, und wir versuchten, wenigstens ein Trimester pro Jahr in ihrer Nähe zu sein.

Bei diesen Wiedersehen überraschten sie mich immer mit den Veränderungen, die sie durchmachten. Von den jähen Wandlungen pflegte der Älteste, Alvaro, befallen zu sein. Im Jahr vor jenem Festival in Berlin hatte er uns beispielsweise in Trimesterabständen wissen lassen: 1. Er habe mystische Erlebnisse und wolle sich vielleicht ganz der Theologie widmen. 2. Er habe sich dem Katholizismus ab- und der anglikanischen Religion zugewandt und sei bereits der Church of England beigetreten. 3. Religion sei Opium fürs Volk, und er sei Atheist geworden. Bei Gonzalo Gabriel waren die Veränderungen eher diskret und kaum wahrnehmbar, außer in den letzten Ferien, in denen er einen Kameraden vom College mit nach Lima brachte. Beide putzten sich heraus wie Modepüppchen und ließen uns eines Tages wissen, wenn sie groß wären, würden sie sich wahrscheinlich wie Pierre Cardin oder Yves St. Laurent mit dem Entwerfen von Mode befassen.

Vielleicht war ich wegen dieser früheren Erfahrungen nicht auf das vorbereitet, was mich an jenem Morgen erwartete, als ich mich zwischen zwei Jurysitzungen verdrückte und zum Berliner Flughafen fuhr, begleitet von einer liebenswürdigen mütterlichen Berlinerin. *„Das da* ist Ihr Sohn?" fragte mich meine Begleiterin.

Ja, er war es, wenn man ihn auch nur unter Mühen als Hominiden erkennen konnte. Er war am Ende der Schlange der Reisenden aus London aufgetaucht und begrüßte mich durch die Glaswand. „Die Polizei wird ihn nicht einreisen lassen", dachte ich „Sie werden ihn abschieben, als unerwünschte Person." Aber sie ließen ihn durch. In den vergangenen drei Monaten mußte er zehn Zentimeter gewachsen sein und fünf Kilo abgenommen haben. Er sah sehr groß aus, hatte sich in eine Art Fakir verwandelt – nur Haut und Knochen –, und eine weitere Neuerung in seinem Gesicht war ein durchdringender Blick, der Blick eines Kindmannes, der die tiefste Wahrheit in den Dingen erkannt hat.

Ein ungeheurer Schopf fiel ihm unordentlich über das Gesicht und überspülte seine Schultern. Aber schockierender als die schiere Fülle des Schopfes war der Anblick von Unentwirrbarkeit, eines Dschungels, den nie ein Kamm durchforstet hatte. Die langen Strähnen endeten in Knäulen und kleinen Wülsten. Ein absonderlicher Sack mit Löchern für die Extremitäten diente als Gewand, verfertigt wie aus Fetzen eines unerfindlichen Materials. Miteinander verfeindete Farben wucherten darauf, vor allem Rot, Grün und Gold. In seiner Formlosigkeit, den grotesken Farbvermengungen und den Knöpfen à la Sonnenblumen hatte es eine vage Verwandtschaft zur Gewandung eines Clowns oder einer Vogelscheuche, aber derlei Mummenschanz hat immer noch etwas Humorvolles. Der Sudelei, mit der Gonzalo Gabriel übergossen war, fehlte jegliche Fröhlichkeit; etwas Ernsthaftes oder Beunruhigendes war darin, wie in Mönchskutten oder Militäruniformen (später begriff ich, daß es eine Mischung von beidem war). Seine Schuhe schienen weder aus Leder noch aus Tuch, sondern aus Ölhaut oder Knorpelgewebe zu sein, und auf ihnen waren sämtliche Farben des Regenbogens vertreten. Sie reichten von den Zehen bis zur Wade, verfügten aber weder über Sohle noch über Absatz noch über irgendeine Struktur, so daß der Fuß wie eine schlecht gearbeitete Prothese wirkte. In der Hand hielt er einen großen Beutel aus dem gleichen klebrigen Material, wie es ihm die Füße bedeckte. Darin steckte als einziges Gepäckstück eine Bibel.

Er begrüßte mich lakonisch wie immer – „Hallo" – und gab mir einen Kuß. Im Wagen, auf der Fahrt zum Hotel Kempinski – wo man ihn, dessen war ich sicher, nicht einlassen würde –, richtete ich ihm Grüße vom Rest der Familie aus und raffte mich dazu auf, ihn nach seinen Studien zu fragen. „Ehrlich gesagt habe ich in letzter Zeit nicht viel Zeit zum Studieren gehabt", antwortete er. Womit er denn so beschäftigt gewesen sei?

Vor allem mit dem Kampf gegen die Vivisektion von Tieren. Mit Demonstrationen vor den Türen „dieser Mördergeschäfte" – Harrod's, Austin Reed, Aquascutum, etc. –, die mit Kadavern handelten; mit dem Schwenken von Protestplakaten vor jenen Pelz- und Schuhläden, die völlig schamlos ihre Verbrechen in den Fenstern zur Schau stellten.

Außerdem habe es „sie" viele Stunden gekostet, hinter geplante Jagden zu kommen und die entsprechenden Kampagnen zu organisieren, die, wie er mir erklärte, darin bestanden, daß man sich zwischen die Gewehre der Jäger und das Fell der Füchse beziehungsweise die Federn der Fasanen oder Tauben stellte, denen die Kugeln galten. Außerdem hätten „sie" viel Zeit auf das Schreiben von Briefen an den spanischen Botschafter verwendet. Den Botschafter Spaniens in London? Ja. Sie hatten ihm jeden Tag einen Brief geschrieben, drei Monate lang. Ich erkundigte mich nach dem Grund für diese umfängliche Korrespondenz.

„Die Genozide", erwiderte er ungeduldig.

Er bezog sich nicht nur auf die Stierkämpfe; „sie" hatten einen überaus vollständigen Katalog aller Akte von Sadismus zusammengestellt, die in den einzelnen Regionen Spaniens begangen wurden, bei örtlichen Festen, gegen Pferde, Hunde, Schweine, Gänse, Esel etc., etc. Ich stellte mir das Gesicht des Botschafters (den ich kannte) vor, wie er jeden Morgen einen Brief von meinem Sohn erhielt, in dem er wegen jedes einzelnen Tropfens tierischen Bluts ermahnt wurde, das Menschenhände in der *Madre Patria* vergossen...

Entgegen meinen Befürchtungen erhob man im Hotel Kempinski keine Einwände, als er sich eintrug, und ein Page wollte den vielfarbigen Beutel auf unser Zimmer bringen (mein Sohn ließ das nicht zu). Patricia hatte für ihn einen Koffer gepackt mit Anzügen, Krawatten und Hemden und einer Liste von Empfehlungen, damit er allen Veranstaltungen des Festivals „gut gekämmt, piekfein und als besonders guter Junge" beiwohne. Ich hatte Koffer und Ratschläge über Kontinente und Ozeane geschleppt, und nun, in unserem feinen Zimmer im Kempinski, händigte ich ihm alles aus und fühlte mich absolut lächerlich.

Er warf einen Blick milder Geringschätzung auf diese Anzüge und sagte, ich hätte mir die Mühe sparen können, denn er werde nie wieder „bourgoise Klamotten" anziehen. Seine Prinzipien verböten es ihm.

Da ich mich in diesem Moment unfähig fühlte, Hauptdarsteller einer philosophischen Kontroverse zu spielen, beschränkte ich mich darauf, ihm eine pragmatische Erwägung vorzuhalten:

„Es könnte sein, daß sie dich in diesem Aufzug nicht in die Filmvorführungen lassen..."

Sein Lächeln ließ mich wissen, daß es auf dieser Etappe seines Lebensweges keinerlei Opfer gäbe, das zu bringen er nicht bereit wäre, im Namen der Religion, zu der er inbrünstig konvertiert war. Welcher Religion genau? Ich konnte mich nicht aufraffen, ihm diese Frage zu stellen. Meine Pflichten als Jurymitglied riefen nach mir. Ich teilte ihm mit, an diesem Abend finde die offizielle Eröffnung der Festspiele statt – mit der Vorführung von *Terms of Endearment* von James L. Brooks. Es seien sehr viele Künstler und Berühmtheiten anwesend, und es wäre doch ein Jammer, wenn man ihn wegen einer Frage von mehr oder weniger Klamotten von diesem Ereignis ausschlösse ... und dann floh ich.

Wieder im Hotel fand ich das Zimmer voller Qualm und scheußlich stinkend vor. Der Wolkengänger versicherte mir, Weihrauch zu verbrennen schaffe eine der Meditation förderliche Atmosphäre und beseitige Spannungen. Weitere heilsame Wirkungen seien: Läuterung der Lungen und eine bessere Blutversorgung des Gehirns.

Ob er im College keine Probleme wegen seiner Kleidung gehabt habe? Keine; er habe seine Gründe dargelegt, und die Lehrer respektierten sie. Er versicherte mir, er kleide sich immer so, denn – und das sagte er, als wolle er mich in irgendeiner Hinsicht beruhigen – all diese Kleidungsstücke seien gefertigt aus der Haut von Tieren, die eines natürlichen Todes gestorben seien. Besonders nachdrücklich versicherte er mir, er trage am ganzen Leibe nicht eine Faser, die aus Sadismus wider Kühe, Lämmer, Schafe und sonstige Tiere hervorgegangen sei. Was die Schuhe angehe, die seien äthiopischer Herkunft. Daher könne man sie auch ohne jede Besorgnis anziehen, denn trotz seiner überaus schwierigen Lebensumstände hege das äthiopische Volk religiöse Achtung vor den Tieren. Für Kleidung verwende man dort nur Fell und Haut von Vierfüßern, die durch Alter, Krankheit oder Unfall gestorben seien. Ich schaute ihm in die Augen und fragte ihn, ob er das, was er mir da erzähle, wirklich glaube oder mich für einen Idioten halte. Er hielt meinem Blick stand mit der ruhigen Sanftmut jener, die die Wahrheit besitzen: Er glaubte all das. Ich wechselte die Taktik und fragte ihn, ob er es denn für hypothetisch möglich halte, daß der Händler in London oder Cambridge, bei dem er dieses Zubehör gekauft hatte, ihn betrogen haben könnte, indem er Tücher und Häute als unblutig ausgab, die von ebenso blutiger Herkunft seien wie die, die ich trug. Sein winziges Lächeln ließ mich verstummen, noch ehe ich ganz fertig war.

„Natürlich ist das nicht möglich. Er ist einer von uns. Von den Zwölf Stämmen Israels. Ein *Rastaman!"*

Es war das erste Mal, daß ich dieses Wort hörte. Um vor ihm nicht als völlig unwissend dazustehen, fragte ich ihn nicht einmal, was es bedeutet. Ich beschloß vielmehr, bei meinem nächsten Englandaufenthalt unbedingt das Antlitz dieses inspirierten Händlers schauen zu wollen.

Mit diesen Ideen sei er dann wohl auch Vegetarier geworden?

„Natürlich. Wenn man gegen das Verbrechen ist, muß man auch bis zur letzten Konsequenz gehen". Aber hier verdüsterte ein Schatten sein Gesicht. „Ehrlich gesagt habe ich aber einige Zweifel, was das Essen angeht. Vielleicht kannst du mir einen Rat geben."

Gab es eine Aussicht, ihn auf dem Weg der Gastronomie in die Welt der Sadisten zurückzuholen? Welche Hoffnung!

„Viele finden, daß man auch kein Gemüse essen darf, daß es unrecht ist", erklärte er mir, und für ein paar Sekunden wurde, was ich durch das zottige Gestrüpp von seinem Gesicht sehen konnte, von dem des Fanatikers zu dem eines ratlosen Heranwachsenden. „Werden denn Bohnen, Salate, Tomaten, Erbsen nicht auch geboren und sterben? Sind sie dann nicht auch Lebenwesen?"

Verblüfft fragte ich ihn, was denn diese Perfektionisten der Skrupelhaftigkeit überhaupt äßen.

„Früchte", sagte er. „Früchte reifen und fallen von allein, sie sterben, ohne daß einer sie tötet. Und ihre Samen reproduzieren sie und führen sie fort. Also ist es weder grausam noch gegen die Natur, Früchte zu essen. Es gibt welche, die nur Früchte essen. Es sind wenige. Sie halten sich für die Reinsten. Sie ernähren sich, ohne jemanden zu schaden und ohne die Natur zu zerstören. Was hältst du davon?"

Die Mitteilung, daß es Zeit sei, zur Eröffnung des Festivals aufzubrechen, überraschte mich, als ich eben mit allen wissenschaftlichen Hinweisen, die mir zur Verfügung standen (wenigen), das Vegetariertum verteidigte und leugnete, daß Reis, Gewürzgurken und Erbsen eine Seele haben oder Schmerz empfinden. Gonzalo Gabriel hörte mir zu mit der distanzierten Herablassung, die Heiden bei einem Gläubigen hervorrufen. Sein Gesicht füllte sich mit Mißtrauen, als er mich mit Hinweis auf seine Magerkeit sagen hörte, daß die Mildtätigkeit zu Hause beginnt: Wenn es ihn so sehr quäle, anderen lebenden Körpern Schaden zuzufügen, dann solle er doch auch ein wenig Mitleid für seinen eigenen Körper zeigen; wenn er nämlich so weitermache, werde er bald derart hinfällig sein, daß ein simpler Schnupfen ihn ins Grab brächte.

Natürlich entgegnete er mir, daß der Mensch bereit sein müsse, für seine Ideen zu sterben.

Die Türhüter des Festspieltheaters hinderten ihn nicht am Eintritt zur Eröffnungsveranstaltung, und da saß er nun, angezogen wie ein Hampelmann und mit seinem Haargewürm, in der Ehrenreihe neben Jack Nicholson, Jules Dassin, Liv Ullmann, Debra Winger und anderen Stars, die sich an ihrem vogelscheuchigen Nachbarn nicht zu stören schienen. Man verwehrte ihm nicht einmal den Zutritt zum Empfang, den der Berliner Regierende Bürgermeister an diesem Abend gab, wo die Mehrzahl der Gäste in Gala erschien. Zur Stunde der Handküsse beging der Bürgermeister die liebenswürdige Unbesonnenheit, ihn zu fragen, ob er Schauspieler sei. Er erwiderte mit lakonischer Brutalität „No." Und er weigerte sich, einen Bissen zu sich zu nehmen, in der Furcht, das Buffet bestehe aus Kadavern und die belegten Brote und Fleischspeisen seien Ergebnis von Mißhandlungen der unendlichen Vielfalt der Wesen, die Luft, Erde und Gewässer der Welt bevölkern.

In der Woche, die er in Berlin verbrachte, wurde seine Ernährung für mich zum Quell noch üblerer Kasteiungen als es die psycho-ästhetiko-analytischen Sitzungen waren, die Liv Ullmann uns antat. Fast alles, was man ihm vorsetzte, flößte ihm Mißtrauen oder Entsetzen ein. Ein weiteres Ingredienz der Phobie, die er sich zugezogen hatte, war nämlich das Salz. Es kostete mich Mühe, den schüchternen und schweigsamen Gonzalo Gabriel von vor drei Monaten in diesem Jungen wiederzuerkennen, der die Kellner in den Restaurants und die Bediensteten an den Buffets bei Empfängen in Bestürzung versetzte, indem er drohend von ihnen verlangte, ihm zu sagen, ob die Salatplatten, die entgegenzunehmen er sich herabließ, etwa mit Salz bestreut worden seien (mit einem Gesichtsausdruck, als ob er sagen wollte: „Schwört gefälligst, daß ihr kein Zyankali reingemischt habt!"). Bei einigen Nahrungsmitteln wie Milch oder Eiern peinigten ihn verzehrende Zweifel; „sie" schienen hierzu noch keine eindeutige Meinung gebildet zu haben, und genaue Anleitungen fand er nicht einmal in seiner Bibel (die er, zumindest in der Theorie, für alle Fragen zu konsultieren und an die er sich in Sachen Zaumzeug und Futter rigoros zu halten vorgab).

Jedes Gespräch, das wir nachts, im Dunkeln, vor dem Einschlafen, nach einem erschöpfenden Tag voller Filme und Sitzungen miteinander führten, vermehrte meine Bestürzung, erregte meine Neugier und stellte mir ganz allgemein die Haare zu Berge. Er teilte mir mit, er habe beschlossen, nicht zur Universität zu gehen. Sobald das College beendet sei, werde er als Freiwilliger für eine Kinderhilfsorganisation – vielleicht OXFAM – in Äthiopien arbeiten. Sehr gern würde er Amharisch lernen, die äthiopische Amtssprache. Ich legte ihm nahe, daß er mit einer akademischen Ausbildung vielleicht sehr viel besser imstande sein würde, den Entrechteten Afrikas sinnvoll zu helfen, und wenn ihn afrikanische Sprachen interessierten, so sei gerade England voll von Universitäten mit philologischen und linguistischen Abteilungen, die auf alle lebenden, toten und auch imaginären Sprachen spezialisiert seien. Er erwiderte, die Universitäten seien Stätten der geistigen Nivellierung und produzierten intellektuelle Roboter im Dienste des Imperialismus, des Kolonialismus und Babylons. Er machte eine Pause, ehe er hinzusetzte, was ich schon befürchtet hatte: „Wie die englischen *Public Schools,* natürlich." Ich schloß daraus, seine Flucht vom College stehe unmittelbar bevor, wenn er nicht ohnehin bereits desertiert sei.

Von diesen ernsten Dingen ging er zu häuslichen Kleinigkeiten über; so sagte er, wir müßten unbedingt seine Mama davon überzeugen, daß nie wieder Insektizide verwendet würden und auch das Haus nicht mehr ausgeräuchert werden dürfe. Man müsse konsequent sein; wenn es „uns" als übel erscheine, Hunde, Kühe oder Pferde zu morden, warum dann Fliegen, Moskitos, Ratten und Kakerlaken töten? Ob etwa der Anspruch auf Leben von der Größe des Lebewesens abhänge? Warum dann nicht auch Zwergwüchsige töten? Man dürfe die Natur nicht zerstören, sondern müsse von ihr lernen, da sie alle Weisheit sei. Ob dies der Grund sei, aus dem er sich die Nägel an den Händen und Füßen nicht mehr schneide, die längst Raubtierkrallen glichen? Ja, genau.

Und aus demselben Grund werde er nie wieder einen Fuß in einen Friseurladen setzen und sich auch nie wieder mit einem Kamm durch die Haare fahren. Er befolge ja nicht nur die Anweisungen der Natur, sondern auch die der Bibel. Und dann rezitierte er auf englisch etwas, wovon er schwor, es handele sich um einen Vers aus dem Alten Testament: *"Thou shall not cut your beard nor shave your head."* ("Du sollst deinen Bart nicht schneiden und dein Haupt nicht scheren.")

Man dürfte sich dem Lauf des Lebens nicht entgegenstellen. Alles „Natürliche" sei gut; alles Künstliche hingegen schädlich, zerstörerisch („Babylon") und entschieden zu bekämpfen. Die Astrologie, zum Beispiel, sei ebenso unheilvoll wie Braten und Abwässer; Seine Heiligkeit der Papst sei - Schrecken über Schrecken - der Antichrist! Inmitten aller Dilemmata und Zwiespälte, in die seine Behauptungen mich stürzten, hörte ich ihn eines Abends Alkohol und Liköre schmähen, Gifte, die wie das Fleisch, das Salz und die Meeresfrüchte die niedrigsten Instinkte noch verschlimmern und alle Kriege sowie Ausbeutung, Kolonialismus, Verbrechen, Neid, Raub und alles sonstige menschliche Ungemach provozieren. Aber derlei Erholungspausen vergingen schnell; noch in der gleichen Nacht entdeckte ich nämlich, daß das Lied von Bob Marley, das er auf seinem tragbaren Recorder am häufigsten hörte - wobei er mit geschlossenen Augen gebetsartig den Text rezitierte -, *Burning and Looting* hieß und „Feuersbrunst und Plünderung noch für diese Nacht" prophezeite.

Ob es da nicht einen gewissen Widerspruch zwischen seinem kriegerischen Pazifismus und dieser Apologie der Verwüstung gebe? Er antwortete: „Nesta" habe die Blinden bereits in einem Interview mit dem *Rolling Stone* erleuchtet: Es gehe darum, symbolisch Babylon niederzubrennen und zu plündern, nicht etwa irgendeinen Gerechten in Fleisch und Blut.

Ängstlich wollte ich wissen, welchen Platz Drogen in dieser Nomenklatur „natürlicher" oder gütiger Dinge (Töchter von *Jah*) und „künstlicher" oder schädlicher Dinge einnähmen, über die „sie", angeleitet von der Bibel und Nesta, solche ins letzte Detail gehenden und abgerundeten Kenntnisse zu besitzen schienen.

„Wir sind dagegen", sagte er ohne jedes Zögern. „LSD, Heroin, Kokain sind von der Chemie verunreinigt. Oder auch geschändet. Chemie ist das Künstlichste, was es auf der Welt überhaupt gibt. Ist dir das nicht klar? Das wäre doch dasselbe, als wenn man den Körper mit zubereiteten Nahrungsmitteln schändete. Unser Leib ist ein Tempel, *man!"*

Ich gestand ihm, inmitten meiner Besorgnis über seine Magerkeit und seine Prinzipien sei es ein Trost - ein Lichtstrahl in der Finsternis - zu hören, daß ihm Drogen die gleichen Gefühle einflößten wie Fleischgerichte. Und ich sagte ihm, er solle mir vergeben, wenn ich zwischen den pestilenzialischen Düften, die unser entweihtes Zimmer im Hotel Kempinski wieder makellos machten, mit Weihrauch vermengt das Aroma von Marihuana gewittert zu haben wähnte.

Er fuhr hoch, als habe ihn eine Viper gebissen.

„Papa! Papa! Marihuana ist doch keine Droge! Sie ist das *Ganja,* das *Kuya.* Eine Pflanze, ein Strauch, ein wunderbares Geschöpf der Natur. Sie keimt und wächst allein. Wie die Bäume. Sie braucht weder gestutzt noch bewässert noch gepflegt zu werden. Gibt es denn etwas *Natürlicheres* als das?"

Und mit einer für ihn ganz ungewöhnlichen Begeisterung unterrichtete er mich eine Weile, ohne daß ich, versteinert, versucht hätte, ihn zu widerlegen. Im Marihuana hatte Nesta Inspiration für das Komponieren seiner Lieder gefunden, wie auch Peter Tosh und der Rest der Wailers, und Inspiration, sie auf diese göttliche Weise zu singen. Marihuana sei die Pforte zu Meditation und Erkenntnis; es mache die Menschen wieder friedfertig, nächstenliebend und voller Liebe für alles Lebende, vernünftig und empfindsam. Wenn die Menschheit mehr Marihuana und weniger Kadaver zu sich genommen hätte, wäre es niemals zu Kriegen gekommen noch zu Eroberungen und Kolonien und Sklaverei, und es wären auch nicht so viele Grausamkeiten begangen worden. Die Welt wäre nicht dieses Arsenal von Nuklearwaffen, auf dem wir säßen.

Und am Ende dieses Ergusses begann er zu schnarchen, glückselig, mit dem tiefen Schlaf der Jugend und des Gerechten, und mich ließ er zurück in einem Zustand absoluter Demoralisierung. In dieser Nacht hatte ich nun endlich begriffen, daß Nesta Bob Marley war, und daß Bob Marley, den ich in meiner Dummheit einfach für einen Reggaesänger hielt - und, noch dümmer, Reggae einfach für eine Musikform -, für Gonzalo Gabriel, für „sie", ein Prophet war, ein Messias, die Inkarnation einer metaphysischen und politischen Wahrheit, und Reggae so etwas wie die Evangelien, umgesetzt in Musik.

Dieses Gespräch muß etwa in einer halben Woche stattgefunden haben. Bis dahin hatte ich es in den kurzen Atempausen, die mir die Filme und die Jurysitzungen zum Denken ließen, als gegeben hingenommen, daß Gonzalo Gabriels Verwandlung ausschließlich zu tun habe mit der Ökologie, der Front zur Verteidigung der Tierwelt und der Anti-Vivisektionisten-Bewegung, die in den letzten Jahren in England an Bedeutung gewonnen hatten. In dieser Nacht der vollkommenen Offenbarung begriff ich, daß all dies nichts war als Ergänzung oder Ausschmückung, von meinem Sohn und seinen Freunden im College dem hinzugefügt, was wirklich war. In meiner Unkenntnis der darin verwickelten Themen, Gewohnheiten und Personen hatte ich die Religion, zu der Gonzalo Gabriel konvertiert war, nicht angemessen identifiziert.

Marihuana, zum Sakrament erhoben, war jedoch ein unzweideutiger Zugang. Wie auch die Wünsche, Amharisch zu lernen, das Leben in den Wüsten Afrikas zu verbringen und seine hemmungslose Liebe zu Äthiopien. Ein Foto des längst auf ewig entthronten und verblichenen Kaisers Haile Selassie I. in Paradeuniform, von Orden übersät, mit Umhang und flankiert von Löwen, war bereits am ersten Tag auf Gonzalo Gabriels Nachttisch in unserem Zimmer des Hotels Kempinski aufgetaucht. Ohne zu wissen, daß ich eine furchtbare Ruchlosigkeit beging, hatte ich gefragt: „Was soll der Typ da?" Nicht einmal seine hitzige Antwort voll unentzifferbarer Formeln hatte mir die Augen geöffnet: „Das ist kein Typ. Er ist der Löwe von Juda, er ist *Jah,* er ist der Erlöser." Die Augen geöffnet hatten mir auch nicht die Farben Grün, Gold und Rot, die sich mit fast obsessiver Häufigkeit in den Dingen wiederholten, mit denen sich der Ex-Nephelibat ausstaffiert hatte; vor allem auf einer schwarzen, beutelförmigen Kappe, die er manchmal überstülpte, um seinen wirren Schopf zu verbergen, wimmelte es von diesen Farbtönen. „Sieht aus wie eine Flagge", bemerkte ich einmal. „Ist auch eine", gab er zurück. „Das sind die Farben Äthiopiens. Und auch die von Jamaika." Diese drei Farben fanden sich auch auf rätselhaften Murmeln, die an jedem von Gonzalos Fingern hingen und über deren Daseinszweck – Amulette? Schmuckstücke? Provokationen? – er mir immer ausweichende Auskünfte gab.

Die Schlüsselworte – *Rasta, Rastafarian* – hatte er schon an seinem ersten Tag in Berlin im Munde geführt, und ich hatte sie übergangen, da ich dachte, es handle sich vielleicht um den Titel eines Lieds oder um ein neues Wort im englischen Jugendjargon. Als ich endlich begriff, daß sich in diesen Silben Gonzalo Gabriels neue Religion kondensierte, blieben nur noch zwei Tage bis zu seiner Rückreise nach London. In allen verbleibenden Minuten, die wir allein verbringen konnten, ließ ich mich wie ein Katechumene von ihm in seinem Glauben unterweisen. Mir wurde dabei nicht allzuviel klar, aber alles, was ich verstand, stürzte mich in neue Panik und Verblüffung, so daß ich, um die letzten Filme und Sitzungen des Festivals überstehen zu können, Zuflucht zu zwei babylonischen Giften nehmen mußte, Librium und Valium. Ich war willens, alle Extravaganzen auf dem Gebiet religiöser Fiktion hinzunehmen (der ich schon immer mit Neugier und Sympathie begegnet bin). Aber daß Gott – *Jah* – in Haile Selassie I. inkarniert gewesen sei (der vor seiner Krönung Ras Tafari Makonnen geheißen hatte), erschien mir als Witz von schlechtem Geschmack. Es handelte sich jedoch um ein grundlegendes Axiom der Rasta-Theologie. Der Negus war der Erlöser, vorhergesagt vom Propheten Marcus Garvey, einem jamaikanischen Negerführer, der in den zwanziger Jahren verkündet hatte, „der Tag der Befreiung" sei nah, denn es werde in Afrika „ein schwarzer König gekrönt" werden. Der König der Könige, Marihuana, Bob Marley, Reggae und die Bibel repräsentierten das Gute. Das „Böse", der Teufel, Diskriminierung, Ausbeutung, alle Formen menschlicher Schlechtigkeit wurden formelhaft unter „Babylon" zusammengefaßt. Geboren in den Elendsvierteln von Kingston hatte die Rastafari-Religion durch Bob Marley internationale Verbreitung und Gefolgschaft gefunden. Die armen Einwanderer aus der Karibik hatten die Gebräuche, Schlüsselworte und den Jargon der Rastafaris in die Gettos von London, Liverpool, Manchester etc. gebracht.

Aber wie war es nur von dort in Albions private Colleges vorgedrungen? So sehr ich auch versuchte, das aus ihm herauszubekommen, Gonzalo Gabriel hütete das Geheimnis. Das einzige, was er mir zu enthüllen bereit war, war, daß es in seinem College etwas mehr als ein Dutzend „Rasta-Brüder" gebe. Als ich ihm sagte, er und seine Freunde seien reichlich frivol, wenn sie als privilegierte Söhne unter sehr behaglichen Lebensumständen einen „Kult" übernähmen, der nur verständlich sei als Wildwuchs der Spiritualität von Unterdrückten, dazu auf einem sehr primitiven Kulturniveau, und daß der Rastafarianismus außerhalb seiner Ursprungsgettos und vor allem in den englischen *Public Schools* zu einem grotesken Phantom werde – etwa wie „sich als Armer bzw. Barbar verkleiden" –, antwortete er auf eine Weise, die mich zum Rückzug brachte. Mit biblischer Milde sagte er, über die Authentizität seines Glaubens sollten wir besser in der Zukunft diskutieren und nicht hier, im kapitalistischen Berlin, sondern in den Vierteln von Trench Town oder St. Ann auf Jamaika oder in den abessinischen Dörfern, wenn ich denn tatsächlich die Güte aufbrächte, ihn dort zu besuchen, um persönlich festzustellen, ob sein Leben mit seinem Glauben in Einklang stünde.

Ich wechselte die Taktik und fragte ihn, ob es ihm denn keine Probleme bereite, als Weißer einer Religion anzugehören, deren Anhänger und Führer, ausnahmslos Schwarze, gegen die Rassenintegration und gegen jeden weißen Kultureinfluß seien, der die „Wurzeln" und Wahrheiten verdrehe, und deren Leitmotiv und, soweit feststellbar, einzig erkennbares politisches Ziel die Heimkehr der Neger beider Amerikas nach Afrika sei. Ob er sich nicht in dieser ebenhölzernen Gesellschaft ein wenig exzentrisch vorkomme? Als er trotz aller Beherrschung einen Moment aussah, als wolle er gleich weinen, wurde mir klar, daß ich ihm einen Tiefschlag versetzt hatte.

Er brach in einen längeren, anfänglich etwas wirren Monolog aus, in dessen Verlauf er mich daran erinnerte, daß Bob Marley kein reiner Schwarzer, sondern ein Mulatte gewesen sei, Sohn eines englischen Jamaikaners. Er rieb mir unter die Nase, er habe mich, seit er denken könne, immer wieder sagen hören, daß alle Peruaner, auch wir, die wir weiß zu sein *schienen,* zweifellos Indio- und Negerblut in uns hätten. Ob ich das glaubte, ja oder nein? Ja, ich glaubte es. Also dann sei es doch gut möglich, daß auch er, wenn man auch nicht viel davon sehe, ein Mulatte sei, wie Nesta. Im übrigen sei das mit den Rassen doch wohl sehr relativ. So habe er in den Jahren der Schulzeit in England viele Engländer kennengelernt, die ehrlich davon überzeugt seien, daß die „dunkle Welt" *(darkie)* jenseits des Ärmelkanals beginne, und daß zum Beispiel Spanier und Italiener (von Peruanern ganz zu schweigen) genau so schwarz seien wie Zulus oder Jamaikaner.

Am Tag seiner Abreise hielt ich ihm halb im Ernst, halb im Scherz (jedes Mittel erschien mir recht, um ihn aus dem herauszuholen, worin er sich vergraben hatte) und unter Überschätzung ihrer Qualitäten die üppige Vielfalt von Aberglauben, Hexenkulten, Fetischismus und Barbarei vor Augen, die das religiöse Panorama seiner Heimat schmückte. Wozu müsse er sich denn das Leben kompliziert machen, indem er Rastafari werde, Mitglied einer Sekte, in der man ihn niemals ganz akzeptieren würde, wenn er doch zum Beispiel auch der Kirche der Israeliten des Neuen Universalen Bundes beitreten könne, die eben erst gegründet worden sei und im peruanischen Hochland um sich greife; oder jedem beliebigen Amazonas-Kult, in dem er den ganzen Primitivismus fände, der ihm offenbar fehle, einschließlich solcher Feinheiten – wenn er nur ein wenig suche – wie Kannibalismus und Schrumpfköpfe? Damit konnte ich ihm aber kein Vergnügen machen. (Offenbar war es eine weitere Folge des Rasta-Glaubens, daß in meinem Sohn jeder Sinn für Humor erloschen war.) Er antwortete mir nur, in der Religion interessiere ihn nicht das Exotische oder Pittoreske, sondern einzig die Wahrheit. Diese habe er bereits gefunden.

Ich konnte ihn nicht zum Flughafen bringen, weil ich zu einer Jurysitzung mußte. Wir verabschiedeten uns am Eingang des Hotels Kempinski voneinander. In einem sentimentalen Erpressungsversuch in letzter Minute sagte ich ihm, seine Mama werde vor Kummer sterben, wenn ich ihr bei meiner Rückkehr nach Lima erzählte, in welchem Zustand ich ihn angetroffen und wozu er sich verwandelt habe.

Es war das einzige Mal im Verlauf dieser Woche, daß ich ihn herzlich lachen hörte.

„Vor Kummer sterben?" spottete er. „Sie wird dir wohl eher einen Tritt geben. Und mich wird sie umbringen wollen. *Irie,* Papa! *Jah lives!* Ciao!"

Die letzte Sitzung der Jury, bei der wir die Preise vergaben (den Goldenen Bären erhielt *Love Streams* von John Cassavetes), dauerte vierzehn Stunden. Geschwächt von den (kinematographischen und analytischen) Exzessen, den starken Gefühlsbelastungen und dem beharrlichen Berliner Winter hatte ich mir eine sehr starke Erkältung geholt und verbrachte den Tag fiebrig und niesend. Mein kläglicher physischer und psychischer Zustand vermochte Liv Ullmanns richterliche Strenge nicht im geringsten zu rühren. Sie ersparte uns keine einzige Sitzungssekunde und rief nicht zur Abstimmung auf, ehe sie nicht (wir waren längst stockheiser und vor Erschöpfung beinahe kataleptisch) den zehn Jurymitgliedern den letzten Tropfen kinematographischer Urteilskraft ausgepreßt hatte, der uns noch verblieben war.

Die letzten 24 Stunden in Berlin verbrachte ich im Bett, betäubt von Erkältung, Antihistaminen und väterlicher Bestürzung. Von Berlin mußte ich nach Mittelamerika fliegen, um für *Time* einen Bericht über den Wahlkampf in El Salvador zu schreiben. Die Reise war auf die Minute programmiert, und es war mir kaum möglich, sie abzusagen oder zu ändern, um das zu tun, was ich am liebsten getan hätte: Gonzalo Gabriels Lehrer aufsuchen und in Erfahrung bringen, was sie von seiner Metamorphose hielten. So mußte ich mich damit begnügen, sie von Paris aus anzurufen. Mein Gespräch mit seinem *Housemaster* war ein lebhafter Dialog zwischen Schwerhörigen. In dem Versuch, das parabolische System des englischen Dialogs zu respektieren, fragte ich ihn, ob alles in Ordnung sei. Er sprach von Regenfällen am Wochenende und zu heftigem Wind; abgesehen davon verlaufe der Winter *"quite all right"*. Ich wurde konkreter und sagte ihm, ich sei beunruhigt, weil mein Sohn derart abgemagert sei. Ach ja? Das sei ihm gar nicht aufgefallen. „Aber er ist doch Vegetarier geworden", sagte ich.

„Wissen Sie das denn nicht?" Er hustete nachdenklich. „Offen gesagt, nein", antwortete er. Dann, nach einer weiteren Pause: „Das scheint doch ganz gesund zu sein." Ich fragte ihn, ob ihm in letzter Zeit nichts Beunruhigendes in seiner Art zu denken, zu handeln und sich anzuziehen aufgefallen sei. Nein, er habe nichts Unpassendes bemerkt. Und die schulischen Leistungen? Gut, gut. In den letzten Monaten scheine der Junge sich sogar besonders für Bibellektüre zu interessieren...

War der *Housemaster* nun geistesabwesend oder ein Komplize? War etwa die Pest von der akademischen Kuppel herab über die Schüler des College gekommen?

In den wenigen Stunden meines Aufenthaltes in Paris suchte ich Buchläden auf und kaufte alles, was ich über den Rastafari-Kult und Bob Marley bekommen konnte (einschließlich seiner Platten und Kassetten). Diese Lektüre war meine geistige Nahrung in den Tagen, die ich in El Salvador mit Interviews der Politiker und Besichtigung des vom revolutionären Krieg verwüsteten Hinterlands verbrachte.

Als ich zehn Tage später nach Lima heimkehrte, war ich daher ein Spezialist auf diesem Gebiet geworden. Ich übertreibe nicht. Einer der Vorzüge des Rastafarianismus – zweifellos der einzige – ist, daß der ganze Korpus seiner Lehre auf eine halbe Seite paßt, denn sie besteht aus vier oder fünf simplen Ideen, die unter verschwenderischer Rhetorik verschüttet sind. Die Kenntnis von Theologie und Liturgie der Rastas potenzierte mein Unbehagen bis zur Übelkeit. Warum hatte sich Gonzalo Gabriel unter allen Kulten der Erde ausgerechnet diesen aussuchen müssen, der in üppigen Dosen körperlichen Schmutz, historischen Blödsinn, ethische Mißverständnisse und theologischen Wirrwarr vermengt?

Mein dringliches Problem in Lima war es, Patricia die schlimme Nachricht zu bringen. Ich beschloß, ihr kein einziges mir wichtig erscheinendes Element zu ersparen, um zu sehen, ob mein Trauma sich mildern würde, wenn ich es mit ihr teilte. Ich sagte ihr, Gonzalo Gabriel habe etliche Kilo verloren und wolle nicht länger ein *Arbiter elegantiarum* wie in den letzten Ferien sein. Er sei Vegetarier geworden (und werde möglicherweise *Fruktarier* werden), Verteidiger des tierischen und vegetabilen Lebens und Streiter für die Heimkehr aller Schwarzen Amerikas nach Afrika. Er sei Katechumene des Rastafari-Kultes, was in Sachen Textilien bedeute, daß er sich in Lumpen hülle und Mützen trage, die mit den Farben der äthiopischen Flagge illuminiert seien; er habe sich das Wort *Jah* auf den Arm tätowiert und trage an den zehn Fingern Gehänge aus Murmeln. Daß zu den Vorschriften dieses Glaubens die Überzeugung gehöre, der Papst sei Babylon (der Antichrist), und Marihuana zu rauchen sei Teilmenge an einem Sakrament, das die Menschen gut und friedfertig mache. Daß Gonzalo Gabriel beschlossen habe, nicht auf die Universität zu gehen, sondern nach Äthiopien auszuwandern, um dort den Hilflosen beizustehen und Amharisch zu lernen, wenngleich die Möglichkeit nicht auszuschließen sei, daß er seine Tage in irgendeinem Getto auf Jamaika trommelnd beenden werde.

Meine Frau kam sofort zum Wesentlichen: „Wie lang sind seine Haare?" Ich sagte, bis zu den Schultern, was sie aber bestimmt weit mehr verblüffen würde, sei nicht die Länge, sondern Verwicklung und Konsistenz. Zu den Geboten der neuen Religion gehöre nämlich, in Ergänzung des Glaubens, daß der verstorbene Kaiser Haile Selassie (den „sie" für noch am Leben hielten) Gott sei, eine biblische Abscheu vor dem Kamm, der Bürste und dem Rasiermesser. Ich trieb die Präzision bis zum Sadismus und erzählte ihr von den Waschungen, die ich Gonzalo Gabriel hatte vornehmen sehen, damit seine Haare eruptionsartig zu diesen *dreadlocks* genannten Tressen würden, die zu Lebzeiten das Haupt von Bob Marley geziert hatten: täglich Einseifen und die Seife dann ohne Spülung im Haar trocknen lassen. Zur Illustration meiner Beschreibung warf ich alle Fotos und Poster von Bob Marley und seinen Brüdern, die in meinen Rasta-Büchern zu finden waren, aufs Bett.

Wie zu erwarten, übertrug Patricia im ersten Moment ihre Empfindungen auf das abstrakte England. Sie sprach von Dekadenz und Degeneration des weiland Empire, dessen Colleges statt *gentlemen* nunmehr Rastafaris hervorbrächten. Und von gewissen nächtlichen Herumtreibern, die sich in dieser Epoche zu Anglophilen entwickelten und ihre Söhne zur Erziehung ausgerechnet in ein Land schickten, das in Auflösung begriffen sei und zum Heidentum zurückkehrte. Danach gab sie mir die Schuld an allem, mir, dem Verantwortungslosen, der ich, statt dem Jungen die nötigen Ratschläge oder Ohrfeigen zu geben, die ihm diese Ideen schon ausgetrieben haben würden, meine Tage in Deutschland zweifellos dazu genutzt hatte, mich in den Verderbtheiten Berlins zu suhlen und mit der Senora Ullmann zu kokettieren. Und da die albernen Lehrer in Gonzalo Gabriels College unfähig zu sein schienen, sich den Ereignissen entgegenzustellen, werde sie, wie sie mir verkündete, sofort nach London aufbrechen, um dort persönlich diese *dreadlocks* abzuschneiden und dem jungen Rasta die nötigen Beefsteaks in den Rachen zu stopfen, um ihn vor der Schwindsucht zu bewahren. Und – gesagt, getan – sie begann, ihren Koffer zu packen.

So einfach war es aber nicht. Die Geschichte dauerte ein Jahr. In dessen Verlauf füllte sich unser Haus jedesmal, wenn Gonzalo Gabriel ankam, um die Ferien in Lima zu verbringen, mit äthiopischen Flaggen, karibischer Musik und lebenden Tieren (darunter zwei Kaninchen, ein Hamster, ein Hahn und zwei Kanarienvögel, deren wir uns noch nicht haben emanzipieren können).

Eines Tages erhielten wir einen äußerst liebenswürdigen Brief des Direktors, der uns mitteilte, das College bedauere zutiefst, sich Gonzalo Gabriels berauben zu müssen, desgleichen einiger seiner Kameraden, wegen eines häßlichen Falles von *Cannabis sativa* (Fachbegriff, auf den der Naturforscher Linné 1753 Marihuana taufte).

Meiner Neugier gelang es, Stück für Stück die Geschichte zu rekonstruieren, wie die Rasta-Häresie die anglikanische Bastion des College untergraben hatte. Nicht durch die Handvoll Jungen aus Westindien, die in seinen Hallen studierten, sondern durch die unvorhergesehene Hand eines jungen Italieners, Sohn eines reichen Mailänder Industriellen, der seinen Sohn in dieses englische Internat geschickt hatte in der Hoffnung, ihn vor dem schlechten Beispiel seines älteren Bruders zu bewahren, eines unruhigen Jungen, der nach verschiedenen musikalischen und bewußtseinserweiternden Erfahrungen in Europa zum Rastafari geworden und nach Jamaika gegangen war, um dort in irgendwelchen Vorstädten zu leben. Nicht zufrieden damit, durch Verbreitung der Rasta-Philosophie die geistigen Grundmauern des College unterwühlt zu haben, hatte der junge Mailänder kühn Marihuanastauden gepflanzt, gleich neben den glatten Kricketfeldern der Anstalt, so daß die durch seine Überredungskünste katechisierten Schüler des Rauchs sicher sein konnten, der sie rein und heilig halten würde. Die Stauden gediehen und trugen Frucht, die sich allem Anschein nach nicht hinter jener der Tropen zu verstecken brauchte.

Der junge Mailänder, ein enger Freund meines Sohnes, war wirklich ein auf Vorratshaltung bedachter Mafioso und unwiderstehlich sympathisch. Als wir ihn das letzte Mal sahen, präsentierte er sich mit einem Blumenstrauß für meine Frau und vergoß in unserem Haus Tränen des Mitleids ob des Geschicks von Gonzalo Gabriel und der anderen vom College relegierten Schüler. Er hatte es nämlich geschafft, wenn er auch der Oberpriester der kleinen Rasta-Sekte war, sich dem Schulverweis zu entziehen. Er war ein großartiger Schauspieler und Hauptdarsteller des elisabethanischen Dramas, das am Jahresende aufgeführt werden sollte; der Direktor, ein bekennender Utilitarist, hatte sich nicht dazu verstehen können, auf diese Theaterdarbietung zu verzichten.

In seinem neuen College, wo er kein Interner mehr war (nach den Vorgängen erschien uns die Internatsfrage als eine völlig überflüssige Formalität), behielt Gonzalo Gabriel seine hieroglyphischen Haare und die grellen Fetzen bei; es gelang uns jedoch, ihn zum Versprechen zu bewegen, daß er hinfort auf die Kommunion gemäß den Vorschriften seiner Religion verzichten werde. Er lebte in einer winzigen Mietwohnung, die sich in einen Zoo verwaister, gebrechlicher oder ausgesetzter Tiere verwandelte, welche er auf den Straßen aufsammelte und mit einem Verantwortungsgefühl pflegte, wie es ihm keine andere Person, Tätigkeit oder Sache jemals eingeflößt hatte.

Zwei Jahre sind vergangen. Seither hat sein Leben mindestens zwei weitere tiefgreifende Veränderungen erfahren, ähnlich seinem Übertritt zum Rasta-Kult, wenn auch vielleicht weniger spektakulär, was Gewandung und Theologie angeht. Gegenwärtig schert er sich die Haare auf eine Art, die seine Mutter reichlich antiquiert findet, und verzehrt alle möglichen Kadaver mit großer Gefräßigkeit und ohne jeden Gewissensbiß. Er hört noch immer die subversiven Platten von Bob Marley (die inzwischen auch Patricia und mir gefallen, wenn wir das auch ihm gegenüber niemals zugeben würden); aber Gott sei Dank scheint dieser gefährliche Einfluß neutralisiert zu sein durch den anderer Sänger, die weniger messianisch sind als der prophetische Jamaikaner. Er besucht die Universität London, und seine politischen Ideen zeigen Symptome einer ähnlich vollen Drehung wie seine spirituellen Neigungen. Mit der gleichen Inbrunst, mit der er einst den Kaiser Haile Selassie zitierte, höre ich ihn heute Friedrich A. von Hayek, Ludwig von Mises und Milton Friedman nennen, und in seinen Ferien macht er Umfragen in den Randbezirken Limas für ein Institut namens „Libertad y Democracia", dessen Ziel es ist, in Peru das private Unternehmertum und die liberale Wirtschaftslehre zu fördern. Er wird bald achtzehn.

Mit Neugier, mit Besorgnis, mit Neid beobachte ich ihn. Und ich frage mich, welche Überraschungen das nächste Kapitel für ihn (und uns) bereithält.

Ralph Waldo Emerson

Friendship

We have a great deal more kindness than is ever spoken. Maugre all the selfishness that chills like east winds the world, the whole human family is bathed with an element of love like a fine ether. How many persons we meet in houses, whom we scarcely speak to, whom yet we honour, and who honour us! How many we see in the street, or sit with in church, whom, though silently, we warmly rejoice to be with! Read the language of these wandering eye-beams. The heart knoweth.

The effect of the indulgence of this human affection is a certain cordial exhilaration. In poetry and in common speech, the emotions of benevolence and complacency which are felt towards others are likened to the material effects of fire; so swift, or much more swift, more active, more cheering, are these fine inward irradiations. From the highest degree of passionate love, to the lowest degree of good will, they make the sweetness of life. Our intellctual and active powers increase with our affection. The scholar sits down to write, and all his years of meditation do not furnish him with one good thought or happy expression; but it is necessary to write a letter to a friend, - and forthwith troops of gentle thoughts invest themselves, on every hand, with chosen words. See, in any house where virtue and self-respect abide, the palpitation which the approach of a stranger causes. A commended stranger is expected and announced, and an uneasiness betwixt pleasure and pain invades all the hearts of a household. His arrival almost brings fear to the good hearts that would welcome him. The house is dusted, all things fly into their places, the old coat is exchanged for the new, and they must get up a dinner if they can. Of a commended stranger, only the good report is told by others, only the good and new is heard by us. He stands to us for humanity. He is what we wish. Having imagined and invested him, we ask how we should stand related in conversation and action with such a man, and are uneasy with fear. The same idea exalts conversation with him. We talk better than we are wont. We have the nimblest fancy, a richer memory,and our dumb devil has taken leave for the time. For long hours we can continue a series of sincere, graceful, rich communications, drawn from the oldest, secretest experience, so that they who sit by, of our own kinsfolk and acquaintance, shall feel a lively surprise at our unusual powers. But as soon as the stranger begins to intrude his partialities, his definitions, his defects, into the conversation, it is all over. He has heard the first, the last and best, he will ever hear from us. He is no stranger now. Vulgarity, ignorance, misapprehension, are old acquaintances. Now, when he comes, he may get the order, the dress, and the dinner, - but the throbbing of the heart, and the communications of the soul, no more.

Pleasant are these jets of affection, which relume a young world for me again. Delicious is a just and firm encounter of two in a thought, in a feeling. How beautiful, on their approach to this beating heart, the steps and forms of the gifted and the true! The moment we indulge our affections, the earth is metamorphosed: there is no winter, and no night: all tragedies, all ennuis vanish; all duties even; nothing fills the proceeding eternity but the forms all radiant of beloved persons. Let the soul be assured that somewhere in the universe it should rejoin its friends, and it would be content and cheerful alone for a thousand years.

I awoke this morning with devout thanksgiving for my friends, the old and the new. Shall I not call God the Beautiful, who daily sheweth himself so to me in his gifts? I chide society, I embrace solitude, and yet I am not so ungrateful as not to see the wise, the lovely, and the noble-minded, as from time to time they pass my gate. Who hears me, who understands me, becomes mine, - a possession for all time. Nor is nature so poor, but she gives me this joy several times, and thus we weave social threads of our own, a new web of relations; and, as many thoughts in succession substantiate themselves, we shall by and by stand in a new word of our own creation, and no longer strangers and pilgrims in a traditionary globe. My friends have come to me unsought. The great God gave them to me. By oldest right, by the divine affinity of virtue with itself, I find them, or rather, not I, but the Deity in me and in them, both deride and cancel the thick walls of individual character, relation, age, sex, and circumstance, at which he usually connives, and now makes many one. High thanks I owe you, excellent lovers, who carry out the world for me to new and noble depths, and enlarge the meaning of all my thoughts. These are not stark and stiffened persons, but the newborn poetry of God, - poetry without stop, - hymn, ode, and epic, poetry still flowing, and not yet caked in dead books with annotations and grammar, but Apollo and the Muses chanting still. Will these two separate themselves from me again, or some of them? I know not, but I fear it not; for my relation to them is so pure, that we hold by simple affinity, and the Genius of my life being thus social, the same affinity will exert its energy on whomsoever is as noble as these men and women, wherever I may be.

I confess to an extreme tenderness of nature on this point. It is almost dangerous to me to "crush the sweet poison of misused wine" of the affections. A new person is to me always a great event, and hinders me from sleep. I have had such fine fancies lately about two or three persons, as have given me delicious hours;

but the joy ends in the day: it yields no fruit. Thought is not born of it; my action is very little modified. I must feel pride in my friend's accomplishments, as if they were mine, – wild, delicate, throbbing property in his virtues. I feel as warmly when he is praised, as the lover when he hears applause of his engaged maiden. We over-estimate the conscience of our friend. His goodness seems better than our goodness, his nature finer, his temptations less. Every thing that is his, his name, his form, his dress, books, and instruments, fancy enhances. Our own thought sounds new and larger from his mouth. Yet the systole and diastole of the heart are not without their analogy in the ebb and flow of love. Friendship, like the immortality of the soul, is too good to be believed. The lover, beholding his maiden, half knows that she is not verily that which he worships; and in the golden hour of friendship, we are surprised with shades of suspicion and unbelief. We doubt that we bestow on our hero the virtues in which he shines, and afterwards worship the form to which we have ascribed this divine inhabitation. In strictness, the soul does not respect men as it respects itself. In strict science, all persons underlie the same condition of an infinite remoteness. Shall we fear to cool our love by facing the fact, by mining for the metaphysical foundation of this Elysian temple? Shall I not be as real as the things I see? If I am, I shall not fear to know them for what they are. Their essence is not less beautiful than their appearance, though it needs finer organs for its apprehension. The root of the plant is not unsightly to science, though for chaplets and festoons we cut the stem short. And I must hazard the production of the bald fact amidst these pleasing reveries, though it should prove an Egyptian skull at our banquet. A man who stands united with his thought conceives magnificently of himself. He is conscious of a universal success, even though bought by uniform particular failures. No advantages, no powers, no gold or force can be any match for him. I cannot choose but rely on my own poverty more than on your wealth. I cannot make your cornsciounsness tantamount to mine. Only the star dazzles; the planet has a faint, moon-like ray. I hear what you say of the admirable parts and tried temper of the party you praise, but I see well that for all his purple cloaks I shall not like him, unless he is at last a poor Greek like me. I cannot deny it, O friend, that the vast shadow of the Phenomenal includes thee also in its pied and painted immensity, – thee also, compared with whom all else is shadow. Thou art not Being, as Truth is, as Justice is, – thou art not my soul, but a picture and effigy of that. Thou hast come to me lately, and already thou art seizing thy hat and cloak. Is it not that the soul puts forth friends, as the tree puts forth leaves, and presently, by the germination of new buds, extrudes the old leaf? The law of nature is alternation forevermore. Each electrical state superinduces the opposite. The soul environs itself with friend, that it may enter into a grander self-acquaintance or solitude; and it goes alone for a season, that it may exalt its conversation or society. This method betrays itself along the whole history of our personal relations. Ever the instinct of affection revives the hope of union with our mates, and ever the returning sense of insulation recalls us from the chase. Thus every man passes his life in the search after friendship; and if he should record his true sentiment, he might write a letter like this to each new candidate for his love.

Dear Friend,
If I was sure of thee, sure of thy capacity, sure to match my mood with thine, I should never think again of trifles, in relation to thy comings and goings. I am not very wise; my moods are quite attainable; and I respect thy genius: It is to me as yet unfathomed; yet dare I not presume in thee a perfect intelligence of me, and so thou art to me a delicous torment. Thine ever, or never.

Yet these uneasy pleasures and fine pains are for curiosity, and not for life. They are not to be indulged. This is to weave cobweb, and not cloth. Our friendships hurry to short and poor conclusions, because we have made them a texture of wine and dreams, instead of the tough fibre of the human heart. The laws of friendship are great, austere, and eternal, of one web with the laws of nature and of morals. But we have aimed at a swift and petty benefit, to suck a sudden sweetness. We snatch at the slowest fruit in the whole garden of God, which many summers and many winters must ripen. We seek our friend not sacredly, but with an adulterate passion, which would appropriate him to ourselves. In vain. We are armed all over with subtle antagonisms, which, as soon as we meet, begin to play, and translate all poetry into stale prose. Almost all people descend to meet. All association must be a compromise, and, what is worst, the very flower and aroma of the flower of each of the beautiful natures disappears as they approach each other. What a perpetual disappointment is actual society, even of the virtuous and gifted! After interviews have been compassed with long foresight, we must be tormented presently by baffled blows, by sudden unseasonable apathies, by epilepsies of wit and of animal spirits, in the hey-day of friendship and thought. Our faculties do not play us true, and both parties are relieved by solitude.

I ought to be equal to every relation. It makes no difference how many friends I have, and what content I can find in conversing with each, if there be one to whom I am not equal. If I have shrunk unequal from one contest, instantly the joy I find in all the rest becomes mean and cowardly. I should hate myself, if then I made my other friends my asylum.

"The valiant warrior famoused for
  fight,
After a hundred victories, once foiled,
Is from the book of honour razed quite,
And all the rest forgot for which he
  toiled."

Our impatience is thus sharply rebuked. Bashfulness and apathy are a tough husk, in which a delicate organisation is protected from premature ripening. It would be lost, if it knew itself before any of the best souls were yet ripe enough to know and own it. Respect the *Naturlangsamkeit* which hardens the ruby in a million years, and works in duration, in which Alps and Andes come and go as rainbows. The good spirit of our life has no heaven which is the price of rashness. Love, which is the essence of God, is not for levity, but for the total worth of man. Let us not have this childish luxury in our regards, but the austerest worth; let us approach our friend with an audacious trust in the truth of his heart, in the breadth, impossible to be overturned, of his foundations.

J.M. Synge

A dry spell

The other day the men of this house made a new field. There was a slight bank of earth under the wall of the yard, and another in the corner of the cabbage garden. The old man and his eldest son dug out the clay, with the care of men working in a gold-mine, and Michael packed it in panniers – there are no wheeled vehicles on this island – for transport to a flat rock in a sheltered corner of their holding, where it was mixed with sand and seaweed and spread out in a layer upon the stone.

Most of the potato-growing of the island is carried on in fields of this sort – for which the people pay a considerable rent – and if the season is at all dry, their hope of a fair crop is nearly always disappointed.

It is now nine days since rain has fallen, and the people are filled with anxiety, although the sun has not yet been hot enough to do harm.

The drought is also causing a scarcity of water. There are a few springs on this side of the island, but they come only from a little distance, and in hot weather are not to be relied on. The supply for this house is carried up in a water-barrel by one of the women. If it is drawn off at once it is not very nauseous, but if it has lain, as it often does, for some hours in the barrel, the smell, colour, and taste are unendurable. The water for washing is also coming short, and as I walk round the edges of the sea, I often come on a girl with her petticoats tucked up round her, standing in a pool left by the tide and washing her flannels among the sea-anemones and crabs. Their red bodices and white tapering legs make them as beautiful as tropical sea-birds as they stand in a frame of seaweeds against the brink of the Atlantic. Michael, however, is a little uneasy when they are in sight, and I cannot pause to watch them. This habit of using the sea water for washing causes a good deal of rheumatism on the island, for the salt lies in the clothes and keeps them continually moist.

The people have taken advantage of this dry moment to begin the burning of the kelp, and all the islands are lying in a volume of grey smoke. There will not be a very large quantity this year, as the people are discouraged by the uncertainty of the market, and do not care to undertake the task of manufacture without a certainty of profit.

The work needed to form a ton of kelp is considerable. The seaweed is collected from the rocks after the storms of autumn and winter, dried on fine days, and then made up into a rick, where it is left till the beginning of June.

It is then burnt in low kilns on the shore, an affair that takes from twelve to twenty-four hours of continuous hard work, though I understand the people here do not manage well and spoil a portion of what they produce by burning it more than is required.

The kiln holds about two tons of molten kelp, and when full is loosely covered with stones, and left to cool. In a few days the substance is as hard as the limestone, and has to be broken with crowbars before it can be placed in curaghs for transport to Kilronan, where it is tested to determine the amount of iodine it contains, and paid for accordingly. In former years good kelp would bring seven pounds a ton, now four pounds are not always reached.

In Aran even manufacture is of interest. The low flame-edged kiln, sending out dense clouds of creamy smoke, with a band of red and grey clothed workers moving in the haze, and usually some petticoated boys and woman who come down with drink, forms a scene with as much variety and colour as any picture from the East.

The men feel in a certain sense the distinction of their island, and show me their work with pride. One of them said to me yesterday, "I'm thinking you never saw the like of this work before this day?"

"That is true," I answered, "I never did."

"Badad, then," he said, "isn't it a great wonder that you've seen France, and Germany, and the Holy Father, and never seen a man making kelp till you come to Inishmaan."

SIEGES FREUDE

La gioia della vittoria   La joie de la victoire   Overwinningsvreugde

Früher waren es die Ritter und Kriegshelden, die Siegesfreude fast ausschließlich für sich beanspruchten. In modernen Kriegen gibt es keine Sieger mehr, sondern nur noch Verlierer. Umso überschäumender lebt sich die Siegesfreude im Sport aus, den man auch schon einmal einen „Krieg ohne Waffen" genannt hat, was immerhin noch eine humane Form des Krieges wäre, zumal wenn nationales Prestige mit auf dem Spiel steht. Der Freudenschrei eines Siegers findet dann ein tausendfaches, ja millionenfaches Echo, denn über das Fernsehen feiern tausende, ja Millionen Menschen seinen Sieg mit. Dennoch bleibt das Siegesgefühl eine zutiefst individuelle Erfahrung, weil die Befreiung nach vorangegangener äußerster Anspannung unteilbar bleibt. Rainer Martini, seit vielen Jahren bei allen großen Sportereignissen Chronist mit der Kamera, hat einige Beispiele zu diesem Thema gesammelt. Der Jubelschrei wird auf den folgenden Seiten unüberhörbar sein.

Un tempo erano quasi esclusivamente cavalieri ed eroi di guerra a reclamare per sé la gioia della vittoria. Nelle guerre moderne non esistono più vincitori ma solo sconfitti. Tanto più traboccante è la gioia della vittoria nello sport che qualcuno ha già definito „guerra senza armi". Vista così rappresenterebbe pur sempre una forma umana di guerra, soprattutto quando è in gioco anche un certo prestigio nazionale. Il grido di gioia del vincitore viene, poi, echeggiato mille, milioni di volte. Tramite la televisione, infatti, grandi masse festeggiano il suo successo insieme con lui. Ciò nonostante la sensazione della vittoria rimane un'esperienza profondamente individuale, visto che la liberazione dall' estrema tensione che precede il trionfo è qualcosa che non si può condividere con nessuno. Rainer Martini, fotoreporter che assiste da molti anni a tutti i grandi appuntamenti sportivi, ha raccolto alcuni esempi su questo argomento. È impossibile non udire il grido di gioia delle pagine seguenti.

Dans le temps, chevaliers et héros des guerres étaient pratiquement les seuls à revendiquer le droit à la victoire. Dans les guerres modernes, il n'y a plus de vainqueurs mais seulement des vaincus. C'est pourquoi dans le sport, la joie de la victoire se manifeste d'une façon si débordante, on peut dire du sport qu'il est »une guerre sans armes«, ce qui serait là une forme humaine de la guerre, mais faudrait-il encore qu'il n'y eût point de prestige national en jeu. Le cri de joie d'un vainqueur se répercute comme l'écho, mille fois, voire un million de fois car grâce à la télévision des milliers, des millions de spectateurs participent à la victoire. Et pourtant la sensation de la victoire reste une expérience essentiellement individuelle parce que l'impression de délivrance qui suit une tension extrême ne peut être partagée. Rainer Martini qui depuis bien des années relate en photos tous les grands événements sportifs a rassemblé quelques exemples sur ce sujet. Le cri d'allégresse que contient les pages suivantes ne peut qu'être entendu.

Vroeger waren het de ridders en oorlogshelden, die vrijwel uitsluitend voor zichzelf aanspraak maakten op overwinningsvreugde. In moderne oorlogen zijn er geen overwinnaars meer, alleen nog maar verliezers. Des te omstuimiger komt overwinningsvreugde in de sport tot uiting, die sommigen wel een „oorlog zonder wapens" hebben genoemd – dat zou tenminste nog een humane vorm van oorlog zijn, vooral als nationaal prestige op het spel staat. De vreugdekreet van een overwinnaar vindt dan een duizendvoudige, zelfs miljoenvoudige weerklank, want via de TV vieren duizenden, miljoenen mensen zijn zege mee. Toch blijft het gevoel van overwinning in hoge mate een individuele ervaring, omdat de bevrijding na voorafgaande uiterste inspanning ondeelbaar blijft. Rainer Martini, sedert vele jaren bij alle grote sportgebeurtenissen kroniekschrijver met de camera, heeft enkele voorbeelden voor dit thema verzameld.

Der Freudensprung nach dem gelungenen Sprung.   Il salto di gioia dopo il salto riuscito.

Le saut de jeu après le saut réussi. De vreugdesprong na de geslaagde sprong.

Noch auf der Ziellinie scheiden sich die Geister von Sieger und Verlierer.

Incertezza sulla linea del traguardo: chi sarà il vincitore e chi il vinto?

A la ligne d'arrivée se partagent les esprits, vainqueurs et vaincus.

Reeds bÿ de finish lopen de meningen van winnaars en verliezers uiteen.

In der Mannschaft siegen alle für einen und einer für alle.

In una squadra vincono tutti per uno e uno per tutti.

Au sein de l'équipe tous sont vainqueurs, tous pour un et un pour tous.

In het team behalen allen de victorie voor één, en één voor alle anderen.

5

Die einen fallen einander in die Arme voller Glück, die andern sinken auf die Knie wie zum Gebet.

Gli uni si abbracciano felici, gli altri cadono in ginocchio come a voler pregare.

De joie d'aucuns tombent dans les bras des uns des autres, d'autres tombent à genoux comme pour prier.

Sommigen vallen overgelukkig in elkaars armen, anderen vallen op hun knieën als voor een gebed.

Als ein Fußballstadion nur noch eine einzige Stimme hatte: Argentinien Fußball-Weltmeister.

Quando uno stadio di calcio scandiva all'unisono un solo nome: Argentina campione del mondo.

Quand un stade de football n'eut qu'une seule voix: Argentine, vainqueur de la coupe du monde.

Toen een voetbalstadion als één man in jubel uitbrak: Argentinië wereldkampioen voetbal.

Die Jerseys sind verschieden, des Mexikaners, des Italieners, der Brasilianer, doch die Gesten gleichen sich.

Le magliette sono diverse tra di loro: quelle dei messicani, degli italiani, dei brasiliani; ma i gesti si somigliano.

Les tricots sont différents, ceux des Mexicains, Italiens, Brésiliens, mais les gestes se ressemblent.

De tricots zijn verschillend bij Mexicanen, Italianen en Brazilianen, maar de gebaren zijn vrijwel hetzelfde.

134

Im Wasser kann man keine Freudensprünge machen.

In acqua non si possono fare salti di gioia.

Dans l'eau on ne peut faire des sauts de joie.

In het water kun je geen vreugdesprongen maken.

Bild ohne Worte. Senza parole. Sans parole. Zonder woorden.

Wir

Noi

Wer sich das nur täglich sagte: Du vermagst nichts auf deine Freunde, als ihnen ihre Freuden zu lassen und ihr Glück zu vermehren, indem du es mit ihnen genießest!

Johann Wolfgang von Goethe

Chi veramente si diceva tutti i giorni: Tu non puoi dare di meglio ai Tuoi amici, per lasciare loro le loro gioie ed aumentare la loro felicità, che goderla insieme a loro!

Johann Wolfgang von Goethe

Walter Umminger

„Die erste Bedingung ist die, froh zu sein"

Was der Baron Pierre de Coubertin eigentlich wollte

Die Olympischen Spiele, um die sich sommers wie winters mehr und mehr Städte immer aufwendiger bewerben, trotzen allen Defiziten und jeglichem Boykott. 1988 steht ein neuer Höhepunkt im Fernen Osten an, 6 Jahre später wird das 100jährige Jubiläum gefeiert. Fast gerät darüber ein Mann in Vergessenheit, der die Olympischen Spiele der Neuzeit erfand umd mittlerweile als ein etwas altmodischer Idealist durch die Vorstellungen geistert. Seit der spanische Präsident des Internationalen Olympischen Komitees Juan Antonio Samaranch die leidige Amateurfrage mit Grandezza ad acta legte und die neue olympische Devise „Verdienen und verdienen lassen" ausgab, gilt der französische Baron Pierre Frédy de Coubertin als ein belächelnswerter Opa, dessen Spiele längst tot sind. So zeigen ihn auch meist die gängigen Fotos, falls man sie überhaupt noch zeigt: ein weißhariger Herr mit Schnauzbart und gütig-traurigem Blick. Aber als Coubertin die abenteuerliche Absicht faßte, die Olympischen Spiele der Antike wieder ins Leben zu rufen, war er ein junger Mann mit revolutionären Ideen. Und was er wirklich wollte, ist noch keineswegs antiquiert. Coubertin war es schon zu Lebzeiten gewohnt, für tot erklärt zu werden. 1913 schrieb er an den Herausgeber der „Morning Post" London:

„Sehr geehrte Herren, es hat mich sehr interessiert, von einem gewissen Mr. Osborn, dessen Verbindung zu den Olympischen Spielen mir bislang unbekannt geblieben war, zu erfahren, daß ich tot sei. Die traurige Nachricht erreichte mich auf dem Fechtboden, und so fiel es mir nicht schwer, festzustellen, daß es sich um ein Versehen handeln mußte. Ich habe mir sagen lassen, daß Mr. Osborns Zeitung ein sehr gewitztes Blatt ist, und ich werde es mit Vergnügen lesen. Allerdings meine ich, ehe jemand etwas zu dem Thema 'Olympic Ideal' schreibt, sollte er es eigentlich für ganz angebracht halten, sich über die Gesichtspunkte des Mannes zu informieren, der zwanzig Jahre seines Lebens und einen Teil seines Vermögens für die Wiedererweckung der Olympischen Spiele geopfert hat."

Damals wußte Coubertin noch nicht, daß er weitere zehn Jahre opfern mußte, um eine Idee am Leben zu erhalten, die im Ersten Weltkrieg unterzugehen drohte.

Coubertin entstammte einer Familie, deren Söhne seit der Eroberung Jerusalems durch die Kreuzfahrer Militärs oder Staatsbeamte wurden. Pierre war ein schwarzes Schaf, das sich so unnützen Dingen wie der Geschichte und der Pädagogik widmete, statt Offizier zu werden oder Politiker. Sein Vermögen erlaubte ihm gerade, zu existieren und ab und zu Schülersportfeste zu finanzieren. Sein Jugendtrauma hieß Sedan, sein Ideal hieß „Rebroncer la France".

Coubertins Formel hätte immerhin von de Gaulle stammen können, aber da war ein Unterschied: Coubertin strebte von seinem ersten Ziel, einer Erziehungsreform der französischen Jugend, gleich weiter zu einer universalen Erziehungsreform. Er wollte sich nicht damit begnügen, seine Umwelt zu verbessern, er wollte die ganze Welt verändern. Als Coubertin die Olympischen Spiele „wiedererweckte", war er 31 Jahre alt.

Was waren nun seine „Gesichtspunkte"? Es fällt leicht, einem Mann, der soviel publiziert hat, Passagen nachzuweisen, die nur aus der Zeit heraus zu vertreten sind und die heute als überholt gelten können. Es ist aber auch nicht schwer, den Kern dessen, was Coubertin wirklich wollte, aus Zitaten herauszuschälen.

„Der 'Olympismus' ist kein System", schrieb Coubertin 1918, „sondern eine geistige Haltung. Die verschiedensten Formeln können ihn sich zu eigen machen, und es kommt keiner Rasse und keiner Epoche zu, das ausschließliche Monopol für sich in Anspruch zu nehmen."

Damit wird die „olympische Idee" offengehalten für alle Völker, Religionen und Weltanschauungen. Sie ist kein Dogma, sondern resultiert aus den Spielregeln und Gesetzen der Fairneß, die sportlichen Wettstreit überhaupt erst möglich machen. Daß solche Gesetze auch verletzt werden, passierte schon bei den alten Griechen, die freilich dafür den Zorn der Götter zu befürchten hatten.

Die „olympische Idee" sollte aber noch mehr sein als die Summe der allgemeingültigen Sportregeln. Coubertin 1895: „Der moderne Sport besitzt mehr und weniger als der Sport des Altertums. Das Mehr besteht in vollkommeneren Geräten etc. Aber was ihm fehlt, ist die philosophische Grundlage, das gesteckte Ziel, dieser ganze patriotische und religiöse Apparat, mit dem die Festspiele der Jugend damals umgeben wurden."

Das war für den Pädagogen Coubertin das entscheidende Problem. Und daher stellte er die Frage: „In welcher modernen und den Gegenwartsbedürfnissen entsprechenden Denkordnung finden wir das ethische Gegengewicht, das den modernen Athletismus davor bewahren könnte, in die Geschäftemacherei hineingezogen zu werden und so schließlich im Schmutz zusammenzubrechen?"

Der „Olympismus" Coubertins stellt nichts anderes dar als den Versuch, ein solches ethisches Koordinatensystem zu errichten. Doch gab sich Coubertin nicht etwa der Illusion hin, Olympische Spiele könnten Kriege verhindern. „Von den Völkern zu verlangen, sich gegenseitig zu lieben, ist eine Art Kinderei", schrieb er. „Sie aufzufordern, sich zu achten, ist keine Utopie; aber um sich zu achten, muß man sich zunächst kennen."

Daran knüpft ein programmatischer Satz aus dem Jahre 1895 an: „Aus diesem

Grunde sollen die wiedererweckten Olympischen Spiele alle vier Jahre der Jugend der Welt die Gelegenheit zu einem glückhaften und brüderlichen Zusammentreffen geben, bei dem nach und nach die Unwissenheit verschwinden wird, die die Vorstellungen der einzelnen Völker voneinander prägt, diese Unwissenheit, die Haßgefühle lebendig erhält, Mißverständnisse aufhäuft und die Ereignisse häufig in Richtung auf einen barbarischen und gnadenlosen Kampf sich überstürzen läßt."

Während aber das Motiv der Völkerverständigung durch Olympische Spiele überstrapaziert wurde, fanden Coubertins soziale Ideen zu wenig Beachtung. „Man wird gern zugeben", schrieb er 1918, „daß die beste Grundlage für den sozialen Frieden einer Gesellschaft darin besteht, ein glückliches Gleichgewicht zu schaffen zwischen dem von der Natur selber unter die Menschheit eingeführten Grundsatz der Ungleichheit und der von der Gesetzgebung so weit wie möglich erstrebten Gleichheit. Wo aber liegen Grundlagen und Grenzen eines solchen Gleichgewichts?"

Das ist in der Tat die soziologische Kardinalfrage, die noch keiner so konsequent vom Gesichtspunkt des Sports aus zu beantworten suchte wie Coubertin. Er sah im Sport ein Modell, wo grundsätzlich gleiche Chancen für alle galten, die Leistung gerecht bewertet wurde und Kameradschaft sowohl Mitkämpfer als auch Rivalen band.

„Im Bereich des Sports ist es für uns ganz und gar nicht erstaunlich, wenn wir sehen, wie die Zuteilung von Autorität und Freiheit, und vor allem von gegenseitiger Hilfe und Konkurrenz mit Leichtigkeit vonstatten geht." Coubertin kam zu dem Schluß, daß die „kleine Republik des Sports eine Art Miniaturdarstellung des demokratischen Modellstaates ist", und fragte nun weiter: „Gibt es ein Mittel, beide zu verbinden, wie etwa die Zelle mit dem Organismus? Das ist das leidenschaftlich erregende Problem unserer Zeit."

Also Demokratisierung und Sozialisierung der Gesellschaft durch den Sport. Aber auch Demokratisierung und Sozialisierung des Sports selbst. Dazu Coubertin 1919: „Einst war die sportliche Betätigung der gelegentliche Zeitvertreib der reichen und untätigen Jugend. Dreißig Jahre lang habe ich mich bemüht, sie zu einem gewohnten Vergnügen auch für das Kleinbürgertum werden zu lassen. Nun muß noch das Leben der proletarischen Jugend von der Freude am Sport durchdrungen werden. Es muß dies geschehen, weil sie das billigste Vergnügen, das dem Prinzip der Gleichheit am besten entsprechende, das wirksamste gegen den Alkohol und das produktivste an beherrschten und kontrollierten Energien ist. Alle Sportarten für alle! Dies ist eine Formel, der man gewiß vorwerfen wird, sie sei verrückt und utopisch. Das bekümmert mich nicht. Ich habe sie lange abgewogen und erforscht, ich weiß, daß sie exakt und möglich ist."

Darüber hinaus hat bei Coubertin der Sport in der Gesellschaft noch eine doppelte Funktion, eine für den Feiertag und eine für den Alltag. Im ersten Fall erinnert Coubertin an die Formel der römischen Kaiserzeit „panem et circenses". Er übersetzte sie für die Bedürfnisse der Masse in unserer Zeit in „Kartoffeln und Kino" – das Fernsehen war da noch nicht erfunden – und meinte dann (1918): „Glauben Sie nicht, eine Demokratie könne auf normale Weise existieren, wenn es, um die Bürger zusammenzuhalten, nur die Gesetzestexte und die Aufrufe zur Wahl gibt. Einst hatte man die äußeren Feierlichkeiten der Kirche und den verschwenderischen Prunk der Monarchie. Wodurch will man das ersetzen? Durch Einweihungen von Statuen und Ansprachen im Gehrock? Ach was!"

Das sportliche Schauspiel soll ersetzen, was Kirche und Hof nicht mehr bieten können, und zumindest die Organisatoren der Spartakiaden halten sich heute daran.

Eine bezeichnende Aussage über den Sport im Alltag machte Coubertin 1920 bei seiner Eröffnungsansprache zum 8. IOC-Kongreß in Antwerpen vor Beginn der Olympischen Spiele. Diese Ansprache ist noch in anderer Hinsicht bemerkenswert, denn der Aristokrat Coubertin begann sie in Anwesenheit Seiner Königlichen Majestät des Königs von Belgien und seines Hofes mit den Worten: „Sire, Herr Bürgermeister, meine Herren, der Sport ist König!" Weniger Federlesens hat kein IOC-Präsident mehr mit einem Schirmherrn Olympischer Spiele gemacht.

Genau zu jener Zeit beabsichtigte man in Frankreich, nach dem überstandenen Krieg ein Gesetz einzuführen, daß jeder französische Bürger vom 6. Lebensjahr an verpflichtet sei, Leibesübungen zu betreiben. Coubertin, weit davon entfernt, dies als Krönung seiner jahrzehntelangen Bemühungen um eine Aufwertung der Leibeserziehung speziell in Frankreich anzusehen, geißelte die Naivität einer solchen Absicht. „Man kann es nicht oft genug wiederholen", schrieb er dazu, „die physische Anstrengung ist dem Menschen zuwider, der sich nur in einem plötzlichen Notfall oder durch den Antrieb einer in Bedürfnis umgewandelten leidenschaftlichen Begierde dazu zwingt."

Und in Antwerpen erklärte er dann dem etwas verschreckten belgischen König, der sich höchstpersönlich so eifrig um die Organisation der Olympischen Spiele gekümmert hatte: „Der Sport braucht die Freiheit und die Achtung vor dem Individuum; jeder muß die Möglichkeit haben, der sportlichen Übung die guten oder schlechten Eigenschaften seiner Natur anzupassen. Laßt uns überall das Sportgerät in Reichweite aufstellen, seiner Vervollkommnung wie seiner billigen Herstellung unsere Aufmerksamkeit schenken und versuchen, die einzelnen Sportarten einander noch mehr anzunähern, sie zu kombinieren, sie durch die Freude am Gegensatz oder durch die Harmonie des Ähnlichen zu steigern... Das ist das Betätigungsfeld, das auf uns wartet und dem wir uns vertrauensvoll zuwenden können." Und fünf Jahre später, bei seiner letzten Ansprache als Präsident des Internationalen Olympischen Komitees beim Kongreß in Prag, wo er sein Amt niederlegte, um sich endlich seiner eigentlichen Aufgabe voll zuwenden zu können, jener universalen Erziehungsreform, sagte er:

„Die ganze Welt des Sports müßte in der Zukunft nach einheitlichen Richtlinien arbeiten: Weniger Lärm, weniger Reklame, weniger Organisation, weniger intolerante Syndikate und schwerfällige Hierarchien, dafür soll aber der Sport in den verschiedensten Formen – Reiten inbegriffen – womöglich unentgeltlich allen Bevölkerungsschichten zugänglich gemacht werden. Dies wäre eine der vornehmsten Pflichten des modernen Staates."

Als letzten Versuch, Coubertin auch der Jugend wieder etwas näherzubringen, noch ein Zitat aus dem Jahre 1918, in dem Coubertin seinerseits „Opas Sport" für tot erklärt: „Fragte mich jemand nach dem Rezept, sich zu 'olympisieren', würde ich ihm sagen: *Die erste Bedingung ist die, froh zu sein.* Dieser Terminus des Olympischen evoziert übrigens fälschlicherweise die Vorstellung eines sanften Gleichgewichts der Kräfte, die sich vollkommen ausgleichen oder einer Waage mit gleich hohen Waagschalen. Mens sana... der abgedroschene Vers für Preisverteilungen. Das ist doch gar nicht menschlich, zumindest nicht jugendgemäß. Das ist ein Ideal für alte Trottel. Die Ausgeglichenheit bietet sich im Leben als Resultat dar und nicht als Ziel, sie erscheint als Belohnung und nicht als Suche. Man erreicht sie nicht, indem man Vorsichtsmaßnahmen addiert, sondern indem man sich wechselnden Anstrengungen unterzieht. *Was aber nährt die Anstrengung, frage ich Sie, wenn nicht die Freude?"*

Was Coubertin wirklich wollte, gibt immer noch viel zu tun auf. Und wenn ihn jetzt auf himmlischem Fechtboden wieder die Nachricht erreichen sollte, er sei tot, dürfte er es immer noch für ein Versehen halten.

Friedrich Hölderlin

Der Lorbeer

Ich duld' es nimmer! Ewig und ewig so
die Knabenschritte, wie ein Gekerkerter,
die kurzen vorgemessnen Schritte
täglich zu wandeln, ich duld' es nimmer!

Ist's Menschenlos – ist's meines? Ich trag' es nicht.
Mich reizt der Lorbeer, Ruhe beglückt mich nicht,
Gefahren zeugen Männerkräfte,
Leiden erheben die Brust des Jünglings.

Was bin ich dir, was bin ich, mein Vaterland?
Ein siecher Schwächling, welchen mit trauerndem,
mit hoffnungslosem Blick die Mutter
in den geduldigen Armen schaukelt.

Mich tröstete das blinkende Kelchglas nie,
mich nie der Blick der lächelnden Tändlerin;
soll ewiges Trauern mich umwolken?
Ewig mich töten die zornige Sehnsucht?

Was soll des Freundes traulicher Handschlag mir,
was mir des Frühlings freundlicher Morgengruß,
was mir der Eiche Schatten – was die
blühende Rebe, der Linde Düfte?

Beim grauen Mana! Nimmer genieß ich dein,
du Kelch der Freuden, blinktest du noch so schön,
bis mir ein Männerwerk gelinget,
bis ich ihn fasse, den ersten Lorbeer.

Der Schwur ist groß. Er zeuget im Auge mir
die Trän' und wohl mir, wenn ihn Vollendung krönt!
Dann jauchz' auch ich, du Kreis der Frohen,
dann, o Natur, ist dein Lächeln Wonne.

Jürgen vom Scheidt

Gefährliche Freudenspender

Rausch und Sucht durch Alkohol und Drogen

Der sensationelle Prozeß um den jungen Deutschen Frank Förster hat eine breite Öffentlichkeit wieder einmal darauf aufmerksam gemacht, wie weit verbreitet Rauschmittel sind und wie gefährlich es werden kann, sich mit ihnen abzugeben: um ein Haar wäre der junge Mann in Malaysia dem Henker überantwortet worden, weil man ihn angeblich mit Rauschgift ertappt hatte und ihm den Prozeß nach den strengen Gesetzen dieses Landes machte. Auch bei uns in Deutschland wäre Förster in große Schwierigkeiten gekommen, hätte zumindest mit einer längeren Haftstrafe rechnen müssen, denn aus gutem Grund ist auch bei uns der Besitz und der Gebrauch von „harten" Drogen (Heroin, Opium, Kokain, bestimmte Aufputschmittel) streng verboten und auch die „weichen" Drogen (Haschisch, Marihuana vor allem) sind nicht freigegeben – nur die „klassische" Rauschdroge des Westens, der Alkohol, ist praktisch unbegrenztem Genuß freigestellt – es sei denn, man fährt Auto. Was aber sind eigentlich die Gefahren, vor denen der Gesetzgeber uns da schützen möchte?

Wer die körperlichen Mechanismen der Suchtentstehung kennt, wird sich nicht wundern, daß ein schwerverletzter Soldat nach einer Reihe von Morphiumspritzen im Lazarett morphiumsüchtig wird. Ursache und Kausalkette, die zur Drogenabhängigkeit führen, sind in diesem Fall gut bekannt.

Wenn wir hören, daß jemand täglich Schnaps trinken muß, liegen die Verhältnisse bereits nicht mehr so offen. Wir verstehen, daß der Betreffende süchtig geworden ist, sobald er – bei entsprechender Veranlagung – die Droge seinem Körper genügend oft zugeführt hat, denn auch das Trinken kann zu einer körperlichen Drogenabhängigkeit führen. Warum jedoch hat diese Person überhaupt erst mit dem „Schnapsen" angefangen? Niemand hat sie dazu gezwungen (obwohl auch das gelegentlich vorkommt). Hier machen wir erstmals Bekanntschaft mit dem seelischen und sozialen Hintergrund des Drogengebrauchs. Diese beiden Aspekte gelten heute allgemein als die wichtigsten Faktoren bei der Entstehung jenes Teufelskreises, den man früher als „Sucht" bezeichnete –, der jedoch heute „Drogenabhängigkeit" genannt wird, nachdem man bei der Weltgesundheitsorganisation zu dem Ergebnis kam, daß der gemeinsame Nenner aller „Suchten" die *seelische* Abhängigkeit ist.

Körperliche Abhängigkeit, in Form von Entziehungssymptomen und ähnlichem, tritt erst in zweiter Linie in Erscheinung und auch nicht bei allen Rauschdrogen.

Wie sieht es jedoch bei einem dritten Abhängigkeitstyp aus, bei dem die körperlichen Merkmale völlig in den Hintergrund treten? Warum raucht ein 13jähriger Junge Haschisch? Warum greift ein 17jähriges Mädchen zu Kokain?

Der Drogenrausch

Ehe wir diese Fragen näher untersuchen, soll ein Drogenrausch vorgestellt werden, mit einem angenehmen und einem unangenehmen Teil. Nach dem Genuß einer Überdosis Haschisch hatte der amerikanische Journalist Bayard Taylor folgende Erlebnisse:

„... Augenblicklich fiel das Gefühl der Begrenztheit, die Beschränkung der Sinne auf unser eigenes Fleisch und Blut von mir ab. Die Mauern meines Leibes barsten nach außen und stürzten zusammen; und ohne daran zu denken, welche Gestalt ich nun angenommen hatte – ja, ohne überhaupt noch die Idee der Form schlechthin fassen zu können –, fühlte ich, daß ich über einen riesengroßen Raum hin existierte. Das Blut, das mein Herz weiterpumpte, durcheilte ungezählte Meilen, bevor es in meine Extremitäten gelangte, die Luft, die ich in meine Lungen einsog, weitete sich zu Meeren von klarem Äther aus, und die Rundung meines Schädels spannte sich weiter als das Himmelsgewölbe. In der Höhle, die mein Gehirn barg, gähnten unauslotbare Tiefen von unbeschreiblichem Blau; da zogen Wolken entlang, die der himmlische Wind zusammentrieb, da glühte die Sonnenscheibe. Es war – obwohl ich in diesem Augenblick überhaupt nicht daran dachte –, als ob mir das Geheimnis der Allgegenwart Gottes offenbart würde ..."

Und nun das düstere Gegenstück, der „horror trip":

„... Ich hatte das Haschischparadies durchmessen und wurde unmittelbar darauf in seine gräßlichste Hölle gestürzt... Das aufgewühlte Blut stürmte wie ein tosendes Meer durch meinen Körper. Es schoß mir in die Augen, bis ich nicht mehr sehen konnte; es schlug dumpf in meinen Ohren und bebte so stark in meinem Herzen, daß ich befürchtete, die Rippen würden unter seinen Schlägen nachgeben. Ich riß mein Hemd auf, legte meine Hand auf die Brust und versuchte, den Puls zu zählen; doch es gab zwei Herzen, von denen das eine tausend Schläge in der Minute tat und das andere nur langsam und träge klopfte. Ich wähnte, daß meine Kehle bis oben hin mit Blut gefüllt sei und mir warm über Hals und Nacken rann. In tiefer Verzweiflung und dem Wahnsinn nahe, floh ich aus dem Zimmer..."

Es gibt natürlich auch mildere Räusche, nach einigen Gläsern Wein oder nach einer schwachen Haschisch-Zigarette, oder stärkere infolge von LSD oder Meskalin. Grundsätzlich können Taylors Erlebnisberichte jedoch als Modell für „den" Rauschzustand dienen.

Früher glaubte man, im Rausch würde nur „Euphorie" gesucht. Dieses griechische Wort bezeichnet einen Zustand des „Gehobenseins", eines gesteigerten Glücks- und Lebensgefühls, wie er bei krankhaften Zuständen (Manie), bei der mystischen Versenkung oder eben bei

Einnahme von Anregungs- bzw. Rauschmitteln (deshalb auch „Euphorika" genannt) eintritt. Inzwischen ist man von dieser einseitigen Bezeichnung abgekommen und versteht unter einem Rausch jenen Zustand, bei dem der berauschte Mensch einen Ausbruch aus dem Normalen, einen Kontrast zum Alltag, eine Entgrenzung des Erlebens erfährt. Folgerichtig spricht man – bei starken Räuschen – deshalb auch von „Ekstase", was ja wörtlich bedeutet: „Aus sich selbst heraustreten."

Was sich im Rausch verändert

Der Mensch kommt, im Gegensatz zu den Tieren, weitgehend frei von angeborenen Verhaltensweisen (Reflexe, Instinkte) auf die Welt. In einem langwierigen Prozeß, der in den hochzivilisierten Ländern oft mehr als zwanzig Jahre dauert, müssen grundlegende Reaktionsmuster, die Steuerung der Sinneswahrnehmung und das Denken gelernt werden. Ebenfalls mühsam erworben werden müssen das Gefühl für den Zeitablauf, Formkonstanz,sowie das Verständnis für soziale Vorgänge, Sitten und Gebräuche. In der Schule schließlich findet der Erwerb jenes riesigen Wissensgutes statt, das im Laufe von Jahrtausenden die Menschheit mühsam der Natur abgerungen hat.

In diese hochkomplizierten Abläufe greifen nun die Rauschdrogen mehr oder minder massiv ein.

Grundsätzlich kann man sagen, daß alle Rauschdrogen den Bezug zur Umwelt und damit die Reaktionen auf sie stören. Darauf beruhen sowohl ihre positive („Bewußtseinserweiterung") wie ihre negative Wirkung („Persönlichkeitszerfall"). Subjektiv gesehen äußert sich das so, daß die Außenwelt zunehmend unwirklicher, der Kontakt zu ihr labiler wird, während die Innenwelt (Phantasie, Erinnerungen) stärker in Erscheinung tritt. Das läßt sich schon beim leichten Alkoholschwips beobachten.

Gleichzeitig tritt das rationale, abstrakte Denken in den Hintergrund, während gefühlsmäßige psychische Vorgänge überwiegen. Der Gedankenablauf wird lockerer, das Zeitgefühl verlangsamt oder beschleunigt. Ein kräftiger Haschischrausch vermag bereits die Leuchtkraft von Farben zu erhöhen; LSD, Psilocybin und andere stärkere Halluzinogene vermögen regelrechte Änderungen der Farben hervorzurufen. Mit zunehmender Intensität des Rausches gehen die sonst recht stabilen Formen der Umwelt verloren. Schließlich schieben sich – meist abwechselnd mit realen Wahrnehmungen – traumhafte Abläufe in den Vordergrund.

Bei den kräftigsten Drogen kommt es zu echten Halluzinationen, das heißt zu Wahrnehmungen, die der Außenwelt zugehörig erscheinen, obwohl sie in Wirklichkeit von innen kommen. Kindheitserinnerungen werden wach und können oft zu ganz erstaunlichen Wiederbegegnungen mit sich selbst führen; eine Erfahrung, die man sich bei der Psychotherapie zunutze macht. Von außen betrachtet, machen alle diese Vorgänge den Eindruck eines Zerfalls der im Laufe des Lebens mühsam erworbenen seelischen Strukturen zugunsten primitiverer, am Anfang der psychischen Entwicklung entstandener Wahrnehmungs- und Verhaltensweisen. Man faßt diese zusammen unter dem Begriff „Regression".

Die Regression

Unter Regression versteht man ganz allgemein ein Zurücksinken in seelische Zustände, die der früheren Kindheit angehören, aber auch im erwachsenen Mensch, meist unbewußt, weiterexistieren. Sie können unter entsprechenden Umständen jederzeit wieder wirksam werden. Müdigkeit, Krankheit, Neurosen, Psychosen können Regressionen genauso auslösen wie Rauschdrogen. Solange keine ausgesprochene Drogenabhängigkeit vorliegt, besteht der Unterschied zu den übrigen Regressionsauslösern beim Rausch in der Freiwilligkeit, mit der die Regression herbeigeführt wird. Allerdings ist auch diese „Freiwilligkeit" oft fragwürdig – sie kann durch unbewußte, meist neurotische Faktoren gesteuert sein.

Was im Sprachgebrauch der Seelenforscher zunächst einen eher negativen Beigeschmack hat, nimmt bei den Drogenfreunden eine ausgesprochen positive Färbung an. Statt von Regression sprechen sie von „Bewußtseinserweiterung", von der Gewinnung neuer Erkenntnisse jenseits des Alltagswissens. Besonders seit Timothy Leary und seine Nachfolger die Halluzinogene als „Schlüssel zur Innenwelt" gespriesen haben und die enge Verwandtschaft von Drogenrausch und mystisch-religiösen Erfahrungen herausstellten, hat dieser positive Aspekt der Regression eine wichtige Bedeutung erlangt. Die Rauschfreunde können sich dabei – und sie tun dies auch reichlich – auf die Schriften der christlichen und asiatischen Mystiker früherer Epochen, aber auch auf den Schweizer Psychiater Carl Gustav Jung berufen.

Im Gegensatz zu Sigmund Freud, der die Regression mehr als Rückschritt in der seelischen Entwicklung betrachtete, betont Jung ihren schöpferischen Aspekt.

Es kann hier nicht diskutiert werden, wie weit mystische Erlebnisse (durch Versenkung, Gebet, Askese, Meditation) und Rauscherlebnisse vergleichbar sind. Der Orientalist und Drogenforscher Rudolf Gelpke zumindest schreibt: „Ich selbst habe mehrere Male, und mit Hilfe verschiedener Drogen, einen Bewußtseinszustand erreicht, von dem ich überzeugt bin, daß er demjenigen, den die Mystiker 'Entwerden' und 'Vereinigung' nennen, zumindest außerordentlich nahekommt."

Die Diskussion des Regressionsvorgangs ist stark angeregt worden durch die enorme Verbreitung der Rauschdrogen unter den Jugendlichen. Denn nur wenn man diese psychischen Abläufe versteht, kann man die unbewußten Wurzeln der Rausch-Sehnsucht (und der „Sucht" als ihrer Extremform) verstehen. Vereinfachend kann man sagen, daß das Gleichgewicht von Innenwelt und Außenwelt bei den Menschen heute mehr denn je gestört ist. Vor allem die Eigenschaft der Halluzinogene, unbewußtes Material bewußt machen zu können, hat vielen Menschen die Neugier nach der eigenen (oft sehr verschütteten) Innenwelt geweckt, die in einer vorwiegend materiell orientierten Welt offensichtlich nicht mehr richtig befriedigt wird. Die Suche nach Selbsterkenntnis kann so durch die Rauschdrogen zum existentiellen Experiment werden.

Wer sich auf so ein Experiment einläßt, sollte aber auch um seine Gefahren wissen. Eine der größten Gefahren ist diese: Kaum jemand (schon gar nicht der junge Mensch) kennt sich selbst so gut, daß er eine Gefährdung seiner seelischen Gesundheit durch Drogeneinfluß ausschalten kann. Das sieht man schon beim jugendlichen Alkoholiker – einer noch vergleichsweise milden Erscheinungsform des Drogensüchtigen – und welche tragische Figur ist bereits der, welches Bild von Zerstörung!

Der Schwächung des Ich im Rausch entspricht eine Minderung der Kritikfähigkeit. Subjektiv mag der Berauschte überzeugt sein, er sei noch immer Herr seiner Sinne – für den außenstehenden Beobachter ergibt sich meist der Eindruck zunehmenden Verlustes des Realitätskontakts. Das rührt nicht zuletzt daher, daß mit wachsender Regression die Innenwelt (häufig mit halluzinatorischen Veränderungen) die Außenwelt mehr und mehr überlagert. Entsprechend findet eine Inflation innerer Erfahrungen statt, schwindet der Kontakt zur Außenwelt und geht entsprechend die Fähigkeit, diese schöpferisch zu gestalten, verloren.

Drogenabhängigkeit (Toxikomanie, Sucht) – die krankhafte Sehnsucht nach Rausch

Die psychischen Veränderungen, die während des Rausches auftreten können, stellen in der Regel keine Gefahr für den Berauschten dar. Aus der Sicht des Nüchternen haben sie zwar anormalen Charakter, sie sind jedoch nicht als psychopathologisch (krankhaft) zu betrachten, weil spätestens nach dem Verschwinden der Droge aus dem Körper der normale Zustand wieder eintritt (Ausnahme: die „flash backs", bei denen oft Wochen nach dem Rausch unvermutet ein rauschähnlicher Zustand den Betreffenden überfallen kann). Man könnte sich bis zu diesem Punkt vielleicht der Argumentation von Drogen-Befürwortern anschließen, die einem gelegentlichen, entsprechend gut vorbereiteten Rausch sogar eine ausgesprochen heilsame Wirkung zuschreiben. Krankhafte Anzeichen sind jedoch gegeben, sobald der Drogenbenützer sich nicht mehr aus Gründen der Neugier oder um Selbsterkenntnis zu erlangen, oder um schlicht irgendeinen Genuß zu steigern (Musik, Sexualität), berauscht, sondern weil er mit dem Leben nicht mehr zurechtkommt. Die Ursachen dafür können vielfältiger Natur sein. Symptomatisch könnte dafür die Aussage des Pop-Idols John Lennon stehen, daß die Beatles 1965 vor Verleihung des Ordens „Member of the British Empire" durch die Königin so nervös waren, daß sie vorher in der Toilette des Buckingham-Palastes schnell zur Beruhigung eine Haschisch-Zigarette rauchten.

Dieses „nervös" kann tiefenpsychologisch als Form der Angst interpretiert werden. Und es besteht kein Zweifel daran, daß Haschisch und Marihuana für viele Leute die Funktion eines angstmildernden Medikaments ausüben. So sagt der Londoner Arzt A. Limentani: „Der geschickteste Psychoanalytiker kann sich nicht mit der angstmildernden Kraft des Marihuanas messen."

Es geht dem chronischen Drogenbenützer allmählich gar nicht mehr allein um den Rausch, sondern um Lebenshilfe. Die Droge also in Wahrheit als Medikament, das man sich selbst verschreibt. Dazu mag, vor allem bei den Halluzinogenen, jener eigenartige Effekt beitragen, der wie eine Steigerung der Möglichkeiten der Selbsterkenntnis aussieht. Vor allem bei Vertrautheit mit den einschlägigen psychologischen Theorien werden die auftauchenden Kindheitserinnerungen gerne im Sinne einer zunehmenden Persönlichkeitsreifung verstanden – obwohl die ständige Wiederholung dieser Erlebnisse erfahrungsgemäß das Gegenteil bewirkt. Vor allem die Aufdeckung schmerzhafter Eindrücke und Konflikte („Traumen") kann zu einer überwertigen Beschäftigung mit der Innenwelt des Rausches führen, bei der die realen Probleme der Außenwelt zunehmend an Bedeutung verlieren. Gleichzeitig steigt die Neigung, Konflikte nur noch phantasierend zu bewältigen.

So wird nur noch der erste Teil der antiken Maxime befolgt: „Erkenne dich selbst – " Der zweite, ebenso wichtige Teil wird dabei geflissentlich übersehen: „ – und handle danach."

Die Folge sind nicht zuletzt Arbeitsstörungen, deren man sich durch Verweigerung der Arbeit zunächst einmal entledigt. Zwangsläufig sinkt der Lebensstandard bis zu weitgehender ärmlicher Bedürfnislosigkeit; durch eine entsprechende Ideologie wird dieser Vorgang mit einem sozialpolitischen Anstrich versehen. Das Herausfallen aus dem gesellschaftlichen Verband („dropping out") führt neben der Einschränkung der unmittelbaren Erwerbsmöglichkeiten bei Schülern, Lehrlingen und Studenten, die mitten in der Ausbildung stehen, dazu, daß sie ihre Talente und Möglichkeiten nicht mehr voll ausschöpfen können; sei es, weil sie die Ausbildung abbrechen, sei es, weil die zunehmende Interesselosigkeit an den Dingen der Außenwelt zu einer Entwertung jeglichen Sachwissens führt.

Anstelle der Aktivität tritt Passivität, die schließlich in Apathie mündet. Jeder neue Rausch, eigentlich als Ausweg gedacht, verstärkt diese Tendenz. Depressive Zustände, oft verschleiert als Müdigkeit, tragen ebenfalls dazu bei, daß erneut die „Flucht in den Rausch" angetreten wird. Die zunächst durchaus akzeptable, weil fruchtbare Abkehr von der Außenwelt wird übertrieben; diese verliert dadurch ihren Realitätscharakter und wird - mangels Gestaltungsmöglichkeiten - zunehmend bedrohlich. Die entstehenden Angstzustände führen zu neuem Drogengebrauch - ein wirklich teuflicher Kreislauf ohne Ende.

Der deutsch-amerikanische Psychologe Kurt Lewin hat eingehend untersucht, wie sich Erfolgs- und Mißerfolgserlebnisse auf die Lebensstrategie auswirken. In Zusammenhang mit dem exzessiven Genuß von Rauschmitteln ist dabei Lewins Begriff des Anspruchsniveaus wichtig. Wer ständig *unterhalb* des ihm möglichen Niveaus lebt (und dieser Zustand tritt bei jedem Drogenabhängigen nach einiger Zeit ein), verliert allmählich den Sinn für Proportionen und für die eigenen Möglichkeiten; er wird zunehmend frustriert und kann sich schließlich nur noch selbst einreden, daß er ja freiwillig auf all die Chancen verzichtet - die er in Wahrheit aus psychischer (wenn nicht gar schon aus physischer) Schwäche nicht mehr wahrnehmen kann. Ähnliches gilt für ein *überhöhtes* Anspruchsniveau, das gerade im Gefolge von rauschinduzierten Größenwahn-Ideen leicht entsteht. Durch das Bauen von Luftschlössern leidet zunehmend der Kontakt zur Realität, so daß bald auch relativ geringe Anforderungen als nicht mehr bewältigbar erscheinen.

Zusätzliche Gefahren des chronischen Mißbrauchs

Alle positiven Aspekte des Rausches verwandeln sich in negative, sobald der gelegentliche „trip" zur Dauereinrichtung, zum Bedürfnis wird. (Das trifft auch für das oft als harmlos hingestellte Haschisch zu - das deshalb keineswegs so harmlos ist. Von den körperlichen Schäden einmal ganz abgesehen, die es bei Dauergebrauch hervorruft).

Die Weltgesundheitsorganisation definierte 1958 die Drogenabhängigkeit so: „Es handelt sich um ein Stadium periodischer oder chronischer Berauschung durch die wiederholte Einnahme einer (natürlichen oder synthetischen) Droge. Zu den typischen Kennzeichen gehören:
- ein überwältigender Wunsch oder das Bedürfnis, den Drogengebrauch fortzusetzen und sich die Droge unter allen Umständen zu verschaffen;
- eine Tendenz, die Dosis zu erhöhen;
- eine psychische und allgemein eine physische Abhängigkeit von den Wirkungen der Droge;
- eine zerstörerische Wirkung auf den Einzelnen und auf die Gesellschaft."

Wer sich also auf den Gebrauch von Rauschmitteln einläßt - gleich ob auf den uns so vertrauten Alkohol oder auf die exotischeren Produkte wie Haschisch und Kokain -, der muß wissen, was er tut und welche Verantwortung er damit übernimmt - für sich selbst ebenso wie für seine Mitmenschen.

Denn der Süchtige lebt ja nicht isoliert. Er hat Angehörige und Arbeitskollegen, die er mit in sein Schicksal hineinzieht, mehr oder minder stark, ob er oder sie das will oder nicht. So ist es keine Kleinigkeit, wenn Fachleute feststellen, daß jeder Alkoholkranke die Gemeinschaft im Laufe seines Lebens etwa eine Million Mark kostet.

Bei zwei bis drei Prozent der Bevölkerung (so hoch schätzt man den Anteil der Alkoholiker inzwischen) macht das ungeheure finanzielle Belastungen aus, die die Steuerzahler und die Beitragszahler der Krankenkassen gemeinsam tragen müssen: ein bis zwei Billionen Mark!

Ina Seidel

Trost

Unsterblich duften die Linden -
Was bangst du nur?
Du wirst vergehen, und deiner Füße Spur
Wird bald kein Auge mehr im Staube finden.
Doch blau und leuchtend wird der Sommer stehn
Und wird mit seinem süßen Atemwehn
Gelind die arme Menschenbrust entbinden.
Wo kommst du her? Wie lang bist du noch hier?
Was liegt an dir?
Unsterblich duften die Linden -

Georg Christoph Lichtenberg

Traum eines Naturforschers

Mir war, als schwebte ich weit über der Erde einem verklärten Alten gegenüber, dessen Ansehen mich mit etwas viel Höherem als bloßem Respekt erfüllte. So oft ich meine Augen gegen ihn aufschlug, durchdrang mich ein unwiderstehliches Gefühl von Andacht und Vertrauen, und ich war eben im Begriff, mich vor ihm niederzuwerfen, als er mich mit einer Stimme von unbeschreiblicher Sanftheit anredete. „Du liebst die Untersuchung der Natur", sagte er, „hier sollst du etwas sehen, das dir nützlich sein kann." Indem er dieses sagte, überreichte er mir eine bläulichgrüne und hier und da ins Graue spielende Kugel, die er zwischen Zeigefinger und Daumen hielt. Sie schien mir etwa einen Zoll im Durchmesser zu haben. „Nimm dieses Mineral", fuhr er fort, „prüfe es und sage mir, was du gefunden hast. Du findest da hinter dir alles, was zu solchen Untersuchungen nötig ist, in höchster Vollkommenheit; ich will mich nun entfernen, bin aber zu rechter Zeit wieder bei dir." Als ich mich umsah, erblickte ich einen schönen Saal mit Werkzeugen aller Art, der mir im Traum nicht so fremd schien als nachher beim Erwachen. Es war mir, als wäre ich öfter da gewesen, und ich fand, was ich nötig hatte, so leicht, als hätte ich alles selbst vorher hingelegt. Ich besah, befühlte und beroch nunmehr die Kugel, ich schüttelte und behorchte sie wie einen Adlerstein; ich brachte sie an die Zunge; ich wischte den Staub und eine Art von kaum merklichem Beschlag mit einem reinen Tuche ab, erwärmte sie und rieb sie auf Elektrizität am Rockärmel; ich probierte sie gegen den Stahl, das Glas und den Magneten und bestimmte ihr spezifisches Gewicht, das ich, wo ich mich recht erinnere, zwischen vier und fünf fand. Alle diese Proben fielen so aus, daß ich wohl sah, daß das Mineral nicht sonderlich viel wert war; auch erinnerte ich mich, daß ich in meiner Kindheit von dergleichen Kugeln, oder doch nicht sehr verschiedenen, drei für einen Kreuzer auf der Frankfurter Messe gekauft hatte. Indes schritt ich doch nun zu der chemischen Prüfung und bestimmte die Bestandteile in Hundertteilen des Ganzen. Auch hier ergab sich nichts Sonderliches. Ich fand etwas Tonerde, ungefähr ebensoviel Kalkerde, aber ungleich mehr Kieselerde, endlich zeigte sich noch Eisen und etwas Kochsalz und ein unbekannter Stoff, wenigstens einer, der zwar manche Eigenschaften der bekannten hatte, dafür aber wieder eigene. Es tat mit leid, daß ich den Namen meines Alten nicht wußte, ich hätte ihn sonst gern dieser Erde beigelegt, um ihm auf meinem Zettelchen ein Kompliment zu machen. Übrigens muß ich sehr genau bei meinen Untersuchungen verfahren sein, denn als ich alles zusammenaddiert, was ich gefunden hatte, so machte es genau hundert. Soeben hatte ich den letzten Strich in meiner Rechnung gemacht, als der Alte vor mich hintrat. Er nahm das Papier und las es mit einem sanften Lächeln, das kaum zu bemerken war. Hierauf wandte er sich mit einem Blick voll himmlischer Güte, mit Ernst gemischt, gegen mich und fragte, „weißt du wohl, Sterblicher, was das war, was du da geprüft hast?" Der ganze Ton und Anstand, womit er dieses sprach, verkündigte nunmehr deutlich den Überirdischen. „Nein! Unsterblicher", rief ich, indem ich mich vor ihm niederwarf „ich weiß es nicht." Denn auf mein Zettelchen wollte ich mich nun nicht mehr berufen.

Der Geist: So wisse, es war, nach einem verjüngten Maßstabe, nichts Geringeres als – die ganze Erde.

Ich: Die Erde? – Ewiger, großer Gott! und das Weltmeer mit allen seinen Bewohnern, wo sind denn die?

Er: Dort hängen sie in deiner Serviette, die hast du weggewischt.

Ich: Ach! und das Luftmeer und alle die Herrlichkeit des festen Landes!

Er: Das Luftmeer? Das wird dort in der Tasse mit destilliertem Wasser sitzen geblieben sein. Und mit deiner Herrlichkeit des festen Landes? Wie kannst du so fragen? Das ist unfühlbarer Staub; da an deinem Rockärmel hängt welcher.

Ich: Aber ich fand da nicht eine Spur von Silber und Gold, das den Erdkreis lenkt!

Er: Schlimm genug. Ich sehe, ich muß dir helfen. Wisse: mit deinem Feuerstahl hast du die ganze Schweiz und Savoyen und den schönsten Teil von Sizilien heruntergehauen und von Afrika einen ganzen Strich von mehr als tausend Quadratmeilen, vom Mittelländischen Meer bis an den Tafelberg, völlig ruiniert und umgewendet. Und dort auf jener Glasscheibe – oh! soeben sind sie heruntergeflogen – lagen die Kordilleren; und was dir vorhin beim Glasschneiden ins Auge sprang, war der Chimborasso.

Ich verstand und schwieg. Aber neun Zehnteile meines noch übrigen Lebens hätte ich darum gegeben, wenn ich meine chemisch zerstörte Erde wiedergehabt hätte. Allein, um eine andere bitten, einer solchen Stirne gegenüber, das konnte ich nicht. Je weiser und gütiger der Geber war, desto schwerer wird es dem Armen von Gefühl, ihn zum zweitenmal um eine Gabe anzusprechen, sobald sich der Gedanke in ihm regt, er habe von der ersten vielleicht nicht den besten Gebrauch gemacht. Aber eine neue Bitte, dacht ich, vergibt dir wohl dieses verklärte Vatergesicht: „Oh!" rief ich aus, „großes, unsterbliches Wesen, was du auch bist, ich weiß, du kannst es, vergrößere mir ein Senfkorn bis zur Dicke der ganzen Erde und erlaube mir, die Berge und Flöze darauf zu untersuchen, bis zur Entwicklung des Keims, bloß der Revolutionen wegen." „Was würde dir das helfen?" war die Antwort. „An deinem Planeten hast du ja schon ein Körnchen für dich zur Dicke der Erde vergrößert. Da prüfe. Vor deiner Umwandlung kommst du nicht auf die andere Seite des Vorhangs, die du suchst, weder auf diesem, noch einem anderen Körnchen der Schöpfung. Hier nimm diesen Beutel, prüfe, was darin ist und sage mir, was du gefunden hast." Beim Weggehen setzte er fast scherzend hinzu: „Verstehe mich recht, chemisch prüfe es, mein Sohn; ich bleibe dieses Mal länger aus." – Wie froh war ich, als ich wieder was zu untersuchen hatte; denn nun, dachte ich, will ich mich besser in acht nehmen. Gib acht, sprach ich zu mir selbst, es wird glänzen, und wenn es glänzt, so ist es gewiß die Sonne oder sonst ein Fixstern. Als ich den Beutel aufzog, fand ich, ganz wider meine Erwartung, ein Buch in einem nicht glänzenden, einfachen Bande. Die Sprache und Schrift desselben waren keine der bekannten, und obgleich die Züge mancher Zeilen, flüchtig angesehen, ziemlich so ließen, so waren sie es, näher betrachtet, doch ebensowenig als die verwickeltsten. Alles, was ich lesen konnte, waren die Worte auf dem Titelblatt: Dieses prüfe, mein Sohn, aber chemisch, und sage mir, was du gefunden hast. Ich kann nicht leugnen, ich fand mich etwas betroffen in meinem weitläuftigen Laboratorium. Wie? sprach ich zu mir selbst, ich soll den Inhalt eines Buches chemisch untersuchen? Der Inhalt eines Buchs ist ja sein Sinn, und chemische Analyse wäre hier Analyse von Lumpen und Druckerschwärze. Als ich einen Augenblick nachdachte, wurde es auf einmal helle in meinem Kopf, und mit dem Licht stieg unüberwindliche Schamröte auf. Oh! rief ich lauter und lauter, ich verstehe, ich verstehe! Unsterbliches Wesen, oh vergib, vergib mir; ich fasse deinen gütigen Verweis! Dank dem Ewigen, daß ich ihn fassen kann! – Ich war unbeschreiblich bewegt, und darüber erwachte ich.

Wilhelm Klemm

Reifung

Ich wuchs hinauf in die hohen Himmel,
Wo die Sterne sich verdichteten zu einer einzigen Mauer,
Und sah das Grenzenlose so nahe
Wie das Gesicht einer geheimnisvollen Geliebten.

Dann versank ich unter die Schwelle des Vorstellbaren,
Rann silberhell durch die Maschen des Stoffs,
Wurde kleiner als jede Kleinigkeit –
Und suchte das Nichts und fand es nicht.

Ich lebte in Äonen des Schweigens, wo die Schöpfung
Still steht; wo Zukunft und Vergangenheit in eins
Zusammenfließen, wo die Ewigkeiten vergeblich
Brüten, und ich lernte das göttliche Warten.

Doch dann wieder wandelt ich mich in blitzende Geschwindigkeit.
Ich überritt das Licht tausendmal,
Auf der Schneide des Moments die Dinge spielen zu sehen,
Aber die, glaubt mir, Freunde, waren schneller als ich.

Und in Jugendschönheit sah ich die Welt,
Da triumphierten still die ewigen Gesetze!
Das jubelte empor und löste sich auf –
Ich stand überwältigt in den drei Reichen.

Und wußte alsdann, daß die Seele allein
Dahinweht in einer geisterhaften Welt.
Das Bruderhafte umringt mich mit Rätselgefühlen.
Wo finde ich, o Herr, deine ewigen Hände!

Ob du sie mir reichen wirst oder versagen,
Deine große Welt ist meine Heimat.
Was je ich gesehen habe mit irdischem Auge,
Und was ich lebte – es hat mich gesättigt.

Natalia Ginzburg

Lui e io

Lui ha sempre caldo; io sempre freddo. D'estate, quando è veramente caldo, non fa che lamentarsi del gran caldo che ha. Si sdegna se vede che m'infilo, la sera, un golf.

Lui sa parlare bene alcune lingue; io non ne parlo bene nessuna. Lui riesce a parlare, in qualche suo modo, anche le lingue che non sa.

Lui ha un grande senso dell'orientamento; io nessuno. Nelle città straniere, dopo un giorno, lui si muove leggero come una farfalla. Io mi sperdo nella mia propria città; devo chiedere indicazioni per ritornare alla mia propria casa. Lui odia chiedere indicazioni; quando andiamo per città sconosciute, in automobile, non vuole che chiediamo indicazioni e mi ordina di guardare la pianta topografica. Io non so guardare le piante topografiche, m'imbroglio su quei cerchiolini rossi, e si arrabbia.

Lui ama il teatro, la pittura, e la musica: soprattutto la musica. Io non capisco niente di musica, m'importa molto poco della pittura, e m'annoio a teatro. Amo e capisco una cosa sola al mondo, ed è la poesia.

Lui ama i musei, e io ci vado con sforzo, con uno spiacevole senso di dovere e fatica. Lui ama le biblioteche, e io le odio.

Lui ama i viaggi, le città straniere e sconosciute, i ristoranti. Io resterei sempre a casa, non mi muoverei mai.

Lo seguo, tuttavia, in molti viaggi. Lo seguo nei musei, nelle chiese, all'opera. Lo seguo anche ai concerti, e mi addormento.

Siccome conosce dei direttori d'orchestra, dei cantanti, gli piace andare, dopo lo spettacolo, a congratularsi con loro. Lo seguo per i lunghi corridoi che portano ai camerini dei cantanti, lo ascolto parlare con persone vestite da cardinali e da re.

Non è timido; e io sono timida. Qualche volta, però, l'ho visto timido. Coi poliziotti, quando s'avvicinano alla nostra macchina armati di taccuino e matita, con quelli diventa timido, sentendosi in torto.

E anche non sentendosi in torto. Credo che nutra rispetto per l'autorità costituita.

Io, l'autorità costituita, la temo, e lui no. Lui ne ha rispetto. È diverso. Io, se vedo un poliziotto avvicinarsi per darci la multa, penso subito che vorrà portarmi in prigione. Lui, alla prigione, non pensa; ma diventa, per rispetto, timido e gentile.

Per questo, per il suo rispetto verso l'autorità costituita, ci siamo, al tempo del processo Montesi, litigati fino al delirio.

A lui piacciono le tagliatelle, l'abbacchio, le ciliege, il vino rosso. A me piace il minestrone, il pancotto, la frittata, gli erbaggi.

Suole dirmi che non capisco niente, nelle cose da mangiare; è che sono come certi robusti fratacchioni, che divorano zuppe di erbe nell'ombra dei loro conventi; e lui, lui è un raffinato, dal palato sensibile. Al ristorante, s'informa a lungo sui vini; se ne fa portare due o tre bottiglie, le osserva e riflette carezzandosi la barba pian piano.

In Inghilterra, vi sono certi ristoranti dove il cameriere usa questo piccolo cerimoniale; versare al cliente qualche dito di vino nel bicchiere, perché senta se è di suo gusto. Lui odiava questo piccolo cerimoniale; e ogni volta impediva al cameriere di compierlo, togliendogli di mano la bottiglia. Io lo rimproveravo, facendogli osservare che a ognuno dev'essere consentito di assolvere alle proprie incombenze.

Così, al cinematografo, non vuol mai che la maschera lo accompagni al posto. Gli dà subito la mancia, ma fugge in posti sempre diversi da quelli che la maschera, col lume, gli viene indicando.

Al cinematografo, vuole stare vicinissimo allo schermo. Se andiamo con amici, e questi cercano, come la maggior parte della gente, un posto lontano dallo schermo, lui si rifugia, solo, in una delle prime file. Io ci vedo bene, indifferentemente, da vicino e da lontano; ma essendo con amici, resto insieme a loro, per gentilezza; e tuttavia soffro, perché può essere che lui, nel suo posto a due palmi dallo schermo, siccome non mi son tenuta al suo fianco sia offeso con me.

Tutt'e due amiamo il cinematografo; e siamo disposti a vedere, in qualsiasi momento della giornata, qualsiasi specie di film. Ma lui conosce la storia del cinematografo in ogni minimo particolare; ricorda registi e attori, anche i più antichi, da gran tempo dimenticati e scomparsi; ed è pronto a fare chilometri per andare a cercare, nelle più lontane periferie, vecchissimi film del tempo del muto, dove comparirà magari per pochi secondi un attore caro alle sue più remote memorie d'infanzia. Ricordo, a Londra, il pomeriggio d'una domenica; davano in un lontano sobborgo sui limiti della campagna un film sulla Rivoluzione francese, un film del '30, che lui aveva visto da bambino, e dove appariva per qualche attimo un'attrice famosa a quel tempo. Siamo andati in macchina alla ricerca di quella lontanissima strada; pioveva, c'era nebbia, abbiamo vagato ore e ore per sobborghi tutti uguali tra schiere grige di piccole case, grondaie, lampioni e cancelli; avevo sulle ginocchia la pianta topografica, non riuscivo a leggerla e lui s'arrabbiava; infine, abbiamo trovato il cinematografo, ci siamo seduti in una sala del tutto deserta. Ma dopo un quarto d'ora, lui già voleva andar via, subito dopo la breve comparsa dell'attrice che gli stava a cuore; io invece volevo, dopo tanta strada, vedere come finiva il film. Non ricordo se sia prevalsa la sua o la mia volontà; forse, la sua, e ce ne siamo andati dopo un quarto d'ora;

anche perché era tardi, e benché fossimo usciti nel primo pomeriggio, ormai era venuta l'ora di cena. Ma pregandolo io di raccontarmi come si concludeva la storia, non ottenevo nessuna risposta che m'appagasse; perché, lui diceva, la storia non aveva nessuna importanza, e la sola cosa che contava erano quei pochi istanti, il profilo, il gesto, i riccioli di quell'attrice.

Io non mi ricordo mai i nomi degli attori; e siccome sono poco fisionomista, riconosco a volte con difficoltà anche i più famosi. Questo lo irrita moltissimo; gli chiedo chi sia quello o quell'altro, suscitando il suo sdegno; „non mi dirai – dice – non mi dirai che non hai riconosciuto William Holden!"

Effettivamente, non ho riconosciuto William Holden. E tuttavia, amo anch'io il cinematografo; ma pur andandoci da tanti anni, non ho saputo farmene una cultura. Lui se ne è fatto, invece, una cultura: si è fatto una cultura di tutto quello che ha attratto la sua curiosità; e io non ho saputo farmi una cultura di nulla, nemmeno delle cose che ho più amato nella mia vita: esse sono rimaste in me come immagini sparse, alimentando sì la mia vita di memorie e di commozione ma senza colmare il vuoto, il deserto della mia cultura.

Mi dice che manco di curiosità: ma non è vero. Provo curiosità di poche, pochissime cose; e quando le ho conosciute, ne conservo qualche sparsa immagine, la cadenza d'una frase o d'una parola. Ma il mio universo, dove affiorano tali cadenze ed immagini, isolate l'una dall'altra e non legate da alcuna trama se non segreta, a me stessa ignota e invisibile, è arido e malinconico. Il suo universo invece è riccamente verde, riccamente popolato e coltivato, una fertile e irrigua campagna dove sorgono boschi, pascoli, orti e villaggi.

Per me, ogni attività è sommamente difficile, faticosa, incerta. Sono molto pigra, e ho un'assoluta necessità di oziare, se voglio concludere qualcosa, lunghe ore sdraiata sui divani. Lui non sta mai in ozio, fa sempre qualcosa; scrive a macchina velocissimo, con la radio accesa; quando va a riposare il pomeriggio, ha con sé delle bozze da correggere o un libro pieno di note; vuole, nella stessa giornata, che andiamo al cinematografo, poi a un ricevimento, poi a teatro. Riesce a fare, e anche a farmi fare, nella stessa giornata un mondo di cose diverse; a incontrarsi con le persone più disparate; e se io son sola, e tento di fare come lui, non approdo a nulla, perché là dove intendevo trattenermi mezz'ora resto bloccata tutto il pomeriggio, o perché mi sperdo e non trovo le strade, o perché la persona più noiosa e che meno desideravo vedere mi trascina con sé nel luogo dove meno desideravo di andare.

Se gli racconto come si è svolto un mio pomeriggio, lo trova un pomeriggio tutto sbagliato, e si diverte, mi canzona e s'arrabbia; e dice che io, senza di lui, non son buona a niente.

Io non so amministrare il tempo. Lui sa.

Gli piacciono i ricevimenti. Ci va vestito di chiaro, quando tutti son vestiti di scuro; l'idea di cambiarsi di vestito, per andare a un ricevimento, non gli passa per la testa. Ci va magari col suo vecchio impermeabile e col suo cappello sbertucciato: un cappello di lana che ha comprato a Londra, e che porta calato sugli occhi. Sta là solo mezz'ora, gli piace, per una mezz'ora, chiacchierare con un bicchiere in mano; mangia molti pasticcini, io quasi nessuno, perché vedendo lui mangiare tanto penso che io almeno, per educazione e riserbo, devo astenermi dal mangiare; dopo mezz'ora, quando comincio un poco ad ambientarmi e a star bene, si fa impaziente e mi trascina via.

Io non so ballare e lui sa.

Non so scrivere a macchina; e lui sa.

Non so guidare l'automobile. Se gli propongo di prendere anch'io la patente, non vuole. Dice che tanto non ci riuscirei mai. Credo che gli piaccia che io dipenda, per tanti aspetti, da lui.

Io non so cantare, e lui sa. È un baritono. Se avesse studiato il canto, sarebbe forse un cantante famoso.

Se avesse studiato musica, sarebbe forse diventato un direttore d'orchestra. Quando ascolta i dischi, dirige l'orchestra con una matita. Intanto scrive a macchina, e risponde al telefono. È un uomo che riesce a fare, nello stesso momento, molte cose.

Diego Valeri

La gioia perfetta

Come triste il giorno di maggio
dentro il vicolo povero e solo:
di tanto sole neppure un raggio,
con tante rondini neppure un volo . . .

Pure, c'era in quello squallore,
in quell'uggia greve e amara,
un profumo di cielo in fiore,
un barlume di gioia chiara.

C'era . . . c'erano tante rose
affacciate a una finestra
che ridevano come spose
preparate per la festa.

C'era, seduto sui gradini
d'una casa di pezzenti,
un bambino piccino piccino
dai grandi occhi risplendenti.

C'era, in alto, una voce di mamma,
così calma, così pura!
che cantava la ninna nanna
alla propria creatura.

E poi dopo non c'era più nulla.
Ma, di maggio, alla via poveretta,
basta un bimbo un fiore una culla
per formarsi una gioia perfetta.

Guido Gozzano

La signorina Felicita ovvero La Felicità

I

Signorina Felicita, a quest' ora
scende la sera nel giardino antico
della tua casa. Nel mio cuore amico
scende il ricordo. E ti rivedo ancora,
e Ivrea rivedo e la cerulea Dora
e quel dolce paese che non dico.

Signorina Felicita, è il tuo giorno!
A quest'ora che fai? Tosti il caffè:
e il buon aroma si diffonde intorno!
O cuci i lini e canti e pensi a me,
all'avvocato che non fa ritorno?
E l'avvocato è qui: che pensa a te.

Pensa i bei giorni d'un autunno addietro:
Vill'Amarena a sommo dell'ascesa
coi suoi ciliegi e con la sua Marchesa
dannata, e l'orto dal profumo tetro
di busso e i cocci innumeri di vetro
sulla cinta vetusta, alla difesa...

Vill'Amarena! Dolce la tua casa
in quella grande pace settembrina!
La tua casa che veste una cortina
di granoturco fino alla cimasa:
come una dama secentista, invasa
dal Tempo, che vestì da contadina.

Bell'edificio triste inabitato!
Grate panciute, logore, contorte!
Silenzio! Fuga delle stanze morte!
Odore d'ombra! Odore di passato!
Odore d'abbandono desolato!
Fiabe defunte delle sovrapporte!

Ercole furibondo ed il Centauro,
la gesta dell'eroe navigatore,
Fetonte e il Po, lo sventurato amore
d'Arianna, Minosse, il Minotauro,
Dafne rincorsa, trasmutata in lauro
tra le braccia del Nume ghermitore...

Penso l'arredo – che malinconia! –
penso l'arredo squallido e severo
antico e nuovo: la pirografia
sui divani corinzi dell'Impero,
la cartolina della Bella Otero
alle specchiere... Che malinconia!

Antica suppellettile forbita!
Armadi immensi pieni di lenzuola
che tu rammendi paziente... Avita
semplicità che l'anima consola,
semplicità dove tu vivi sola
con tuo padre la tua semplice vita!

II

Quel tuo buon padre – in fama d'usuraio –
quasi bifolco, m'accoglieva senza
inquietarsi della mia frequenza,
mi parlava dell'uve e del massaio,
mi confidava certo antico guaio
notarile, con somma deferenza.

„Senta, avvocato..." E mi traeva inquieto
nel salone, talvolta, con un atto
che leggeva lentissimo, in segreto.
Io l'ascoltavo docile, distratto
da quell'odor d'inchiostro putrefatto,
da quel disegno strano del tappeto,

da quel salone buio e troppo vasto..
„.. la Marchesa fuggì.. Le spese cieche.."
da quel parato a ghirlandette, a greche..
„dell'ottocento e dieci, ma il catasto.."
da quel tic-tac dell'orologio guasto..
„.. l'ipotecario è morto, e l'ipoteche.."

Capiva poi che non capivo niente
e sbigottiva: „Ma l'ipotecario
è morto, è morto!!..." – E se l'ipotecario
è morto, allora..." Fortunatamente
tu comparivi tutta sorridente:
„Ecco il nostro malato immaginario!"

III

Sei quasi brutta, priva di lusinga
nelle tue vesti quasi campagnole,
ma la tua faccia buona e casalinga,
ma i bei capelli di color di sole,
attorti in minutissime trecciuole,
ti fanno un tipo di beltà fiamminga...

E rivedo la tua bocca vermiglia
così larga nel ridere e nel bere,
e il volto quadro, senza sopracciglia,
tutto sparso, d'efelidi leggiere
e gli occhi fermi, l'iridi sincere
azzurre d'un azzurro di stoviglia...

Tu m'hai amato. Nei begli occhi fermi
rideva una blandizie femminina.
Tu civettavi con sottili schermi,
tu volevi piacermi, Signorina:
e più d'ogni conquista cittadina
mi lusingò quel tuo voler piacermi!

Ogni giorno salivo alla tua volta
pel soleggiato ripido sentiero.
Il farmacista non pensò davvero
un'amicizia così bene accolta,
quando ti presentò la prima volta
l'ignoto villeggiante forestiero.

Talora – già la mensa era imbandita –
mi trattenevi a cena. Era una cena
d'altri tempi, col gatto e la falena
e la stoviglia semplice e fiorita
e il commento dei cibi e Maddalena
decrepita, e la siesta e la partita...

Per la partita, verso ventun'ore
giungeva tutto l'inclito collegio
politico locale: il molto Regio
Notaio, il signor Sindaco, il Dottore;
ma – poiché trasognato giocatore –
quei signori m'avevano in dispregio...

M'era più dolce starmene in cucina
tra le stoviglie a vividi colori:
tu tacevi, tacevo, Signorina:
godevo quel silenzio e quegli odori
tanto per me consolatori,
di basilico, d'aglio, di cedrina...

Maddalena con sordo brontolio
disponeva gli arredi ben detersi,
rigovernava lentamente ed io,
già smarrito nei sogni più diversi,
accordavo le sillabe dei versi
sul ritmo eguale dell'acciotolio.

Sotto l'immensa cappa del camino
(in me rivive l'anima d'un cuoco
forse...) godevo il sibilo del fuoco;
la canzone d'un grillo canterino
mi diceva parole, a poco a poco,
e vedevo Pinocchio e il mio destino...

Vedevo questa vita che m'avanza:
chiudevo gli occhi nei presagi grevi;
aprivo gli occhi: tu mi sorridevi,
ed ecco rifioriva la speranza!
Giungevano le risa, i motti brevi
dei giocatori, da quell'altra stanza.

IV

Bellezza riposata dei solai
dove il rifiuto secolare dorme!
In quella tomba, tra le vane forme
di ciò ch'è stato e non sarà più mai,
bianca e bella così che sussultai,
la Dama apparve nella tela enorme:

„È quella che lasciò, per infortuni,
la casa al nonno di mio nonno... E noi
la confinammo nel solaio,
poi che porta pena... L'han veduta alcuni
lasciare il quadro; in certi noviluni
s'ode il suo passo lungo i corridoi..."

Il nostro passo diffondeva l'eco
tra guei rottami del passato vano,
e la Marchesa dal profilo greco,
altocinta, l'un piede ignudo in mano,
si riposava all'ombra d'uno speco
arcade, sotto un bel cielo pagano.

Intorno a quella che rideva illusa
nel ricco peplo, e che morì di fame,
v'era una stirpe logora e confusa:
topaie, materassi, vasellame,
lucerne, ceste, mobili: ciarpame
reietto, così caro alla mia Musa!

Tra i materassi logori e le ceste
v'erano stampe di persone egregie;
incoronato delle frondi regie
v'era *Torquato nei giardini d'Este.*
„Avvocato, perché su quelle teste
buffe si vede un ramo di ciliegie?"

Io risi, tanto che fermammo il passo,
e ridendo pensai questo pensiero:
Oimè! La Gloria! Un corridoio basso,
tre ceste, un canterano dell'Impero,
la brutta effigie incorniciata in nero
e sotto il nome di Torquato Tasso!

Allora, quasi a voce che richiama,
esplorai la pianura autunnale
dall'abbaino secentista, ovale,
a telaietti fitti, ove la trama
del vetro deformava il panorama
come un antico smalto innaturale.

Non vero (e bello) come in uno smalto
a zone quadre, apparve il Canavese:
Ivrea turrita, i colli di Montalto,
la Serra dritta, gli alberi, le chiese;
e il mio sogno di pace si protese
da quel rifugio luminoso ed alto.

Ecco – pensavo – questa è l'Amarena,
ma laggiù, oltre i colli dilettosi,
c'è il Mondo: quella cosa tutta piena
di lotte e di commerci turbinosi,
la cosa tutta piena di quei „cosi
con due gambe" che fanno tanta pena...

L'Eguagliatrice numera le fosse,
ma quelli vanno, spinti da chimere
vane, divisi e suddivisi a schiere
opposte, intesi all'odio e alle percosse:
così come ci son formiche rosse,
così come ci son formiche nere...

Schierati al sole o all'ombra della Croce,
tutti travolge il turbine dell'oro;
o Musa – oimè! – che può giovare loro
il ritmo della mia piccola voce?
Meglio fuggire dalla guerra atroce
del piacere, dell'oro, dell'alloro...

L'alloro... Oh! Bimbo semplice che fui,
dal cuore in mano e dalla fronte alta!
Oggi l'alloro è premio di colui
che tra clangor di buccine s'esalta,
che sale cerretano alla ribalta
per far di sé favoleggiare altrui...

„Avvocato, non parla: che cos'ha?"
„Oh! Signorina! Penso ai casi miei,
a piccole miserie, alla città...
Sarebbe dolce restar qui, con Lei!..." –
„Qui, nel solaio?..." – „Per l'eternità!" –
„Per sempre? Accetterebbe?..." –
„Accetterei!"

Tacqui. Scorgevo un atropo soletto
e prigioniero. Stavasi in riposo
alla parete: il segno spaventoso
chiuso tra l'ali ripiegate a tetto.
Come lo vellicai sul corsaletto
si librò con un ronzo lamentoso.

„Che ronzo triste!" –
„È la Marchesa in pianto...
La Dannata sarà, che porta pena..."
Nulla s'udiva che la sfinge in pena
e dalle vigne, ad ora ad ora, un canto:
O mio carino, tu mi piaci tanto,
siccome piace al mar una sirena...

Un richiamo s'alzò, querulo e rôco:
„È Maddalena inquieta che si tardi;
scendiamo; è l'ora della cena!" – „Guardi,
guardi il tramonto, là.. Com'è di fuoco!..
Restiamo ancora un poco!" – Andiamo,
è tardi!" „Signorina, restiamo
ancora un poco!.."

Le fronti al vetro, chini sulla piana,
seguimmo i neri pipistrelli, a frotte;
giunse col vento un ritmo di campana,
disparve il sole fra le nubi rotte;
a poco a poco s'annunciò la notte
sulla serenità canavesana...

„Una stella!..." – „Tre stelle!..." –
„Quattro stelle!..." „Chinque stelle!" –
„Non sembra di sognare?..."
Ma ti levasti su quasi ribelle
alla perplessità crepuscolare:
„Scendiamo! È tardi: possono pensare
che noi si faccia cose poco belle..."

V

Ozi beati a mezzo la giornata,
nel parco dei Marchesi, ove la traccia
restava appena dell'età passata!
Le Stagioni camuse e senza braccia,
fra mucchi di letame e di vinaccia,
dominavano i porri e l'insalata.

L'insalata, i legumi produttivi
deridevano il busso delle aiole;
volavano le pieridi nel sole
e le cetonie e i bombi fuggitivi...
Io ti parlavo, piano, e tu cucivi
inebriata dalle mie parole.

„Tutto mi spiace che mi piacque innanzi!
Ah! Rimanere qui, sempre, al suo fianco,
terminare la vita che m'avanzi
tra questo verde e questo lino bianco!
Se Lei sapesse come sono stanco
delle donne rifatte sui romanzi!

J.M. Synge

The Aran Islands

All the horses from this island are put out on grass among the hills of Connemara from June to the end of September, as there is no grazing here during the summer.

Their shipping and transport is even more difficult than that of the horned cattle. Most of them are wild Connemara ponies, and their great strength and timidity make them hard to handle on the narrow pier, while in the hooker itself it is not easy to get them safely on their feet in the small space that is available. They are dealt with in the same way as for the bullocks I have spoken of already, but the excitement becomes much more intense, and the storm of Gaelic that rises the moment a horse is shoved from the pier, till it is safely in its place, is indescribable. Twenty boys and men howl and scream with agitation cursing and exhorting, without knowing, most of the time, what they are saying.

Apart, however, from this primitive babble, the dexterity and power of the man are displayed to more advantage than in anything I have seen hitherto. I noticed paricularly the owner of a hooker from the north island that was loaded this morning. He seemed able to hold up a horse by his single weight when it was swinging from the masthead, and preserved a humorous calm even in moments of the wildest excitement. Sometimes a large mare would come down sideways on the backs of the other horses, and kick there till the hold seemed to be filled with a mass of struggling centaurs, for the men themselves often leap down to try and save the foals from injury. The backs of the horses put in first are often a good deal cut by the shoes of the others that arrive on top of them, but otherwise they do not seem to be much the worse, and as they are not on their way to a fair, it is not much consequence in what condition they come to land.

There is only one bit and saddle in the island, which are used by the priest, who rides from the chapel to the pier when he has held the service on Sunday.

The islanders themselves ride with a simple halter and a stick, yet sometimes travel, at least in the larger island, at a desperate gallop. As the horses usually have panniers, the rider sits sideways over the withers, and if the panniers are empty they go at full speed in this position without anything to hold to.

More than once in Aranmor I met a party going out west with empty panniers from Kilronan. Long before they came in sight I could hear a clatter of hoofs, and then a whirl of horses would come round a corner at full gallop with their heads out, utterly indifferent to the slender halter that is their only check. They generally travel in single file with a few yards between them, and as there is no traffic there is little fear of an accident.

Sometimes a woman and a man ride together, but in this case the man sits in the usual position, and the woman sits sideways behind him, and holds him round the waist.

Nach unbeschwerter Jugendzeit, die man Kindern wünscht, obwohl sie ihnen nicht selbstverständlich und keineswegs immer zuteil wird, tritt der „Ernst des Lebens" an den erwachsen werdenden Menschen heran. An guten Lehren fehlt es dazu meist nicht. Das beste Mittel jedoch, das Leben in all seinen Höhen und Tiefen zu bestehen, beruht darin, sich eine innere Heiterkeit zu bewahren oder sie, falls sie verloren ging, zurückzugewinnen. Diese innere Heiterkeit ist mehr

HEITERKEIT

Serenità
Sérénité
Vrolijkheid

als vorübergehende Fröhlichkeit oder das Lachen nach einem Scherz. Sie gründet dauerhafter auf einer Bejahung des Lebens und wenn sie zu Tage tritt, bringt sie ein menschliches Antlitz zum Leuchten.

Dopo una giovinezza senza preoccupazioni, quella stessa che si augura ai bambini anche se poi non viene loro sempre concessa né è considerata qualcosa di ovvio, l'uomo che sta diventando grande deve vedersela con la „serietà della vita". Di buone lezioni da seguire, in genere, ce n'è abbastanza. Il modo migliore per superare tutti gli alti e bassi che l'esistenza ci riserva, consiste nal mantenere una propria serenità interna o, nel caso la si perda, di riconquistarla. Questa serenità è qualcosa di più di un fugace stato di allegria o della risata dopo uno scherzo. Essa affonda le sue radici in un costante atteggiamento positivo nei confronti della vita, e quando si manifesta fa brillare il viso della gente.

A l'enfance et sa désinvolture – que l'on souhaite à tout enfant qui n'y a, malheureusement pas toujours droit – suit le «sérieux de la vie». Ici, on espère que l'adolescent trouvera de bons maîtres car ils sont nombreux. Mais le meilleur moyen d'affronter la vie, dans ses hauts et ses bas, consiste à se créer et à maintenir une sérénité intérieure qui – si elle tend à disparaître – doit être l'objet d'une recherche constante. Cette sérénité intérieure est plus qu'une joie passagère ou que le rire après une plaisanterie. Elle est basée sur une acceptation constante de la vie, elle doit pouvoir se manifester concrètement, elle doit illuminer et resplendir.

Na een onbezorgde jeugd, die kinderen te wensen is, hoewel zij deze niet vanzelf en ook lang niet altijd deelachtig worden, komt de „ernst van het leven" op de opgroeiende jonge mensen af. Meestal bestaat daarbij geen gebrek aan goede lessen. Echter, het beste middel om het leven met al zijn ups en downs aan te kunnen, is een innerlijke vrolijkheid te behouden of deze terug te winnen als zij verloren mocht zijn gegaan. Deze innerlijke vrolijkheid is meer dan kortstondige hilariteit of gelach na een grapje. Zij heeft een meer blijvende basis in een positieve instelling ten opzichte van het leven en wanneer zij optreedt, doet zij een menselijk gelaat stralen.

Die Heiterkeit des Alters.

La serenità degli anni.

La sérénité de l'âge avancé. De vrolijkheid van de ouderdom.

156

Die Heiterkeit der jungen Frau.

La serenità della giovane donna.

La sérénité de la jeune femme. De vrolijkheid van de jonge vrouw.

158

Die Heiterkeit des Greises. La serenità dell'anziano.

La sérénité du vieillard.

De vrolijkheid van de oude man.

160

Die Heiterkeit der Schönheit. La serenità della bellezza. La sérénité de la beauté. De vrolijkheid van de schoonheid.

LEVENS VREUGDE

Geniet de vreugde die u deelachtig is geworden
en draag het leed dat u is aangedaan;
wacht rustig op wat de tijd brengt, zoals
de landman met de vrucht doet.

Mahabharata

Jan van de Hove

Levensvreugde

Er zijn mensen die door het leven zwemmen als goudvissen. Hun spoor is één lichtend gewuif. Zij treden de gebeurtenissen met opgeheven hoofd, heldere ogen en blijde glimlach als vrienden tegemoet. Bij 't minste schateren ze. Klaterende watervallen van gelach vergezellen hun avontuurlijk bestaan. Bij hen loopt het water naar de zee. Anderen wroeten niet alleen bergop; ook de rechte lijn wordt voor hen een duister kronkelpad met valkuilen en losse stenen; zij moeten zich vastklampen om niet in slijk en modder weg te glijden. Alles wat zij ondernemen krijgt een moeizaam en krampachtig karakter. Hun blik is ernstig, hun glimlach voorzichtig. Beide typen, gegrepen uit de honderden, zijn slechts uiterlijke verschijningen. De ene zowel als de andere bergt de meest verrassende elementen in zich. Het levenswiel zorgt voor hoogten en laagten. Zij reageren daarop volgens hun temperament, zoeken de voor hen gemakkelijkste weg, en hollen bewust of onbewust naar hun vaak onverwachte lotsbestemming. Of wij nu met stoutmoedige haast of sluwe omzichtigheid te werk gaan, levensvreugden zoeken we allen. Wanneer we ze gevonden hebben, moeten we ze behoeden, vernieuwen of vervangen. Een leven zonder vreugde is afschuwelijk maar onze geschiedenis is vol van levens zonder vreugde. Wrede tyrannen, monsters van egoïsme en machtswellust en hun trawanten, te vroeg geboren in menselijke lichamen, maakten voor miljoenen het leven tot een hel. En toch, zelfs in de vreselijkste omstandigheden, met vernuft of in wanhoop, steeds weer vond de levensvreugde hier en daar een weg.

Het prachtigste voorbeeld daarvan is misschien „De Vertroosting der Wijsbegeerte" van Boethius, die geleerde, geniale en fiere Romein, die door de dwaasheid en ijverzucht van zijn landgenoten in 524 onder Gothenkoning Theodorik veroordeeld werd en tijdens zijn laatste levensjaar, in zijn kerker, dat onvergetelijke boek schreef.

Onze taal bewijst met haar verbluffend rijke woordenschat hoe zeer wij aan de begrippen „geluk en vreugde" gehecht zijn. Naast het simpele „vreugde" hebben wij blijdschap, hartelust, vrolijkheid, opgeruimdheid, opgewektheid, opgetogenheid, uitgelatenheid, pret, leute, jolijt, plezier, genot, zaligheid, en een overvloed van adjectieven, werkwoorden en andere uitdrukkingen die naar aanverwante affecten verwijzen. Als negatief bewijs moge gelden dat het aantal woorden voor de tegenovergestelde aandoeningen nog groter is. In andere talen is dat vermoedelijk net zo, en zeker in het Frans, het Engels en het Duits. De studie van de desbetreffende literatuur onthult een rijke geschiedenis en, zoals was te verwachten, een uitgebreid veld van toepassingen.

Natuurlijk is levensvreugde een van de belangrijkste objecten van studie in de psychologie. Zij speelt een hoofdrol in de motivatie. In de ethiek staat zij centraal en in de esthetiek vormt zij een van de brandpunten. In de religies wordt zij gegrepen in het spanningsveld tussen vervloeking en verlossing. In de politiek, en lang voor Thomas Jefferson het recht tot „the pursuit of happiness" formuleerde, was levensvreugde als de specifieke uitdrukkingsvorm van het geluk vaak het uiteindelijk doel van alle streven, maar vermits de uitoefening van de macht steeds gebonden blijft aan motieven, graad van kennis, middelen en milieu, mag men van de politiek slechts vorderingen verwachten in de mate dat broederschap, wijsheid en kunde het denken van de machthebbers beheersen, of dezen nu weinigen of velen zijn. Het gebied van de geneeskunde vormt hier een illustratieve microkosmos: haar vertrekpunt is pijn en haar doel is die pijn te verzachten of te overwinnen. Gezondheid is inderdaad de sine qua non, en vermits dit zowel voor de maatschappij als voor het individu geldt, en bovendien voor beider wisselwerking met de natuur, wordt ons probleem uitermate ingewikkeld. Immers, noch mens noch natuur zijn louter fysisch. Om ware levensvreugde te scheppen, te bestendigen en te veralgemenen moet gezondheid op alle vlakken nagestreefd worden, met name de spirituele, intellectuele en psychische even zeer als het fysische. De wereld heeft dus Genezers nodig, maar die moeten dan wel van een zeer uitzonderlijk kaliber zijn: zij dienen waarheid in hun denken, zuiverheid in hun gevoelens, en schoonheid of accuratesse in hun handelen tot een spontaan, natuurlijk en organisch geheel te bundelen om op de meest doeltreffende manier met individuen en massa's te werken. Zulke Genezers, ware „Übermenschen", zijn in dit stadium van onze evolutie vanzelfsprekend zo zeldzaam dat men nauwelijks aan hun bestaan kan geloven. Toch zijn er geweest, en waarschijnlijk zijn er nog. Het hoeft ons niet te verwonderen dat Zij voorzichtig zijn geworden: waar Zij verschenen werden Zij door enkelen aanbeden als goden en door het establisment van hun tijd vervolgd als duivels. Zie Socrates, Jezus, Giordano Bruno en anderen. We vermoeden dat de hun toegemeten behandeling meer storende gevolgen heeft gehad voor hun belagers dan voor henzelf. De wijze waarop de mensheid haar demonen heeft geadoreerd en haar Leermeesters gepersecuteerd blijft zonder twijfel de schandelijkste trek van haar geschiedenis. Zij laat een wrange achterdocht en bitterheid na, zelfs in het hart van de mens van goede wil, die slechts een helper is, een metgezel. Maar de Meester-Bouwers laten zich daardoor niet van hun edele taak verdringen en ijveren verder. Zij die ooit de ware en heilige Levensvreugde gekend hebben wijden zich voor immer aan haar verspreiding en vermenigvuldiging.

Het is allerminst onze bedoeling een wereldvreemde houding te prediken. Het feit dat de verheven, altruïstische, ultieme Levensvreugde zo zeldzaam blijft en zo moeilijk te bereiken is, betekent helemaal niet dat we de alledaagse, praktische, beperkte genoegens kunnen of mogen veronachtzamen. Zij zijn ons dagelijks brood en wie 't klein niet begeert is't groot niet weerd. Stoïcijnse filosofen wijzen ons op het verraderlijke van het genot: het omfloerst en verduistert het onderscheidingsvermogen en de zelfbeheersing, moedigt de zelfzucht aan, wordt een bron van twist en onmin. Het is waar dat de mens niet van brood alleen leeft, maar brood heeft hij toch in de eerste plaats nodig. Ook de collectiviteitsgerichte, meestal dictatoriale regeringen verzorgen hun „nomenklatura", hun apparaat van staatsdienaars, met bijzondere privileges en ook zij moeten geregeld de druk van hun vijfjarenplannen verlichten door meer consumptiegoederen voor het volk beschikbaar te maken. De levensvreugde dient tot op een minimum hoogte in acht genomen te worden, anders dreigen op de duur revoluties. Zo is het ook met het individu: wie zich te vroeg een te zware discipline oplegt, mag verwachten dat de natuurlijke impulsen vroeg of laat hun opgestapelde en samengebalde kracht zullen laten gelden. De levensvreugden mogen vermeend of echt zijn, spaarzaam uitgemeten of overvloedig toegediend, moreel aanvaardbaar of onconventioneel, zij vinden wel een weg om zich door te zetten en zich te uiten. We mogen stellen dat deze natuurlijke situatie ook de beste is, want alle innerlijke houdingen en uiterlijke handelingen leiden tot specifieke gevolgen en zo tot een praktisch evenwicht. Extreme technieken van overdaad of versterving impliceren breekpunten die definitief kunnen zijn. Het probleem, en het probleem bestaat niet slechts voor hen die het zien, is er dus eerst een van maat en later een van keuze, en in alle gevallen een van voorhanden zijnde middelen. Wij allen willen aan ons leven vreugde beleven, door wat we reeds zijn en hebben; wij willen die vreugde veilig stellen, zo mogelijk versterken, en liefst met anderen delen. Verder zouden wij willen of moeten ijveren voor de vreugden die de anderen het leven draaglijk en genietbaar maken. Wat kunnen wij in zo'n uiterst complexe situatie ondernemen? Hier een reeks praktische beschouwingen:

1. Wij zijn wel genoodzaakt van onszelf uit te gaan, en dat zelf bestaat uit geaardheid, temperament, gewoonten, karakter, overgeërfde en verworven eigenschappen. Wij staan in het leven en dus in een proces van verandering. Ons vertrekpunt zal een minimum aan zelfkennis moeten zijn, liefst geen zelfoverschatting noch zelfonderschatting. Die zelfkennis dient ook rekening te houden met wat we waren, zijn en eventueel willen worden. Onze idealen maken even goed deel uit van onszelf als onze gebreken. Levensvreugde impliceert dat we ongeveer weten wat we willen, op grond van zelfkennis, hoe gedeeltelijk ook.

2. Zelfkennis vergt geduld met onszelf en met anderen, de bereidwilligheid noch van onszelf noch van anderen meer te verlangen dan wat wij of zij momenteel kunnen geven. Dat sluit verafgelegen idealen niet uit, maar het betekent dat we de mens aanvaarden zoals hij is. Verschillen verrijken het geheel. Men veroordele zichzelf of anderen niet alvorens motieven doorgrond en beschikbare middelen en obstakels gemeten en begrepen te hebben.

3. Niemand mag van ons verwachten dat we alles aanvaarden. De mens is ook aan zichzelf rechtvaardigheid verschuldigd. Wij hebben basisprincipes nodig waarover we geen compromissen sluiten. Ook al zijn we soepel in details en toepassingen, fundamentele principes zijn de ruggegraat van de morele mens, en hiermee bedoelen we de mens met moreel besef, niet de moraalridder.

4. „Count your blessings!" Heel veel wrevel ontstaat door het vergeten of miskennen van deze wijze raad. Herhaling wordt tot gewoonte, gewoonte tot routine, routine tot sleur. Wie ten volle van het leven genieten wil, heeft steeds zijn volle aandacht nodig. Zelfs onaangename taken kunnen een bron van vreugde worden wanneer ze met geconcentreerde aandacht volbracht worden, alsof ons leven ervan afhing. Des te meer de aangename dingen die tot gewoonten verbleekt zijn: zij worden opnieuw en sterk belevendigd door de haast magische werking van gescherpte aandacht.

5. Een stokoude Turkse heer vertelde ons onlangs dat hij zijn leven had doorgebracht met werk voor het heil van anderen, niet uit enigerlei berekening, maar omdat het hem natuurlijk leek. Dat had hem geluk gebracht, meende hij, en hij voegde eraan toe dat het geen verschil uitmaakte of men moslem, christen, Jood of Griek was. Dit „goed doen" was voor hem de enige ware religie. Dit type van ervaring is niet zo uitzonderlijk als men wel zou denken. Zij illustreert een psychologisch belangrijk feit: wanneer men terneergeslagen is en de levensvreugde faalt, zal men er best aan doen iets voor een ander te ondernemen, met volle aandacht. Dat verzacht en vermindert de beslommeringen om het eigen ik en de levensvreugde keert terug.

6. De verstandige mens zoekt wat met zijn eigen natuur overeenstemt. Eventueel vindt hij dat in een hobby, in een of andere extra-professionele activiteit, en dit kan alle mogelijke vormen aannemen, verzamelingen, kamermuziek, stu-

diekringen, brieven schrijven voor Amnesty International of wat ook. Dat brengt rust, compenseert stress en biedt gelegenheid tot weldoende contacten. Voor velen concentreert de levensvreugde zich precies daar.

7. Wees niet te gevoelig voor de goedkeuring of de afkeuring van anderen. Wat zij over ons denken is hun probleem. Men late elkeen de hemel van zijn eigen keuze. Per slot is het voor de mens vrijwel onmogelijk iets te geloven of na te streven dat zelfs geen kiem van waarheid bevat, want het Leven is één. Uiteindelijk is broederschap de remedie voor alle kwalen en als dusdanig garandeert zij Levensvreugde in al haar vormen.

Mischa de Vreede

Een Hollands meisje in Parijs

Mijn vriendin was dus in huis bij haar neef, die ook haar voogd was. Overdag ging ze naar een kantoor om te typen en 's avonds bezocht ze feestjes en gelegenheden met Jan, haar vriend in die dagen, van wie ze veel hield en die haar de liefde leerde.

Op een avond, toen de vrouw van haar voogd naar een vriendin was, werd ze bij hem geroepen. Hij wilde met haar naar bed; ze was erg mooi, dat is ze nog. Maar ze weigerde. De volgende dag gaf hij haar in bijzijn van zijn vrouw een pak op de broek; over de knieën, met de rokken omhoog. Hij dacht zeker dat hij dat doen kon, omdat hij immers haar voogd was.

Zo gauw ze de kans kreeg liep ze toen weg: de zaterdagmiddag dat haar huisgenoten naar een voetbalmatch waren. Van een schooluitstapje had ze nog een bewijs van nederlanderschap over, daarmee kon ze dus naar België, daar zou ze wel verder zien. Ze wilde naar Parijs, natuurlijk. Ze moest vóórdat de match was afgelopen over de grens zijn, dacht ze, anders zouden ze haar daar opvangen. Ze had twee rokken over elkaar aangetrokken, een blouse, een trui en een dikke jas. Ook nog een hoofddoek om: veel te warm voor de tijd van het jaar. Omdat ze zich anders met zorg en smaak kleedde voelde ze zich log en opgelaten. Niemand zal me meenemen, dacht ze, ik zie er zo raar uit. Dat viel mee: een handelsreiziger bracht haar naar Brussel.

Die eerste nacht met de handelsreiziger was het ergst. Maar toen ze wakker werd 's ochtends was hij alweer weg. Hij had geld voor haar achtergelaten, erg vriendelijk, maar niet genoeg om naar Parijs te komen. Ze nam uitgebreid een bad, en ging door de stad lopen, ergens koffie drinken, en weer verder lopen. Al gauw merkte ze dat ze werd gevolgd door een jonge man die er erg aardig uitzag. Ze liet zich aanspreken en het bleek een ingenieur te zijn, die in Frankrijk woonde, ergens in het zuiden van België een opdracht moest uitvoeren, en voor een dag in Brussel was.

Ze ging met hem mee naar het Belgische dorpje. Het was een aardige man. Hij gaf haar voldoende geld om een koffer te kopen, wat ondergoed en een blouse, een witlinnen. Ze voelde zich niet meer zo vies en lelijk nu, en ze sliep en wandelde veel zolang hij aan het werk was. Als hij 's avonds moe naar het hotelletje kwam, waar ze zolang samen woonden, liet hij zich door haar vertroetelen; de avonden en nachten in dat dorpje leken op die van een huwelijksreis. Na een week was het werk klaar, de ingenieur moest terug naar zijn gezin, maar eerst zou hij haar naar Parijs brengen; daar kwam hij toch langs. Het was moeilijk om over de grens te komen; ze zou zeker gezocht worden. Bedekt door een plaid lag ze languit op de achterbank. Ze hoorde de mannen aan de grens zacht praten; dan voelde ze dat de auto doorreed. In Frankrijk zag ze het dag worden.

De ingenieur dronk nog een kopje koffie met haar in een cafétje, ergens aan de rand van de stad, vlakbij een métrostation. Hij gaf haar zoveel geld als hij kon missen; het was niet veel. Een foto kreeg ze ook; men kan daarop zien dat het een heel mooie man was met een prachtig gespierd torso, want het was een foto in zwembroek. Ook gaf hij haar de raad om niet met Marokkanen om te gaan. Vies en onbetrouwbaar noemde hij ze. Toen hij afgerekend had en opstond om weg te gaan, kreeg mijn vriendin een vreselijke huilbui. Stromen tranen maakten haar gezicht lelijk, ze huilde haar hele leven uit, ze was zeventien jaar. De waard, een dikke natuurlijk, keek onbewogen toe. De ingenieur gaf haar een zakdoek waar zijn geur nog inhing. Toen moest hij werkelijk gaan.

Per métro liet ze zich brengen naar de Champs-Elysées, waar ze wel eens van gehoord had. Daar aangekomen liep ze een hele tijd op en neer met haar koffer, de witte zakdoek nog in haar hand. Toen ze eindelijk op een bankje was gaan zitten, ze was moe, spraken twee knappe donkere jongens haar aan. Het waren Marokkanen. Ze hoorden aan haar spraak dat ze een buitenlandse was.

„Heb je een pas?", vroegen ze. Nee, ze had geen pas. „Weet je dat wij je aan kunnen geven, omdat je geen pas hebt? Zie je die agent daar, we kunnen het hem zo vertellen. En een kamer krijg je ook niet als je geen papieren hebt, tenzij ..."

„Tenzij wat?", vroeg mijn vriendin.

„Tenzij je bij ons wilt komen."

Ze woonden in een morsig hotelletje. Twee meisjes hoorden bij hen. De jongens gaven zich aan mannen, voor geld, de meisjes ook. In hun vrije tijd gaven ze zich aan elkaar, gratis. Ze hadden nog een bed over voor mijn vriendin. Toen ze zich bij het kleine fonteintje ging wassen, voor het slapengaan, riepen ze het hele huis erbij, want zoiets hadden ze nog nooit beleefd. De volgende dag werd ze voorgesteld aan een grote grove man, die haar een pas zou kunnen bezorgen. Hij heette Bino, en droeg de hele dag zijn zware misdadigerstronie de Champs-Elysées op en neer. Verder liet men haar die dag met rust, alleen toen ze zich 's avonds weer wilde wassen, kwamen ze opnieuw allemaal kijken.

Toen het ochtend werd, maakte een van de meisjes haar wakker. Om haar te leren hoe aan de man te komen. Waar ze zich op moest houden en hoe ze een contact tot stand moest brengen. En dit. En dat. En zus. Ook hoe ze zich op moest maken. Maar hoe je die make-up 's avonds weer moest verwijderen, moest mijn vriendin het meisje nog leren.

Het viel eigenlijk allemaal wel mee, verder. Mijn vriendin begon met drie keer zoveel te vragen als haar huisgenoten, en dat lukte best. Een deel moest ze afdragen; van wat ze overhield kocht ze een warme kamerjas, huismuiltjes, ondergoed en een trui met blote schouders. Ook nog een kleed voor over haar bed. Ze wilde eigenlijk wel weg, naar een ander hotel, maar daar wilde men niets van horen, men begon dan zijdelings te praten over haar paspoort dat ze nog steeds niet had.

Een van die eerste dagen liep ze door een haar onbekende straat met vroegoude Parijse bomen. Er kwam een auto voorbij met drie jongelui en een meisje. Het leken studenten van het prettige opgeruimde soort mensen waartoe ze ook wel had willen behoren, vroeger in Holland. De auto draaide, een van de jongens vroeg haar of ze mee wou. Ja, graag, het was mooi weer, ze had er zin in zich zorgeloos te laten rijden door vriendelijke onbekenden. Het andere meisje ging er al gauw uit, waarom begreep mijn vriendin niet, ze verstond nog niet zo goed Frans.

„Het vertrek van dat andere meisje had een waarschuwing voor me moeten zijn", zei ze later tegen me. De jongens vroegen haar of ze mee wilde naar het huis van één van hen. Waarom niet? Eindelijk weer eens in een gewoon gezin. Pas toen ze in de met rood pluche opgevulde kamer stond, waar alleen maar een groot bed en vele spiegels leken te staan, begreep ze dat het geen gewoon huis was waar ze haar gebracht hadden.

Twee jongens hielden haar vast, terwijl de derde haar uitkleedde. Toen kleedden ze zich zelf uit, om de beurt. Drie mannen, dacht mijn vriendin, dat kan ik nooit! Ze werd waanzinnig van angst en ze begon uit alle macht te gillen. Het huis luisterde onbewogen, misschien waren de pluche wanden wel geluiddempend. De drie jongens leken eerst te schrikken, maar bonden dan haar mond dicht. Daarop simuleerde mijn vriendin een zenuwaanval, zo echt, dat ze er zelf in geloofde. Ze kreeg de kracht van een reuzin, rukte zich los, griste de doek van haar mond, begon weer te gillen, stond krom in haar bed van hysterie, draaide met haar ogen, krabde de jongens en zichzelf over het naakte lijf en kreeg schuim op haar mond als een echte gek. Ze was buiten zichzelf geraakt, ze stond met afschuw in de hoek van de kamer te kijken naar dat wilde blote vrouwdier daar op dat bed. In een adempauze tussen twee gillen door hoorde ze de jongens zachtjes met elkaar giechelen, ze waren zich weer aan het aankleden, zag ze. Nog even volhouden, dus. Verlegen en nog steeds giechelend gingen ze ten slotte achter elkaar de deur uit. Ze hoorde de sleutel omdraaien, maar ze was te moe om er op te reageren.

Na enige tijd stond ze op, en begon zich trillend aan te kleden. Haar onderbroekje was gescheurd, zag ze. Hoe was dat gekomen? Toen ze naar buiten wilde drong het pas tot haar door, dat ze opgesloten was. Ze begon weer te gillen, en op de deur te bonzen en te trappen tegen de muren. Maar het huis antwoordde niet, het was een doof, dood kwaadaardig huis met zijn schijnheilige spiegels en zijn brave brede bed. Doodmoe ging mijn vriendin liggen. Ze viel in slaap, en toen ze wakker werd was het avond. Toen ze de deur weer probeerde, bleek dat iemand hem geopend had. Mijn vriendin rende de trappen af, de straat op. Het huis keek haar minachtend na, de vele ramen omfloerst met pluche, rood pluche.

Op een dag werd ze bij Bino geroepen. Of ze Engels sprak.

„Ja", zei mijn vriendin. „En Duits ook". Ze had met succes de mulo afgelopen. Bino scheen zeer in zijn schik. Hij stelde haar voor aan een oudachtig, chineesachtig mannetje, Lou geheten. Er brak een goede tijd voor haar aan. Lou bracht haar in kennis met oude heertjes, die ergens in zaken of in de politiek belangrijk waren. Met hen ging ze naar dure gelegenheden, ze kreeg veel geld om zich goed te kleden: een bontjasje kon ze zich al gauw veroorloven. Meestal hoefde ze zich alleen met deze oude heertjes te vertonen, en met ze te praten, vaak in vreemde talen. Verder kwam het niet, daar waren ze te oud voor. Ze kreeg van Bino een betere kamer in een duurder hotel, de vieze Marokkanen zag ze alleen nog maar als ze geld nodig hadden. Ze maakte zich veel nieuwe vrienden, secretarissen van haar oude heertjes, danseressen van het Lido, een tweeling onder andere, aan wie ze goede herinneringen bewaart.

Een keer kwan Lou haar opgewonden halen. Ze moest een Siamese prins gezelschap houden voor een avond en een nacht. De volgende ochtend zou hij injecties krijgen voor een slaapkuur, die hij van zijn doktoren moest ondergaan.

Haar hele garderobe legde ze op haar bed, en Lou wees aan: dit en dat en dit moet je aantrekken. Samen gingen ze nog lila ondergoed kopen; daar hield zijne koninklijke hoogheid van. En een bepaalde parfum. Haar haren moest ze rood verven voor die ene nacht, gelukkig stond het haar goed. Door een zenuwachtige Lou werd ze ten slotte in het Claridge hotel afgeleverd aan een jonge man met scheve ogen, die de secretaris van zijne koninklijke hoogheid bleek te zijn. Ook deze bond haar van alles op het hart: hoeveel buigingen ze moest maken, hoe onderdanig ze moest zijn, hoe ze moest lopen en lachen, wat ze mooi en lelijk moest vinden. Als ze iets tegen zijne koninklijke hoogheid zeggen wilde, moest ze zich tot de secretaris wenden, die zou het dan wel overbrengen.

Het was geen sprookjesprins, maar bleek een doodziek, oud, rimpelig mannetje te zijn met natte schildpadoogjes.

Alles ging uitstekend, mijn vriendin maakte weinig of geen blunders. Na veel en goed gegeten te hebben en veel naakte danseressen te hebben gezien, ging men naar bed. Er stonden twee mooie hemelbedden in de vorstelijke slaapkamer. Zijne koninklijke hoogheid werd door zijn secretaris in het bad en in bed geholpen, en mijn vriendin kreeg een eigen kamermeisje. Toen ieder in zijn eigen bed lag, onder zijn eigen hemel, zei mijn vriendin tegen de secretaris, dat ze hoopte, dat zijne koninklijke hoogheid een goede nachtrust zou hebben. De secretaris gaf het door aan de prins en kwam toen zeggen, dat zijne koninklijke hoogheid hetzelfde hoopte van haar.

Ze sliep goed, mijn vriendin; ze werd wakker doordat er een orkestje naast haar bed begon te spelen: vreemde uitheemse muziek, waarschijnlijk het Siamese volkslied. De secretaris was er natuurlijk ook. Mijn vriendin vroeg hem of zijne koninklijke hoogheid goed had geslapen. De secretaris ging het hem vragen, en kwam terug met de boodschap, dat de nachtrust niet zo best was geweest, maar dat de prins dat wel in de komende weken in zou halen. Drie weken lang zouden de doktoren hem laten slapen.

Er werd ontbijt op bed gebracht voor mijn vriendin; de prins kreeg iets speciaals met het oog op zijn kuur. Het orkestje speelde door. Mijn vriendin werd uit bed geholpen door haar kamermeisje, ze liet de prins groeten door middel van zijn secretaris. Zijne koninklijke hoogheid bleef maar vast in bed, ze mocht hem een hand komen geven toen ze zich gekleed had. Het werd een handkus.

„Welterusten, prins."

Het was nog vroeg in de ochtend toen ze weer op straat stond. Lou had de hele nacht ongerust op haar kamer zitten wachten. „En?", vroeg hij zodra ze binnenkwam.

„Het is goed gegaan", knikte mijn vriendin. Ze had veel geld gekregen. Lou ging gauw het zijne halen. Op een andere keer ging ze mee met een neef of zoiets van Lou. Het was een aardige stille jongen, die ze wel meer had ontmoet. Hij stond erom bekend dat hij nooit een vrouw aanraakte, en opeens vroeg hij haar: „Ga mee, ik ben eenzaam vandaag."

Ze wilde wel, naakt ging ze tegen zijn gladde bruine lichaam aanliggen, maar er gebeurde niets. Hij bleef zeggen dat hij zich eenzaam voelde, maar ze kon er niets aan doen, merkte ze. Toen vroeg ze hem, of ze weer weg mocht, de avond was nog niet verloren, en ze sliep toch liever in haar eigen bed. Met een loom gebaar van zijn lange Oosterse handen liet hij haar gaan. De volgende dag werd hij dood in zijn bed gevonden: hartverlamming. Volgens de doktoren een uur ingetreden nadat zij zijn kamer verlaten had. Anders was ze zeker met de politie in aanraking gekomen. (En stel je voor: ik had met een lijk in bed gelegen, huiverde mijn vriendin).

Waar had ze Gérard ontmoet? Of heette hij Philippe? Ik weet het niet meer. Hij had een eigen appartement, mooi en kostbaar ingericht. Hij werkte in de zaak van zijn vader. Ze mocht altijd bij hem komen wonen, zei hij haar telkens, maar ze durfde niet met het oog op Bino. Toen werd ze ziek. Een ziekte die veroorzaakt werd door het leven dat ze leidde, ze had er veel pijn van. Ze zei niets tegen Bino, maar hij moest wel zien dat ze hard achteruit ging.

„Je moet nodig eens vakantie nemen!" ried hij haar. „Ik heb een zuster in Nice, ga daar heen, het kost je niets."

Ze had er veel zin in, maar ze wilde Gérard, of was het Philippe, niet in de steek laten. Maar verder werken kon ze ook niet. Ze besloot toch in Parijs te blijven, op het appartement van Gérard of Philippe. Op het laatste moment nam ze die beslissing; het kaartje naar Nice had Bino haar al bezorgd en haar koffers stonden al gepakt. Gérard kwam haar halen met de auto, ze kon meteen naar bed. Hij was erg lief voor haar en respecteerde haar pijn.

Het duurde even vóór men er achter kwam, waar ze was. Lou kwam het eerst. Schichtig over zijn schouder kijkend, of iemand zou staan te luisteren, fluisterde hij haar toe, dat Bino woedend, woedend was, en niet zou rusten vóór hij haar gevonden had, en op de trein had gezet, nee, niet naar Nice, dat was een leugen geweest, maar naar Marseille, waar ze met de boot verder gebracht zou worden naar de overkant. Blanke slavinnenhandel, jazeker. En of ze vooral niet aan Bino wou laten merken, dat hij, Lou, haar dit had verteld, anders ... Mijn vriendin schrok, ze wist dat Bino voor niets stond, maar wat kon ze doen? Ze lag de hele dag hulpeloos en alleen op bed: Gérard of Philippe werkte dan op de zaak. En elke middag moest ze een taxi bellen, en zich naar een doktor laten brengen, die haar dan een injectie gaf.

Toen ze op een dag thuiskwam, en zich met moeite en pijn de trap op had getrokken, stond Bino voor haar deur. Hij ging met haar mee naar binnen, zonder iets te zeggen, en zwijgend keek hij toe hoe ze haar jas uitdeed, zich verder uitkleedde, en kreunend in haar bed stapte.

„Ik was blij toen ik erin lag, ik dacht, als hij me doodschiet, had hij het wel gedaan zolang ik nog rondliep. In bed is bloed zo'n rommel", zei ze later.

Toen schoof hij een stoel aan, en met zijn vuile ruwe misdadigerskop vlak boven haar gezicht, ging hij haar de martelingen uitleggen, die hij haar zou doen ondergaan, als ze weer beter was.

„Je mooie lange nagels trek ik uit, één voor één, de wonden wrijf ik in met zout. Je oogleden snijd ik af, ja, ja, die mooie lange wimpers, en dan laat ik een sterke lamp in je gezicht schijnen. Ik zal je mooie schouders brandmerken, je rose hollandse tongetje zal ik uittrekken, ja, ik weet wel wat pijn doet. Maar eerst moet de pijn, die je nu hebt, helemaal over zijn, want dat doet pijn, daar bij jou, hè? Laat Bino eens voelen?"

Mijn vriendin nam toen weer haar toevlucht tot de zenuwaanval. Huizenhoog gilde ze, het lukte nog beter dan de eerste keer. De ramen naar de straat stonden open, waarschijnlijk werd Bino bang, want hij ging gauw weg.

Gérard huurde iemand die bij haar bleef als hij er zelf niet zijn kon, maar Bino liet zich niet meer zien. Alleen door de telefoon zette hij zijn bedreigingen voort, driemaal per dag belde hij op. Dit, en het feit dat de auto van Gérard steeds weer betrokken werd in allerlei vreemde verkeersongelukken, waarbij men het steeds op hém gemunt scheen te hebben, deed mijn vriendin besluiten naar Holland terug te gaan. Ze belde de politie op, en een dag later was ze hier.

Ze kwam bij ons op school omdat ze wel aardig kon tekenen. Een mooie oude bloem met maniertjes, en een veel te mooi, veel te duur bontjasje aan. Ze kon niet zo opeens overschakelen op het normale leven, ze bood zich aan iedere jongen aan, raakte in de merkwaardigste affaires verwikkeld, en maakte zich volkomen onmogelijk op onze akademie, waar men toch veel vreemds gewend was. Ook met mijn vaste vriend ging ze naar bed. De haat die ik hierna tegen haar koesterde, moest wel gauw overgaan in medegevoel, liefde. Ze was mooi, een tragische schoonheid, en ik houd van alles wat mooi is. Ze vertelde mij haar verhaal met droge ogen, terwijl ze anders gauw en graag huilde.

„Het is de eerste maal dat ik het verteld heb zonder tranen", lachte ze toen het afgelopen was. „Ik begin er al overheen te komen."

Al gauw ging ze weer van school af, omdat ze toch eigenlijk niet zo aardig kon tekenen. Bovendien zei de directeur dat ze door haar levenswijze de school te schande maakte. Ze leefde heel snel, zocht zich een man uit, en verwierp hem bijna meteen.

„Leer mij de mannen kennen", zei ze dan. Tot ze de man vond waar ze nu mee getrouwd is.

Ik mocht tegenwoordig zijn bij haar huwelijk. „Ik was zo bang, dat hem iets zou overkomen, toen hij vanmorgen bloemen ging halen, dat hij niet terug zou komen", vertelde ze me toen we van het stadhuis naar de bodega liepen. Ik kon me dat indenken.

's Avonds was er een groot feest, iedereen keek blij en opgelucht, we dronken veel wijn, en leken wel gelukkig.

Later was zij getuige van mijn huwelijk, we wonen in verschillende steden, ver van elkaar. Ik zocht haar op, kort geleden, ze was wat dikker geworden, en bijna niet tragisch meer. Ze woont met haar man in een grote lichte kamer vol mooie gekke dingen, in een huis, dat vroeger een villa moet zijn geweest, maar dat nu vele kunstenaars in zijn opgelapte bouwvallen herbergt. Als haar man er niet is, kan ze praten tegen een wilde Siamese kat, die heet naar de prins van het Claridgehotel, een naam die ik nauwelijks uitspreken en helemaal niet onthouden kan.

Willem Elsschot Zwijgen

Kind

Ik groeide in 't leven 'lijk een jonge boom,
roerloos in 't licht dat op de wereld scheen,
wonderend kijkend aldoor om mij heen,
het wilde woeden van den levensstroom.

Ik leek te bloeien in een heldre droom
van klare lachen en van stil geween;
liefde-beschenen leefd' ik 't leven heen,
diep-teeder zieltje met zijn stille schroom.

Ik wist met de menschen, groezelend rond mij om,
en had geen wenschen dan een schoone dag
met heldre hemel, vrijheid en wat zon.

Goudwazig leven, toen 'k u bleken zag,
klagelijk deinzend in een verre lach,
stroomden mijn tranen die'k niet houden kon.

168

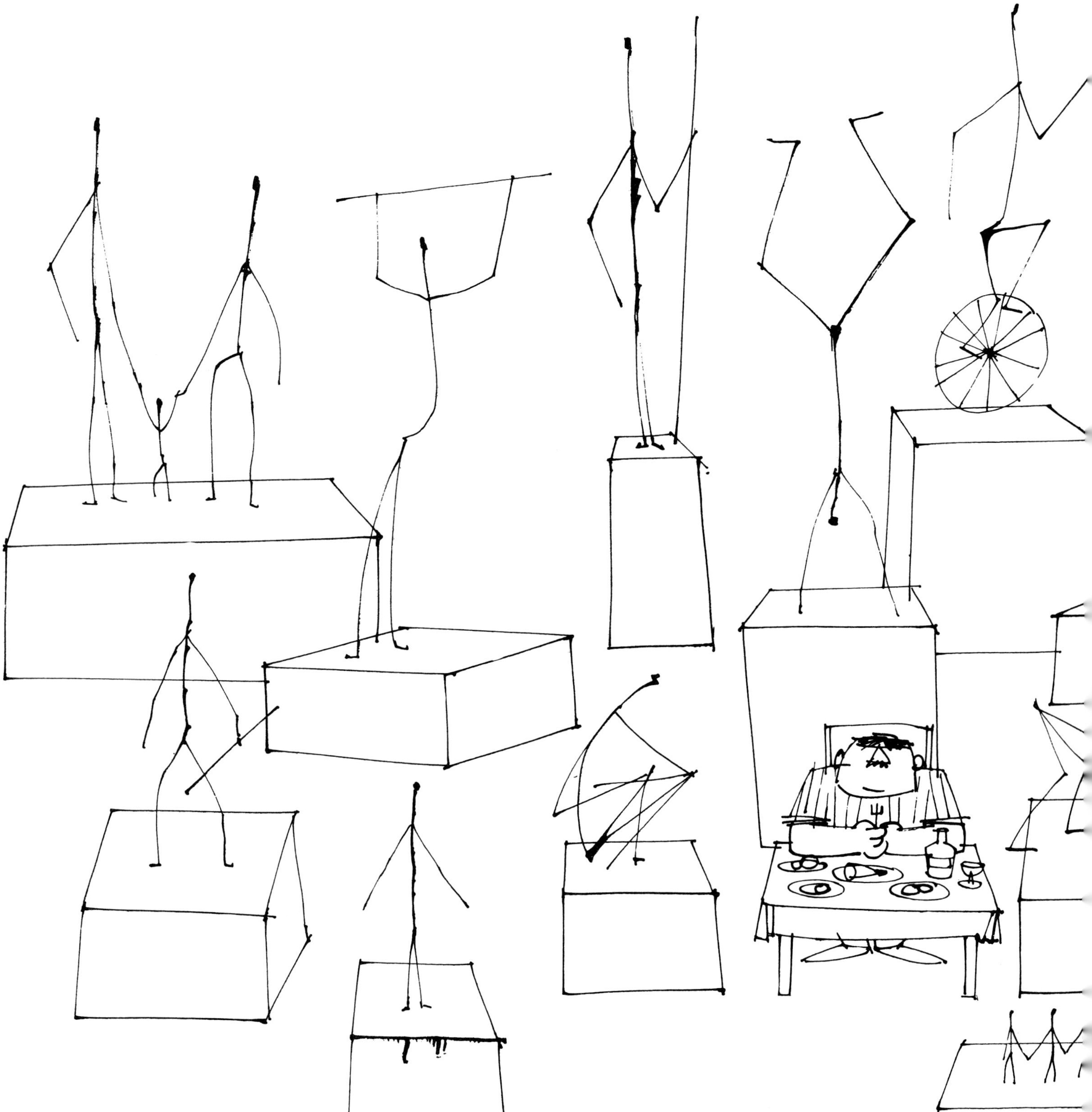

Paul Flora

„Das Frühstück im Atelier"

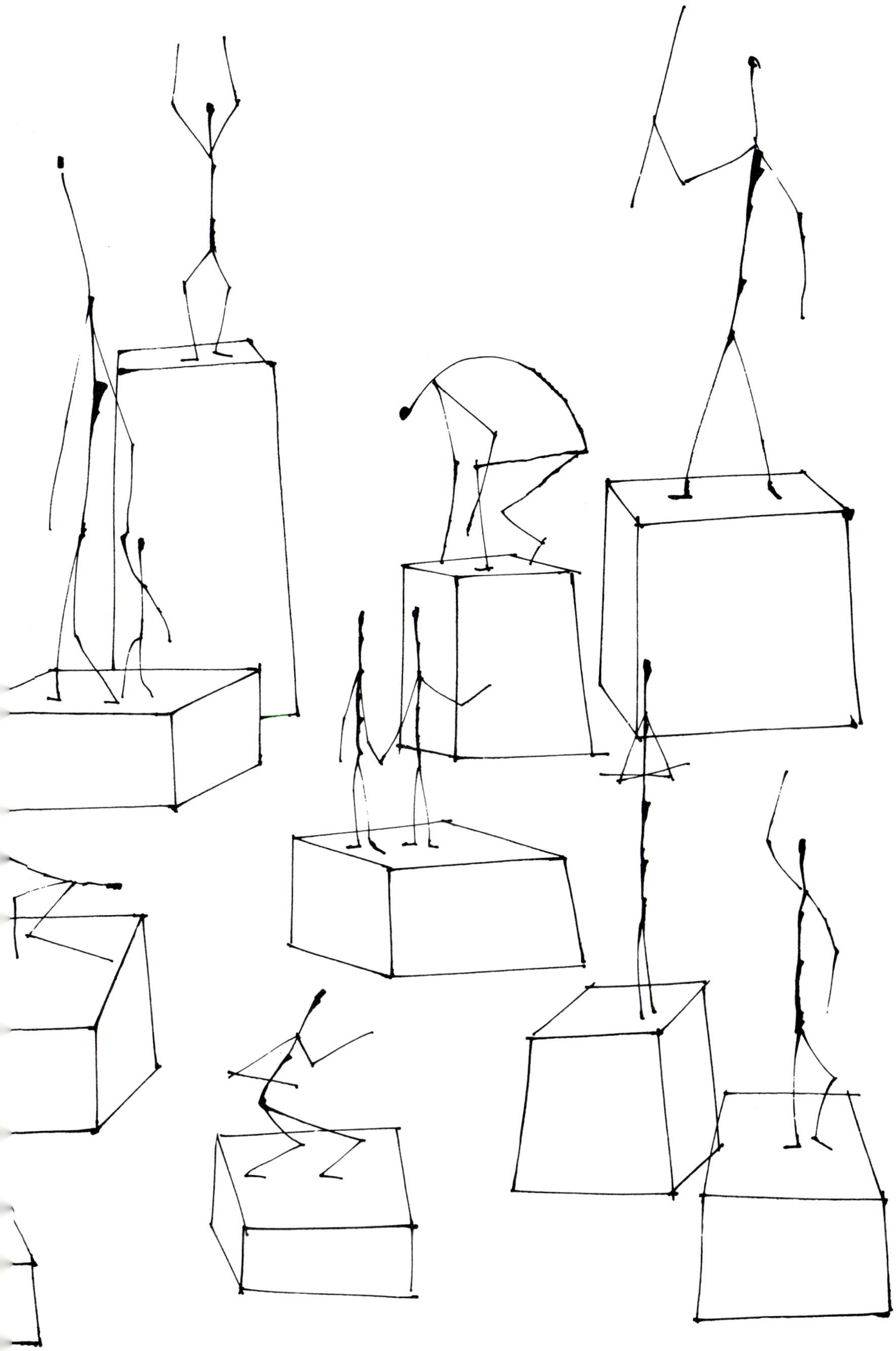

Godfried Bomans

Gedachten achter een glas bier

Dit is dus München: een lange gang met oneindig veel deuren en voor elke deur twee schoenen. Want wij zijn zeer laat in „Hotel Torbräu" aangekomen. En dit is de aanblik die ieder het eerst van een stad te zien krijgt en die geen mens beschrijft: een gang met schoenen. Houdt u ook zo van hotels? Ik ben er dol op.

Neen, neen, niet van die hartelijke hotels, waar de eigenaar zich om uw persoonlijk welzijn bekommert en een oude, ongetrouwde kelner zijn verdrongen vaderschap in een hoekje staat te sublimeren. Ik bedoel die grote, koele hotels, van alle persoonlijke affecties chemisch gereinigd, waar u, als nummer 34, zweiter Stock, een sleutel met een reusachtige, tot niets dienende gummibal eraan meekrijgt, zo'n sleutel die met een fijn klikje in uw kamerdeur past of het een brandkast is en die bij de portier aan een haakje al hangt, tot meneer weer terugkomt en zegt: „Nummer 34, bitte." Zo'n hotel met niets, niets aan de wand, geen zonsondergang, geen „Blick auf Salzburg" en zelfs geen „Marienplatz um 1630"; alleen een klein kaartje naast de wastafel, waarop u in uitgelezen termen wordt verzocht uw scheermes niet aan de handdoek te reinigen, doch aan een daartoe gereed liggend pakje papier.

Er is een stoel waarop men niet geacht wordt plaats te nemen en een tafel die wiebelt. Gewoonlijk bevat deze een lade en daarin vindt men meestal het boordeknoopje van de vorige bewoner. Een onwaarschijnlijk witte wasbak is er, van twee kraantjes voorzien, een met „w" en een met „k". Uit „k" komt gewoonlijk warm water, uit „w" koud en beide spuiten te hard of in het geheel niet. De bovenkant van het beddedek, daar waar het laken te voorschijn komt, is aan één hoek discreet omgeslagen, een fijne geste die beduidt dat de directie wel degelijk weet dat ge er zijt, doch zich op de achtergrond houdt. Gij zijt niettemin opgemerkt. Aan de deur hangt een drukwerk. Er staat op te lezen dat uw kamer acht mark kost, maar door een aantal ingewikkelde berekeningen blijken het er toch tien te zijn. De directie draagt geen verantwoordelijkheid, voor niets, en wenst zich in alle opzichten afzijdig te houden. Voor bezittingen echter, persoonlijk bij de portier afgegeven, draagt zij een gedeeltelijke aansprakelijkheid, die in een voetnoot niet duidelijk wordt. Zo iets kan ik uren lezen. Maar het liefst maak ik de deur open en kijk zo'n lange hotelgang in. Schoenen, schoenen, zover het oog reikt. Daarbinnen slapen de mensen. Zij hebben de hele dag gelopen, gedraafd en gesjouwd, steeds maar op diezelfde schoenen. Zij voelen zich nu doodmoe en hun schoenen zijn daaraan schuld. Die hebben hen overal heengedragen, door weer en wind. En nu ze slapen gaan, zetten ze die buiten om er van af te zijn.

Als ik hotelhouder was, zou ik er wat in doen. Kleine briefjes. „Blijft u vandaag eens rustig liggen. Zonder u gaat het ook, en vermoedelijk beter." Hotelhouders doen dit niet. Ze zetten ook hun eigen schoenen buiten. Ik zou graag voor één dag eigenaar zijn en dan alle schoenen ophalen en achter slot en grendel zetten. En dan zou ik al die kamers binnengaan, mij op de rand van al die bedden zetten, mijn hand op al die voorhoofden leggen en met diepe stem zeggen: „Hier de eigenaar. Door een misverstand in de administratie zijn uw schoenen zoek." De zakenlieden en handelsreizigers zouden terstond met een zucht in de kussens terugzinken en verder slapen. Die weten wel dat het leven zo prettig niet is.

Met de toeristen zou ik enige moeite hebben. Toeristen leven namelijk in de dwaling dat het prettig is toerist te zijn. Anders waren zij thuisgebleven. Tot hen zou ik aldus spreken: „Zeker, het is een betreurenswaardig abuis, hoewel de directie zich in genen dele aansprakelijk stelt. Had u uw schoenen persoonlijk bij de portier afgegeven in plaats van ze roekeloos op de gang te zetten, ja dán ..." Hier wacht ik even, ten eerste, omdat ik werkelijk niet weet wat er dan gebeuren zou en ten tweede om het heerlijke van wat er nu gaat komen door een kleine stilte in te leiden.

En dan zou ik zeggen: „U hoeft vandaag dus niets meer te bezichtigen." Meer niet. Elke toevoeging zou een verzwakking zijn. En dan zou ik opstaan en op mijn tenen de kamer uitgaan. Bij de deur zou ik mij nog even omdraaien en zeggen: „Niets. Geen museum, geen kerk, geen vergezicht. Ook uw broek is weggenomen. Slaap wel."

Het aantal kerken, musea en vergezichten in München valt overigens tegen. Het zijn er veel meer dan ik aanvankelijk gehoopt had. Zal ik ze u beschrijven? Goed. Een andere keer. Ditmaal iets over de Müncheners. Het zijn er ruim achthonderd-duizend. Twee daarvan had ik reeds in 1920 ontmoet. Waar zijn ze nu? Leven ze nog? Het waren een jongen en een meisje. Het meisje heette Bertha en maakte een kleine knicks als men haar iets vroeg, de jongen heette Karl en maakte reeds de eerste dag mijn locomotiefje kapot door het sleuteltje de verkeerde kant op te draaien. Zij behoorden beiden tot de duizenden broodmagere Duitse kinderen die met wagonladingen naar het blijkbaar weldoorvoede Holland kwamen om daar weer bijgespijkerd te worden. Die twee kregen wij. Op Bertha was ik terstond verliefd en zij liet zich dit welgevallen met de kwijnende berusting van vrouwen die zeker van hun zaak zijn. Zij droeg twee vlechtjes en men mocht daar, als de schemering intrad, wel eens aan trekken, maar liever had zij het niet. Achter in haar halsje, daar waar de twee vlechtjes uiteengingen, bevond zich een plekje dat kroezelig was van een weinig donshaar, dat was allerliefst. Bertha was werkelijk een schoonheid, van achteren gezien.

Karl bezat ook iets aantrekkelijks, en wel een stenen kroesje dat hij mij zo maar gaf. Hij gaf het mij zó gemakkelijk, dat ik een ogenblik twijfelde of het werkelijk zo mooi was. Bij het geven van geschenken dient men toch even te aarzelen. Er stond een kindje op, in een geelzwart pijtje, met uitgestrekte armen. Daaronder waren twee letters: „H. B." Karl legde het mij uit: het was een bierkroesje en die twee letters beduidden: „Der Heilige Bub". Nu ik hier in München ben, zie ik plotseling dat heilige kind overal weer terug: op de toren van het raadhuis, in gevels, op bierkarren en in de borden waar Kraftfutter mit Sauerkraut in wordt gedaan. Neen, Karlchen, je hebt je vergist: het is een kleine monnik en H. B. betekent „Hof-Brau", maar dat hindert niet, hoor, je wist het zelf al toen je in de meidagen van 1940 langs mijn raam marcheerde en had het mij stellig gezegd als je mij toen had herkend. Maar wij herkenden elkaar niet.

Ik houd wel van München. Het verkeer bestaat hoofdzakelijk uit haastige, enigszins lichtschuwe voetgangers die uit een Bierkeller komen en naar een Bierkeller gaan. Daartussen zijn ze dan eventjes op straat. Ze zien er weldoorvoed uit en dragen een veertje op hun hoed. Sommigen hebben blote knieën en allen dragen kleren die aan de zomen met groene biesjes zijn afgezet. Dit doet hen vagelijk op padvinders gelijken, die maar geen afscheid van de verkennerij kunnen nemen. Ook wanneer ze een gewoon pak dragen, is er toch altijd iets in de snit daarvan dat ons aan jodelen herinnert.

Ik zie een Münchener graag achter een glas bier zitten. Zo'n man zít waarlijk en hij blijft zitten, wat er ook gebeurt. Vóór hem staat een reusachtig glas en dat stáát ook werkelijk, zoals nergens ter wereld een glas staat. Beiden zien elkander aan. Dan vat de Münchener met licht gebogen arm het glas, heft het omhoog en maakt een beweging alsof hij tegen een onzichtbare wand stoot. Dat betekent dat het op uw gezondheid gaat. Dwars door het bruine vocht ziet hij u aan en zijn gezicht heeft door de welving van het glas de uitdrukking van een faun die van plan is zich te buiten te gaan. Plotseling komt er argwaan in zijn blik. Hij blaast het schuim van het glas en kijkt hoe hoog het bier daarbinnen staat. De uitslag is niet bevredigend. Hij wenkt een kelner. De kelner werpt een blik in het glas en houdt het vervolgens tegen het licht. Hij roept de oberkelner. Deze nadert langzaam, zet de handen in de zijde en blijft in die houding peinzend naar het glas kijken. Alle deelnemers genieten zichtbaar. Het is een „geval". Zelfs de inmiddels toegetreden eigenaar geniet. Hier wordt het uiterste van zijn etablissement gevergd. Het gaat om een centimeter, een millimeter wellicht, als men in hoeveelheden denkt. Men moet echter in kwaliteiten denken: de eer van deze speciale Bierkeller, het kennerschap van de hier protesterende klant, heel de traditie van München staat op het spel. Er komt een nieuw glas. Krachtig wordt het aangevat, achterovergeworpen en in één machtige teug leeggedronken. De man wist zich het schuim van de lippen en zucht. „Gut", zegt hij. Meer niet. De omstanders verwijderen zich.

Ik kijk graag naar een glas Beiers bier. Ik zeg het ook graag, zacht voor mij uit: „Beiers bier". Het is kracht, maar ogenblikkelijke kracht. De kracht van een explosie. Bier ontploft ook werkelijk, in een dikke, romige rand schuim. Wijn niet. Wijn is harmonie. Het rust in zichzelf. En hoe langer het rust, des te inniger wordt die harmonie. Wijn kan wachten. Jaren, tientallen jaren kan het wachten, eer het zegt: drink mij. En zelfs dan is er geen haast. Bier is ongeduldig. Het wil terstond gedronken zijn. Reeds na drie minuten wordt het balorig, het zinkt ineen, het gaat verschalen en na een kwartier is het verbitterd, verzuurd en diep teleurgesteld. De kracht is eruit. Hier: samengebalde energie. Ginds: rustige zekerheid en geloof in zichzelf. Wat vindt u hiervan, als vergelijking tussen Latijnen en Germanen? Een gevaarlijke metafoor. Maar toch – er steekt iets in.

Zo'n Beierse Bierkeller is een belevenis. Jongens, dat gaat er krachtig toe. Met honderden zitten ze daar bijeen, ieder het amberkleurig glas voor zich op tafel geplant, het wat rood aangelopen hoofd stevig op de romp bevestigd, de benen wijd uiteen, de vuisten gesloten. Dit is geen grapje meer. Dit is drinken. Ver weg, diep in de spelonken van deze immense biergrot, klinkt, hoempa-hoempa, een hamerende, bonzende, uit rochelend koper voorwaarts gestoten muziek. Hopfen und Malz, Gott erhalt's.

Ginds, boven een reusachtig vuur, worden duizenden worsten gebraden. Weißwürste, Bratwürste, Bockwürste. Het sist en knapt. Jetzt geht's los. Vrouwen in Dirndl-dracht gaan ermee rond, dezelfde vrouwen die men vroeger op de postzegels van het Duitse keizerrijk zag: kolossale armen, reusachtige boezems. Gaan die ook aan het spit? Ja, als alles op is, dann gibt's noch Weiberwürste. Iemand zegt dat. Er klinkt schallend gelach. Ha, ha! Prosit! Zum Wohl! Ergens, diep in mijn onderbewustzijn, herken ik die bijna barbaarse vrolijkheid, die primaire, zinnelijke, nog door geen enkel idee aangeraakte oeruitbarsting van zich louter lekker voelen. Wat is het? Waar heb ik dat geproefd?

En opeens weet ik het. Het is Breughel. Het is Adriaen van Ostade. Het is bij ons sinds lang tot kunst versteende en door suppoosten bewaakte oer-gijn die hier nog leeft, de boerenpret als de oogst binnen is en het even kan lijden. Het is Vlaanderen vóór de verfijning der Bourgondiërs, het is Holland eer de predikanten hun kille hand op het welige land legden. Het is boers, barbaars-boers, gezond, vet, met niets erbij.

En opeens verliest deze stad zijn geheim, het is of een gordijn wordt weggetrokken en München zich openbaart. Boven de grond asfalt, trambanen, modezalen en verkeersagenten. Bedrieg u niet. Dat is maar spel. Zij doen alsof, zij willen niet achterblijven. Maar diep onder de grond, in de honderden bierkelders, daar zitten ze, de duizenden en nog eens duizenden boeren uit Beieren en zetten het oude, goede leven voort. Gelijk de eerste christenen zich verstopten, omdat ze te vroeg waren, zo schuilden zij in deze catacomben, omdat ze te laat zijn. Overal elders is het leven dunner, fijner en bleker geworden, de made van het intellect heeft zich in het vlees van West-Europa gevreten en het lanzaam uitgehold, zonder het te vergeestelijken. Hier stroomt het bloed nog vol door de aderen, zijn de schouders nog breed, de gezichten nog steenrood en welt uit de vette aarde van Beieren nog het donkere bier, onvermengd en schuimend van kracht. Massief zijn deze mensen, massief en traag, lanzaam in hun bewegingen en humorloos. Want humor veronderstelt beweeglijkheid van geest en het vermogen tot twijfel.

En opeens begrijp ik hoe Hitler juist hier, in deze oergezonde stad, zijn eerste kansen kreeg, hoe de worm van het nazidom juist in deze blozende appel tot ontwikkeling kwam. In Berlijn, Hamburg of Dresden zou hij wellicht zijn uitgelachen. Men herkent daar een psychopaat. Hier, in München, zag deze kwakzalver zich omringd door boeren, die hem met open mond aanstaarden. Ze hebben zijn pillen en wonderdranken gekocht en zagen, eerst toen het te laat was, dat er niets in zat. Hitler heeft hier zijn hoofdkwartier gehad, niet omdat München rijp was voor zijn gedachten, maar omdat het er te ver van afstond om ze te doorzien. Hij daalde af in de kelders van München, daar waar het woord nog magisch was en de gouden standaard van wat men zegt nog niet gesleten tot het wisselgeld van de grote stad. Want München is een dorp. Het is een gemeenschap van boeren, als Müncheners verkleed. Het heeft geloofd met het vertrouwen van het platteland. Het heeft voor dit geloof betaald met zijn kerken, zijn kloosters, zijn pinacotheek en zijn duizenden mensenlevens. Het is voorbij. München lacht alweer. Als een boer die kiespijn heeft.

John Keats

To Autumn

Season of mists and mellow fruitfulness,
Close bosom-friend of the maturing sun;
Conspiring with him how to load and bless
With fruit the vines that round the thatch-eaves run;
To bend with apples the moss'd cottage trees,
And fill all fruit with ripeness to the core;
To swell the gourd, and plump the hazel shells
With a sweet kernel; to set budding more,
And still more, later flowers for the bees,
Until they think warm days will never cease,
For Summer has o'er-brimmed their clammy cells.
Who hath not seen thee oft amid thy store?
Sometimes whoever seeks abroad may find
Thee sitting careless on a granary floor,
Thy hair soft-lifted by the winnowing wind;
Or in a half-reap'd furrow sound asleep,
Drows'd with the fume of poppies, while thy hook
Spares the next swath and all its twinèd flowers:
And sometimes like a gleaner thou dost keep
Steady thy laden head across a brook;
Or by a cider-press, with patient look,
Thou watchest the last oozings hours by hours.

Where are the songs of Spring? Aye, where are they?
Think not of them, thou hast thy music too, –
While barrèd clouds bloom the soft-dying day,
And touch the stubble-plains with rosy hue;
Then in a wailful choir the small gnats mourn
Among the river sallows, borne aloft
Or sinking as the light wind lives or dies;
And full-grown lambs loud bleat from hilly bourn;
Hedge-crickets sing; and now with treble soft
The red-breast whistles from a garden-croft;
And gathering swallows twitter in the skies.

Adrian Morriën

Grijsblauw en groenbruin

Gelukstoestanden laten zich moeilijk vergelijken en tegen elkaar afwegen. Wanneer waren wij het gelukkigst met Alissa en Adrienne? Misschien toen zij begonnen ons te herkennen en voor het eerst glimlachten. Maar deze veronderstelling is een miskenning van de talloze andere ogenblikken waarin wij ons geluk niet op konden. Eerste herkenning en eerste glimlach waren voor mij een herhaling van de geboorte, op een stillere wijze, met een grotere zelfstandigheid en zonder de pathetiek van de kraamkamer. De eerste glimlach, de eerste blik waarin iets van begrip begint door te breken, de eerste tandjes die tegen een lepeltje of de rand van een beker stoten, het eerste wankele zitten met een zwaaiend hoofd, de eerste dronken stappen, de eerste gestamelde woorden, het is een kinderlijke herhaling van het scheppingsverhaal, een repetitie van de geboorte der mensheid.

Het kind is nieuw als een boterbloem, onverbruikt als de oorsprong van een rivier, jong, vol toekomst, maar ook leeg, redeloos, driftig overgeleverd aan chaotische impulsen. Het kan midden in de nacht huilend wakker worden, hongerig en dorstend maar zonder lust om te drinken, angstig, ontroostbaar, maar ook stil en verwonderd, klaarwakker als een nieuwe zilveren munt. Als een kleine engel ligt het op de arm van zijn moeder, in een blauwe deken gewikkeld als in een wiek, glimlachend, vol levenslust, geluiden makend die op de taal vooruitlopen en haar aankondigen, spelend met schaduwen, luisterend naar een gerucht dat door de ouders ontdekt moet worden in de stilte van de nacht, soms niet luider dan de ademhaling van de moeder, het kraken van vaderlijke gewrichten.

Om beurten spelen de ouders met het kind. De vader neemt het de moeder van de arm, maar weet er niet zo goed raad mee, omdat hij onbedreven is in de handgrepen van de verzorging. Er heerst een strenge regelmaat in de kinderkamer, een tucht als in een kazerne, een eenvoud in voeding, kleding en gewoonte als in een klooster. Het leven is onthoudzaam, verheven in zijn afzijdigheid. Het kind is het meest het bezit van de moeder. Zij verzamelt de kennis en vertelt ervan. De vader buigt zich ongeduldig over de wieg, op zoek naar verwantschap, hunkerend naar een antwoord op zijn liefdesverlangen. De eerste tanden onthullen de oorspronkelijke tandeloosheid, de kale plek achter op de schedel toont de dunheid van het nesthaar. De nageltjes zijn zacht. Op lippen en tong komen blaren van het drinken. De ogen verkleuren. Het donkere grijs wordt blauw.

Het kind verliest zijn nieuwheid. De ouders zien het smelten, verwikkeld raken in de allereerste beginselen van het levensspel. Het grijpt naar alles zonder onderscheid. Het oor van de vader is niet eerbiedwaardiger dan de kwast van een sprei. Het kind steekt zijn kleine vinger in de neusgaten, de ogen en de mond van de moeder, die deze onderzoekingsdrift, dit verlangen naar destructie verzaligd over zich heen laat gaan. Het kind wordt een mededinger van de vader en wekt in de moeder gevoelens, die het besef van zijn liefde evenaren en soms overtreffen. Dankbaarheid wordt met een glimlach geuit en aanvaard. Het licht in de kamer wordt veranderd, krijgt een toegevoegde kwaliteit. Het huis wordt voor een hoge bestemming opgeruimd, de meubelen tot heil van de mensheid gewreven. De melkboer is een afgezant van de koe, de groenteman heeft een opdracht van de jaargetijden. Liefde is een dwang die wij als de hoogste vrijheid ondergaan. Wij mogen wat wij moeten.

De vader is naar de burgerlijke stand gegaan om zijn kind te laten registreren, het een naam te geven. De moeder gaat ermee naar de dokter. Het wordt onderzocht, betast, gewogen en gemeten, ingeënt. Een kleine administratie is op gang gebracht, een boekhoudkundig oog blijft zijn leven lang op de staatsburger gevestigd. Het kind wordt voortbewogen, aan- en uitgekleed, versierd en toegetakeld, opgetild en neergelegd, gesust, in slaap gewiegd, voorzichtig wakker gemaakt, toegesproken in de moedertaal waarnaar het verwonderd luistert. Het lacht om het blinken van een oog of van de lamp. Het rukt aan de neus van zijn moeder. Alle gebaren en bewegingen, die door de ouders allang zijn versleten, worden door het kind vernieuwd. De kus, die tussen de ouders tot een gewoonte is geworden, een beleefdheid of een middel tot driftige toenadering, krijgt op de wang van het kind een nieuwe betekenis. Het is een lichtere kus dan die de vader en de moeder elkaar gegeven hebben, toen zij de eerste steen legden voor de bouw van hun kind, een kus die niet diep valt maar hoog zweeft, een oefening om in zichzelf te lezen. De ouders leren er een andere taal door spreken. Vreemde woorden ontstaan op de lippen van de moeder, wanneer zij haar mond drukt in het vlees van haar kind. Een zuidenwind wordt spraakzaam. De zon valt in een alfabet uiteen. De vader kan de hand van zijn kleine dochter niet loslaten. Hij vergelijkt het gewicht ervan met de druk van de hand van zijn vrouw.

Het gelukkigst zijn mijn vrouw en ik misschien door het verschil tussen Alissa en Adrienne, het verschil tussen een blond en een bruin meisje, tussen grijsblauwe en groenbruine ogen, tussen gratie en nadenkendheid, broze aanhankelijkheid en een dwaas gevoel voor grappigheid. Het is een verschil dat gezien moet worden, dat moet worden genoten in de lange gelukkige uren van het ouderschap.

Jan Huizinga

Het spelelement der hedendaagse cultuur

Meer en meer dringt zich de conclusie op, dat het ludieke element der cultuur sedert de achttiende eeuw op bijna al de terreinen, waarop het eenmaal thuis was, zijn betekenis verloren heeft. De moderne cultuur wordt nauwelijks meer „gespeeld”, en waar zij schijnt te spelen, is het spel vals. Inmiddels wordt het onderscheiden van spel en niet-spel in de beschavingsverschijnselen steeds moeilijker, naarmate men de eigen tijd nadert. Dit geldt in de hoogste mate, wanneer men zich rekenschap tracht te geven van het gehalte der hedendaagse politiek als beschavingsverschijnsel. Nog niet heel lang geleden was het geregelde politieke leven, in zijn parlementair democratische gedaante, vol van onmiskenbare spelelementen. Aanknopend bij enkele losse opmerkingen uit mijn rede van 1933, heeft onlangs een mijner leerlingen in een studie over de parlementaire welsprekendheid in Frankrijk en in Engeland, op overtuigende wijze aangetoond, hoe in het Lagerhuis het debat sedert het eind der achttiende eeuw zeer wezenlijk aan de normen van een spel beantwoord heeft. Het wordt steeds weer beheerst door momenten van persoonlijke wedijver. Er is een voortdurende match gaande, waarbij bepaalde matadors elkander schaakmat trachten te zetten, onverminderd 's lands belangen, die zij daarmee in volle ernst dienen. De stemming en de zeden van het parlementaire leven zijn steeds volstrekt sportief geweest. Dit geldt nog altijd evengoed in landen die enigermate het Engelse model trouw bleven. Een geest van kameraadschap veroorlooft ook nu nog de felste tegenstander, onmiddellijk na het debat vriendschappelijk met elkaar te schertsen. Lord Hugh Cecil verklaarde in humoristische trant de bisschoppen in het Hogerhuis ongewenst, en keuvelde daarop met de aartsbisschop van Canterbury genoeglijk verder. In de ludieke sfeer van het Parlement hoort ook de figuur van het Gentlemen's agreement thuis, soms door een der gentlemen verkeerd begrepen. Het schijnt niet ongehoord, in dit element van spel een der sterkste zijden van het heden ten dage zo veel gesmade parlementarisme te zien, althans voor Engeland. Het waarborgt een elasticiteit der verhoudingen, die spanningen toelaat welke anders ondraaglijk zouden zijn; het is immers het afsterven van de humor wat doodt. Het behoeft nauwelijks te worden betoogd, dat de spelfactor in het Engelse parlementaire leven niet alleen uit de discussies spreekt en uit de traditionele vormen der vergadering, maar ook verbonden is aan de ganse toestel der verkiezingen.

Voor de hand liggender dan in het Britse parlementarisme is het spelelement in de Amerikaanse politieke zeden. Reeds lang voordat het twee-partijenstelsel in de Verenigde Staten ten naastenbij het karakter aannam van twee teams, wier politiek verschil voor de buitenstaander nauwelijks te onderscheiden was, had de verkiezingspropaganda daar volkomen de vorm van grote nationale spelen. De presidentsverkiezing van 1840 schiep daar de stijl voor alle latere. Kandidaat was toen de populaire generaal Harrison. Een program hadden zijn voorstanders niet, maar een toeval gaf hun een symbool, de *log-cabin,* de ruwe balkenhut van de pionier, en in dat teken wonnen zij. Nominatie van een kandidaat bij grootste volume van stemmen, d.w.z. bij luidste geschreeuw, werd geïnaugureerd door de verkiezing van 1860, die Lincoln op zijn post bracht. Het emotionele karakter der Amerikaanse politiek ligt reeds in de oorsprongen van de volksaard, die zijn herkomst uit de primitieve verhoudingen van een pionierswereld nimmer verloochend heeft. Blinde partijtrouw, geheime organisatie, massaenthousiasme, gecombineerd met een kinderlijke zucht naar uiterlijke symbolen, geven aan het spelelement in de Amerikaanse politiek iets naïefs en spontaans, dat de jongere massabewegingen in de Oude Wereld missen.

Minder eenvoudig dan in de beide genoemde landen doet zich het spel in de politiek voor in Frankrijk. Er bestaat ongetwijfeld aanleiding een praktijk van talrijke staatspartijen, die grotendeels personen en belangengroepen vertegenwoordigen, en die tegen alle staatsbelang in met hun tactiek van omverwerping van ministeries het land voortdurend blootstellen aan gevaatlijke politieke crississen, onder het hoofd van het spel te beschouwen. De al te zichtbare collectief- of individueel-baatzuchtige toeleg van dat partijwezen schijnt evenwel met het wezen van een echt spel slecht te stroken.

Vindt men in de inwendige politiek van hedendaagse staten sporen genoeg van de spelfactor, hun internationale politiek geeft op het eerste gezicht weinig aanleiding aan de sfeer van het spel te denken. Toch is het feit op zich zelf, dat het staatkundig leven tussen de natiën tot ongehoorde uitersten van gewelddadigheid en gevaarlijkheid vervallen is, nog geen reden hier de notie van een spel bij voorbaat te elimineren. Wij hebben genoeg gezien, dat het spel wreed en bloedig kan zijn, en ook dat het dikwijls vals gespeeld wordt. Elke rechtsgemeenschap of statengemeenschap draagt van nature een aantal kenmerken, die haar met een spelgemeenschap verbinden. Een systeem van volkenrecht wordt bijeengehouden door de wederzijdse erkenning van beginselen en stelregels, die, welke ook hun grondslagen in het metafysische mogen zijn, in de praktijk werken als spelregels. De uitdrukkelijke constatering van het *pacta sunt servanda* behelst feitelijk een erkenning, dat de integriteit van het systeem slechts op een wil tot medespelen berust. Zodra een der betrokkenen zich aan de regels van het systeem onttrekt, valt òf het ganse stelsel van volkenrecht (zij het ook slechts tijdelijk) ineen, òf de schender moet als spelbreker buiten de gemeenschap worden gebannen. De handhaving van het volkenrecht is altijd in hoge mate afhankelijk geweest van de gelding van begrippen van eer, fatsoen en goede toon. Niet voor niets had in de ontwikkeling van het Europese oorlogsrecht de code van ridderlijke eerbegrippen een belangrijk deel gehad. In het volkenrecht gold de stilzwijgende veronderstelling, dat een verslagen staat zich evenals een gentleman een goed verliezer zou tonen, al deed hij dit zelden. De plicht een oorlog officieel te verklaren, behoorde, al werd hij dikwijls geschonden, tot de goede vormen van krijgvoerende staten. Kortom de oude ludieke elementen van de oorlog, die wij in de archaïsche tijdperken overal aantroffen, en waarop de volstrekte verplichtendheid van de oorlogsregels voor een goed deel berustte, waren tot niet lang geleden ook in de moderne Europese oorlog nog niet geheel en al afgestorven.

Een gangbaar Duits spraakgebruik noemt het intreden van de oorlogstoestand de „Ernstfall". Zuiver militair verstaan kan men dit juist achten. Tegenover de spiegelgevechten van manoeuvres en oorlogsafrichting staat inderdaad de „echte" oorlog als de ernst tegenover het spel. Iets anders is het, indien de term „Ernstfall" politiek is te verstaan. Dan immers zou hij inhouden, dat eigenlijk tot aan de oorlog toe de activiteit van het buitenlands beleid nog niet haar volle ernst, haar eigenlijke doeltreffendheid heeft bereikt. Inderdaad wordt zulk een zienswijze door sommigen beleden. Voor hen geldt het gehele diplomatieke statenverkeer, zolang het zich in de banen van onderhandeling en overeenkomst beweegt, slechts als inleiding tot de oorlogstoestand of overgangsbedrijf tussen twee oorlogen. Het is logisch, dat de aanhangers der theorie die enkel op oorlog, met zijn voorbereiding dan toch, als ernstige politiek aanmerkt, hem tevens als karakter van wedkamp, dus van spel, moeten ontzeggen. In vroegere tijdperken, zeggen zij, moge de agonale factor in de krijg krachtig werkzaam zijn geweest, de hedendaagse oorlog draagt een karakter, dat hem boven de aloude wedkamp verheft. Hij berust. Hij berust op het „vriend-vijand"-beginsel. Alle werkelijk politieke betrekkingen tussen volken en staten worden door dat beginsel beheerst, aldus luidt het. De *andere* groep is steeds òf uw vriend òf uw vijand. Vijand betekent niet *inimicus, (echthros)* d.w.z. persoonlijk gehate, laat staan boze, maar enkel *hostis, (polemios)* d.w.z. de vreemde, die uw eigen groep in de weg staat of in de weg treedt. Zelfs als mededinger of tegenspeler wil Schmitt de vijand niet beschouwd zien. Hij is volgens hem enkel tegenstander in de meest letterlijke zin des woords, dus degeen, die uit de weg moet worden geruimd. Indien aan deze geforceerde herleiding van het begrip vijandschap tot een bijna mechanische verhouding inderdaad ooit iets in de geschiedenis ten naastenbij heeft beantwoord, dan zou het juist de archaïsche tegenstelling van fratriën, clans of stammen zijn, waarin het spelelement zulk een overwegende betekenis had, en boven welke de groei der cultuur ons gaandeweg verheven had. Voorzover er aan Schmitts's onmenselijke hersenschim een glimp van juistheid is, moet de conclusie zijn: niet de oorlog is de „Ernstfall", maar de vrede. Want eerst door deze jammerlijke vriend-vijandverhoudig te overwinnen verwerft de mensheid aanspraak op volledige erkenning van haar waardigheid.

Hier nu onthult zich nog eenmaal de verbijsterende onoplosbaarheid van het probleem: spel of ernst. Wij kwamen allengs tot de overtuiging, dat cultuur gegrondvest is in edel spel, en dat zij, om haar hoogste kwaliteit in stijl en waardigheid te ontplooien, dat spelgehalte niet missen kan. Nergens elders is het vasthouden aan gestelde regelen zo onontbeerlijk als in het verkeer tussen volken en staten. Worden zij gebroken, dan vervalt de samenleving in barbarie en chaos. Aan de andere kant menen wij juist in de oorlog de terugval te moeten zien tot die agonale houding, die aan het primitieve spel om prestige vorm en inhoud gaf.

Juist echter de moderne oorlog heeft schijnbaar elke aanraking met het spel verloren. Hoog gecultiveerde staten trekken zich uit de gemeenschap van het volkenrecht geheel terug, en belijden zonder schaamte een *pacta non sunt servanda.* In de politiek van onze dagen, die zich op de uiterste gereedheid, en – als het zijn moet – op het uiterste bereidheid tot de krijg baseert, zal men nauwelijks meer een zweem van de oude spelhouding kunnen herkennen. Alles wat de krijg met het feest en met de cultus verbindt, is uit de hedendaagse oorlog verdwenen, en met die vervreemding van het spel heeft hij ook zijn plaats als een element der cultuur verloren.

Omdat hier de strijd een zedelijke waarde heeft, en omdat in het zedelijk gehalte het punt ligt, waar de kwalificatie spel haar betekenis verliest. In het criterium der ethische waarde vindt de eeuwige twijfel: spel of ernst, voor elk bijzonder geval zijn beslissing. Wie de objectieve waarde van recht en zedelijke normen ontkent, vindt die beslissing nooit. De staatkunde zit met al haar wortels vast in de primitieve bodem van in wedkamp gespeelde cultuur. Zij kan zich daaruit enkel losmaken en verheffen door een ethos, dat de geldigheid van de vriend-vijand-verhouding verwerpt, en de aanspraken van het eigen volk niet als hoogste norm erkent.

DAS HUNDERT WASSER HAUS

Der Maler als Architekt
Il pittore come architetto
Le peintre devenu architecte
De schilder als bouwmeester

Friedrich Stowasser wurde 1928 in Wien geboren und nannte sich später Friedensreich Hundertwasser. Er schuf, und schafft noch, mit subtilem technischen Können eine Bilderwelt von unverwechselbarem Farbkolorit, genährt von surrealistischen Ideen und von fast magischer Wirkung. Darin spielt als Formelement die Spirale eine wichtige Rolle, und immer wieder tauchen auch Zwiebeltürme auf. Aber dieser Maler blieb nicht im artifiziell Unverbindlichen. Wie er seinen Namen zu einem Programm machte, nahm er plötzlich seine Bilder als Vorlage einer ganz neuartigen Architektur. „Schöner Wohnen" einmal nicht vom Standpunkt des Konsumzwangs aus, sondern von einer echten neuen Lebensqualität getragen. Ein Traumhaus für jedermann. Wien wurde um eine Attraktion reicher.

Friedrich Stowasser è nato nel 1928 a Vienna. Più tardi ha modificato il suo nome in Friedensreich Hundertwasser. Sostenuto da una tecnica molto fine egli ha creato e continua a creare un mondo di immagini dai toni cromatici inconfondibili, alimentato da idee surrealistiche e con un effetto quasi magico. In tale mondo, l'elemento della spirale come forma ha un ruolo molto importante; via via compaiono anche campanili a bulbo. Ma questo pittore non rimane ancorato a quanto è artificialmente non impegnativo. Quando ha fatto del suo nome un programma di lavoro, ha preso improvvisamente i suoi quadri come punto di partenza di un tipo di architettura completamente nuova. „Abitare meglio", un motto considerato, per una volta, non dal punto di vista del consumo obbligato, bensì supportato dal desiderio di una nuova vera qualità della vita. Una casa di sogno per tutti. Vienna ha un'attrazione in più.

Friedrich Stowasser, né à Vienne en 1928, prit le nom de Friedensreich Hundertwasser. Il créa et crée encore – avec un art empreint d'une grande subtilité technique – un monde d'images dont les coloris sont évidents et nets, alimenté d'idées surréalistes à l'effet presque magique. Ici, la spirale en tant qu'élément de la forme joue un rôle important, les clochers à bulbe ont aussi une grande place. Mais ce peintre ne se contente pas d'un désengagement artificiel. En faisant de son nom tout un programme, il prit soudain ses oeuvres comme modèle d'un genre d'architecture tout à fait inédit. La beauté dans l'habitation pour reprendre le titre de la revue allemande „Schöner Wohnen", pour une fois dégagée de l'obligation de la consommation mais appuyée sur un sens véritable de qualité de la vie d'un genre nouveau. Une maison de rêve pour chacun. Vienne riche d'une nouvelle attraction.

Friedrich Stowasser werd in 1928 in Wenen geboren en noemde zich later Friedensreich Hundertwasser. Hij schiep, en schept ook nu nog, met subtiel technisch vakmanschap een schilderijenwereld met karakteristieke kleurschakeringen, gevoed door surrealistische ideeën en met een bijna magisch effect. Daarin speelt de spiraal als vormelement een belangrijke rol, en telkens weer komen we ook uientorens tegen. Maar deze schilder is niet bij vrijblijvend artificiële werken gebleven. Naarmate zijn naam steeds meer tot een programma werd, begon hij zijn schilderingen als model voor een volkomen nieuw soort architectuur te gebruiken. „Mooier wonen" nu eens niet gezien vanuit het oogpunt van consumptiedwang, doch gedragen door een werkelijke nieuwe levenskwaliteit. Een droomhuis voor iedereen. Wenen is een attractie rijker.

Ein Lob zunächst der Baubehörde.

Un elogio innanzitutto ai responsabili dei Lavori Pubblici.

Louange d'abord aux services de la construction.

Een pluim voor Bouw- en Woningtoezicht.

Erwin Fieger brauchte nicht lange nach Motiven zu suchen. –

Erwin Fieger non ha dovuto cercare a lungo per trovare i soggetti che cercava. –

Erwin Fieger ne met pas longtemps à chercher des motifs.

Erwin Fieger hoefde niet lang naar motieven te zoeken.

Und das Zwiebeltürmchen ist auch da. Ed ecco anche il campanilino a bulbo.

Et le clocher à bulbe est là aussi. En het uientorentje is er ook.

Hier gibt es nicht „Kunst am Bau", das ganze Haus ist ein Kunstwerk. Und es läßt sich darin auch wohnen und leben.

Qui non abbiamo „l'arte nell'edificio"; tutta la casa è un'opera d'arte. E dentro si può anche abitare e vivere.

Ici il n'y a pas un «art de la construction», la maison entière est oeuvre d'art. Il fait bon y vivre et y habiter.

Hier zien we niet alleen „kunst in een bouwwerk", het hele huis is een kunstwerk. En er kan ook fijn in gewoond en geleefd worden.

Jedes Detail ist liebevoll gestaltet. Was die Fassade verheißt, setzt sich im Innern fort.

Una cura amorevole per ogni singolo particolare. Ciò che promette la facciata trova una sua continuazione all'interno.

Chaque détail est réalisé avec amour. Ce que la façade promet se trouve à l'intérieur.

Aan ieder detail is de grootst mogelijke zorg besteed. Wat de gevel belooft, gaat binnenin verder.

So ein Haus haben sie noch nie gesehen. Una casa così non l'avete ancora mai vista.

Nous n'avions encore jamais vu une maison semblable.

Zo'n huis heeft u nog nooit gezien.

Eine Herausforderung der Phantasie an den sachlichen Funktionalismus.

Una sfida della fantasia al freddo funzionalismo.

Un défi lancé par la fantaisie au fonctionnalisme matériel.

Een uitdaging van de fantasie aan het zakelijke functionalisme.

Ein Haus der Lebensfreude. Una casa che emana gioia di vivere. Une maison de la joie de vivre. Een huis vol levensvreugde.

LA JOIE DANS LA VIE

Jouis de la vie qui te fut impartie
Porte la peine qui te fut impartie
Attends dans le calme ce que le temps apporte,
Comme le paysan l'a fait avec le fruit

Mahabharata

Armand Courtois

La joie dans la vie

Le rouge éclatant d'un rhododendron précoce dans notre jardin printanier m'inspire une joie profonde et persistante. Il me rappelle par association mille autres joies que j'ai connues et qui percent les voiles de la mémoire: les yeux émerveillés des enfants écoutant le dénouement heureux d'un conte ou d'une légende; le bonheur des retrouvailles après une longue absence; le frémissement des premières amours; le sourire délicieux de la fiancée; la lueur de compréhension dans le regard des élèves; la surprise de se voir offrir un cadeau rare, simple, précieux. La joie est sûrement le soleil qui éclaire notre vie; nos tristesses en sont les ombres. Les joies passées nous rendent rêveurs et nous enveloppent encore de leur chaleur; les joies futures nous font de loin leurs signes accueillants, raniment nos espérances et guident nos efforts. Les muses accourent et s'ingénient à servir la déesse radieuse qui dispense ses bienfaits avec parcimonie ou avec générosité, selon les tempéraments, les caractères et les destinées. Les joies fortes, envahissantes et tumultueuses ne peuvent être permanentes: la vie s'arrange pour que nous puissions nous retirer dans les vallées ombragées du souvenir afin de jouir de leurs effets en douceur. Le rouge est aussi le symbole du sang, et peut-être est-ce significatif que cet élément soit à la fois le véhicule de la vie et des émotions, au moins au plan du corps et des sentiments. Mais la joie ne se laisse pas enfermer dans un plan. Elle veut être présente à tous les niveaux, corporel, vital, psychique, intellectuel et spirituel, comme si ses rayons étaient capables de traverser toutes les couches de l'existence, de haut en bas, et de remonter ensuite vers leur source élevée, semblable en ceci à ces arbres de mythologie ayant leurs racines au ciel et les extrémités de leurs rameaux sur la terre. Pluie d'or divine, écho du rire des dieux, la joie résonne jusque dans le coeur du moindre. Rendons grâces!

La plupart des grands penseurs se sont penchés sur le „problème" de la joie. L'homme complique les choses à l'infini, se plaint ensuite de ne plus y voir et veut tirer les choses au clair. Certains philosophes se sont demandé si la joie et la tristesse, pourtant les pôles de nos affections, faisaient bien partie des phénomènes de la conscience! Le domaine des émotions est probablement celui que l'évolution a développé le plus fortement jusqu'à présent. Je n'oserais prétendre que ses réalisations soient plus nombreuses ou plus riches que celles de l'intellect, mais l'empire du sentiment est sûrement plus répandu et tout à fait commun à tous. Les rires et les pleurs des Esquimaux et des Bantous sont identiques. Notre sujet devient plus difficile au fur et à mesure que nous y réfléchissons; la vie subjective fait miroiter ses mille aspects dans une géométrie variable et chaque détail devient un monde. Ovide déjà, paraît-il, avait déclaré que la Joie était une affaire sérieuse. Les psychologues théoriciens et les philosophes les plus secs formulent des propositions, établissent des rapports, définissent des nuances. Notons d'abord que l'expérience a généré un vocabulaire qui illustre la multitude des facettes et des ramifications de la Joie. Habituellement, nous la tenons pour une expression particulière et le plus souvent éphémère du bonheur, mais le langage journalier comprend une foule de termes apparentés ou voisins allant du simple contentement ou de la satisfaction à la béatitude, en passant par la titillation, la gaîté, l'hilarité, l'allégresse, le plaisir, la jouissance, le ravissement, la félicité, la jubilation, l'exaltation et l'extase. Lorsque ces affections sont vécues, leur unité fondamentale nous paraît évidente et probablement il en serait de même pour leurs contraires. L'analyse révèle des différences d'accents; le fond reste celui de la grande catégorie des émotions, principe commun aux animaux, aux hommes et aux dieux, sauvage ou discipliné, primitif ou civilisé, dominant ou subordonné, selon les qualités de l'être, ses motifs, son degré de perfection et son niveau d'évolution. Sans vouloir trop m'étendre sur ces questions théoriques, j'aimerais citer au moins quelques-unes des opinions émises par les savants et les connaîsseurs. Il sera plus facile ensuite de s'interroger sur les aspects moraux et sociaux du sujet.

Il n'y a pas, à proprement parler, de définition „scientifique" de la Joie. Tout le monde s'accorde à dire qu'il s'agit de l'un des états fondamentaux de la conscience, mais à partir de là, les opinions divergent et accentuent les différences de perception et d'approche. Henri Bergson remarque à juste titre que la joie diminue en quelque sorte la pesanteur de nos états de conscience: „...nos idées et nos sensations se succèdent avec plus de rapidité; nos mouvements ne coûtent plus le même effort." Tout ce qui est universel et fondamental reste partiellement insaisissable tout en étant partout présent. Le mystère se dérobe en se révélant. Bergson le confirme: „...dans la joie extrême, nos perceptions et nos souvenirs acquièrent une indéfinissable qualité, comparable à une chaleur ou à une lumière, et si nouvelle qu'à certains moments, en faisant retour sur nous-mêmes, nous éprouvons comme un étonnement d'être." (Essai sur les Données Immédiates de la Conscience", p.8). Le caractère souvent inattendu de la joie est indiqué, entre autres, par Schopenhauer: „La Joie est un hôte qui arrive généralement sans y être invité." G. Dumas distingue deux grandes catégories: „...les joies calmes, pas très riches en images et en idées,...caractérisées surtout par un sentiment de bien-être de force...et les joies exubérantes caractérisées par une suractivité mentale et par un sentiment spécial de plaisir...” („La Tristesse et la Joie”) La définition la plus célèbre est celle de Spinoza: „La Joie est le passage de l’homme d’une moindre à une plus grande perfection”, et parallèlement: „La Tristesse est le passage de l’homme d’une plus grande à une moindre perfection.” („Ethique”, Livre III, Définitions des Affections.) Pour Spinoza, le désir qui naît de la Joie est plus fort que celui qui nait de la Tristesse (Livre IV, Théorème XVIII), le désir étant l’essence même de l’homme, c. à. d. l’effort par lequel l’homme s’efforce de persévérer dans son être. La joie devient donc indirectement le fondement de la vertu: être vertueux signifie agir selon les lois de sa propre nature, et la félicité consiste en ce pouvoir de conserver et de faire s’épanouir notre être propre, notre essence. Il s’en suit que la vertu doit être désirée pour elle-même: c’est elle qui procure, à la longue, la joie la plus stable, parce qu’elle s’accorde avec les contingences intérieures et extérieures naturelles. Hafiz dit: „Viens à la Joie et chante! Rejette ton habit austère et danse; sinon, va t’asseoir dans ton coin, caché sous les voiles hypocrites!” Et Sainte Thérèse de Lisieux: „La Joie réside au plus intime de l’âme; on peut aussi bien la posséder dans une obscure prison que dans un palais.”

Nous voici en plein dans le domaine de la signification morale et partant, dans celui du rôle social de la Joie. Elle semble bien faire partie, avec son opposé, la tristesse, de tous les niveaux de l’expérience humaine que je qualifierais d’ordinaire ou de commune. En fait, je ne pense pas que la tristesse puisse la suivre jusqu’aux niveaux les plus élevés, c’est à dire les niveaux vraiment spirituels. J’avoue que j’affiche ici une position d’apparence irrationnelle, mais je me tirerai d’embarras en la définissant comme „intuitive”. Quoi qu’il en soit, il est certain que la Joie se colore de la multiplicité des motifs et des circonstances, étant présente aussi bien dans la destruction vengeresse d’un ennemi que dans la guérison miséricordieuse d’un malade, dans la capture des adversaires comme dans la libération d’amis prisonniers. Elle prodigue ses titillations, ses palpitations et ses secousses au tortionnaire comme à l’amant, à l’ouvrier, à l’éducateur, au prêtre, à l’homme politique, au mystique et au saint. La combinaison typiquement humaine des émotions et de l’intelligence provoque ce foisonnement, ces plongées répétées dans l’allégresse et dans la torpeur.

L’alternance du chaud et du froid d’abord nous ravive, mais finit par nous épuiser. Il faut se mettre à la recherche d’un type d’homme et d’un monde où les joies ne seraient plus que pures, belles, saines, profondes et durables. Utopie? Pour toujours?

Soyons réalistes, pour autant que la chose soit possible dans un monde dominé par la passion des possessions, et idéalistes dans la mesure où nous pouvons oeuvrer pour un monde meilleur. Emerson faisait remarquer que le dévouement au bien des autres ne peut manquer de nous envelopper dans son élan: „Le bonheur est un parfum que l’on ne peut répandre sur autrui sans en faire rejaillir quelques gouttes sur nous-mêmes.” Mais ce dévouement au „bien” des autres doit être accompagné par une cordialité qui vise aussi leur *joie* sous l’une ou l’autre forme et qui doit être leur réponse intérieure et subjective, le résultat des services reçus et appréciés. Je me souviens d’une infirmière-chef qui accomplissait froidement ses devoirs envers ses malades avec une telle suffisance autoritaire qu’elle se sentait soupçonnée, insultée et accusée par la moindre question, même posée poliment. Elle passait son temps à servir les autres; fallait-il en plus qu’elle fût aimable? Manifestement, cette femme souffrait d’un manque de générosité, alors que sa profession impliquait celle-ci comme principe et condition première. La valeur morale d’une action sera déterminée surtout par le motif de l’entreprise, le degré de connaissance mise en application et le bien-fondé de l’action dans les circonstances données. La joie causée ou ressentie dans l’insuffisance ou la confusion malencontreuse de ces trois éléments sera suivie de déceptions et de tristesses. C’est sans doute une réalisation de ce genre qui faisait dire à Barbey d’Aurevilly: „Le plaisir est le bonheur des fous; le bonheur est le plaisir des sages.” Mais, plus sérieux, Bossuet avertissait: „Le bonheur humain est composé de tant de pièces qu’il en manque toujours.”

Bien entendu, notre règle de trois ne vaut que dans la mesure où elle est fondée sur une juste appréciation de notre nature fondamentale et de sa place légitime dans le grand concert. Platon, sévère et extrémiste, disait: „Ce n’est pas vivre selon la science qui procure le bonheur, ni même de réunir toutes les sciences à la fois, mais de posséder la seule science du bien et du mal.” Cette exigence peut nous paraître exorbitante, parce que notre conscience est bien obligée, dans la pratique, de s’attacher aux valeurs relatives, mais la Joie Juste doit néanmoins représenter le but ultime auquel nous tendons. Nous devons nous armer d’une dose suffisante de confiance pour oeuvrer dans cette direction, car toute discipline implique au moins la restriction de nos appétits, sinon la maîtrise de leurs excès. L’athlète se fait une joie des exercices les plus durs parce que ceux-ci sont indispensables à ses conquêtes. L’homme qui voudrait favoriser l’éclosion des joies les plus durables chez le plus grand nombre se destine à un athlétisme éthique où, comme toujours, les exercices pénibles sont infiniment plus nombreux que les victoires applaudies. De nos jours, la simple croyance, les opinions bienveillantes ou l'optimisme inné ne suffisent plus à engendrer de tels efforts. Notre confiance en nous-mêmes doit être étayée par une connaissance réelle des lois de notre être et une telle connaissance est disponible à ceux qui cherchent ardemment et patiemment. La Joie la plus grande consistera sans aucun doute en la reconnaissance d'un Soi profond ou Supérieur en nous, dont l'essence est Lumière. Dans la Bhagavad-Gita, l'instructeur spirituel Krishna rassure son disciple Arjuna en ces termes: „Cherche cette sagesse en servant, car une puissante recherche, au moyen de questions et de l'humilité; les sages qui voient la vérité te la communiqueront et, la connaissant, jamais, O fils de Bharata, tu ne retomberas dans l'erreur. Même si tu étais le plus grand des pécheurs, tu parviendrais à traverser l'océan des péchés sur la barque de la connaissance spirituelle. Tel le feu naturel, O Arjuna, réduit le bois en cendres, de même le feu de la connaissance réduit en cendres toutes les actions. Il n'existe ici-bas nul purificateur comparable à la connaissance spirituelle et celui qui est parfaitement consacré verra, dans le cours des temps, la connaissance spirituelle jaillir spontanément en lui."

Marcel Proust

La création poétique

La vie du poète a ses petits événements comme celle des autres hommes. Il va à la campagne, il voyage. Mais le nom de la ville, où il a passé, un été, inscrit avec la date au bas de la dernière page d'une œuvre, nous montre que la vie qu'il partage avec les autres hommes lui sert à un tout autre usage, et parfois si ce nom de ville, datant à la fin du volume le moment et le lieu où le livre à été écrit, est justement celui de la ville où se passe le roman, nous sentons tout le roman comme une sorte de prolongement immense qui s'adapte à la réalité, et nous comprenons que la réalité fut pour le poète quelque chose de tout autre que pour les autres, quelque chose qui contient la chose précieuse qu'il cherchait et qu'il n'est pas facile d'en faire sortir.

L'état d'esprit où il trouve ainsi facilement, dans une sorte d'enchantement, en toute chose la chose précieuse qui y est cachée, est rare. De là les raisonnements, les efforts pour se remettre en selle sur le génie, en se faisant aider par la lecture, par le vin, par l'amour, par le voyage, par le retour aux lieux connus. De là les ouvrages interrompus, repris, sans cesse recommencés, quelquefois achevés au bout de soixante ans comme le *Faust* de Gœthe, quelquefois laissés inachevés et sans que le génie ait passé, si bien qu'à la dernière heure, voyant clair au moment de mourir comme Don Quichotte, un Mallarmé qui s'acharnait depuis dix ans à une œuvre immense dit à sa fille de brûler ses manuscrits. De là les insomnies, les doutes, l'appel à l'exemple des maîtres, les mauvais ouvrages, le refuge dans toutes choses qui ne demandent pas de génie, les excuses trouvées dans l'affaire Dreyfus, les affaires de famille, une passion qui a troublé sans inspirer, la critique littéraire, la notation de choses justes qui apparaissent telles à l'intelligence mais dépourvues de cet enivrement qui est le seul signe des choses remarquables par quoi nous puissions les distinguer au moment où elles nous viennent. De là l'effort perpétuel qui finit par faire pénétrer notre préoccupation esthétique jusque dans le domaine inconscient de la pensée, de sorte que nous cherchons encore la beauté des paysages que nous voyons en dormant, que nous tâchons d'embellir les phrases que nous prononçons en rêve, et qu'au moment de mourir Gœthe dans le délire parle du coloris de son hallucination.

Je pense souvent avec (une) sympathie mêlée de pitié à la vie du peintre Watteau, dont l'œuvre demeure la peinture, l'allégorie, l'apothéose de l'amour et du plaisir, et qui était, au dire de tous ses biographes, d'une constitution si faible qu'il ne put jamais goûter, ou presque jamais, au plaisir de l'amour. Aussi dans son œuvre l'amour est mélancolique, et le plaisir même. On a dit que le premier il avait peint l'amour moderne, voulant sans doute dire par là un amour où la causerie, la gourmandise, la promenade, la tristesse du déguisement, de l'eau et de l'heure qui passent, (tiennent) plus de place que le plaisir même, une sorte d'impuissance ornée. On raconte qu'ayant eu beaucoup d'amis il se fit beaucoup d'ennemis, car son humeur affectueuse était plus changeante encore, et ayant habité six mois chez un ami, il ne pouvait plus y demeurer, s'impatientait de ne pas être ailleurs, s'éprenait d'autres lieux, souffrait jusqu'à ce qu'il y fût. Et celui qu'il délaissait pensait avoir eu à faire à un ingrat. Je pense qu'il n'est pas aujourd'hui encore un artiste qui ne se reconnaisse ici en Watteau, et contre qui nombre de gens n'aient le même grief. „Dire qu'à un moment, il venait dîner ici tous les soirs!" Avec plus d'innocence et moins de gloire, les artistes imitent en cela les ambitieux. Un démon les pousse vers lieux et les âmes nouvelles, et ne leur perment pas d'y rester. Chez Watteau cette inconstance était peut-on dire physique. Elle grandit avec la phtisie qui devait l'emporter. Les derniers mois avant sa mort, il se consumait moins de souffrir que de ne pouvoir aller respirer l'air des Flanders. Il pensait s'y guérir mais ne put être transporté.

En trouvant à son éternelle insatisfaction des êtres et des choses un point de contact avec sa maladie, je ne prétends pas dire que sa maladie en était le principe. Les maladies de notre corps ne causent pas les maladies de notre caractère, mais notre caractère et notre corps sont si liés qu'ils participent à la même infortune. Pour moi, je ne crois nullement que Watteau fut changeant par intérêt ou par ambition. On est au contraire frappé en toute occasion de sa sincérité, de son cœur de brave homme. Se sentant près de mourir, il pria qu'on fit venir à Nogent, où était son lit, son élève Pater, qu'il croyait avoir offensé. Et pendant deux mois, tous les jours jusqu'à celui de sa mort, il lui enseigna tout ce qu'il savait sur la peinture et sur le dessin. Pater a dit plus tard que toutes ses connaissances lui étaient venues de cet apprentissagelà.

Je trouve dans la vie de Caylus, découverte chez un libraire par le grand artiste qui a dérobé à Watteau, pour le peindre, les secrets les plus merveilleux de sa peinture, M. de Goncourt, un trait qui montre sa simplicité. Il avait fort envie d'une perruque ne valait pas grandchose. Le coiffeur refusa habilement d'être payé, disant qu'il se contenterait d'une étude que Watteau lui ferait. Watteau crut devoir faire un grand tableau et encore craignait-il d'avoir donné trop peu de choses, et bien audessous de la valeur de la perruque. M. de Caylus ajoute d'un ton de pité dédaigneuse à l'endroit de Watteau que son goût pour cette perruque était absurde et qu'elle était fort laide. Je n'essaierai pas de dire que des deux ce fut Watteau qui était dans le vrai, bien qu'il dût avoir, pour désirer à ce point cette perruque, des raisons infiniment plus intéressantes que celles qui la rendaient méprisable à M. de Caylus. Mais les goûts des artistes ne sont pas toujours raisonnables. Quand ils ont un caractère despotique et artificieux, les bizarreries de leurs préférences excitent dans le public une niaise admiration. Mais quand ils ont, comme Watteau, un caractère doux et qui tolère la raillerie, les personnes qui vivent avec eux croient tirer de l'exactitude avec laquelle ils mesurent l'aberration de leur ami un avantage important et qu'ils leur font victorieusement sentir. Distraits de toutes les choses d'après lesquelles les autres raisonnent, sensibles à d'autres qu'ils sont seuls à voir, les artistes sont facilement battus dans ces sortes de discussions. Watteau, qui était malade, dut souffrir plus qu'un autre de ces triomphes aisés d'une tyrannique, d'une ironique intimité. Absorbé par sa mauvaise santé, il le fut aussi par tous les importuns qui venaient le voir et à qui il ne savait pas refuser un tableau.

Ce bon homme si malheureux se consolait en bon peintre. Chacun apprendra avec plaisir qu'il aimait le jardin du Luxembourg et restait longtemps à y peindre, „parce que ce jardin était moins peigné que les autres demeures royales". Mais je trouve plus significatif encore de le voir amasser par achats ou cadeaux une vraie collection de tous les vêtements de la Comédie-Italienne; son principal plaisir était, quand des amis venaient le voir, de les leur faire revêtir. Alors il les priait de poser, se consolant à voir dans de si beaux habits irréels des personnes vivantes, souriantes, regardantes et parlantes, de traîner, toujours transie dans une vie de brume, une âme éprise de lumière et de couleur. Quand ses amis le quittaient, il serrait le dessin commencé et le faisait entrer plus tard dans une grande composition.

Paul Verlaine

Art poétique

De la musique avant toute chose,
Et pour cela préfére l'Impair
Plus vague et plus soluble dans l'air
Sans rien en lui qui pèse ou qui pose.

Il faut aussi que tu n'ailles point
Choisir tes mots sans quelque méprise:
Rien de plus cher que la chanson grise
Qù l'Indécis au Précis se joint.

C'est des beaux yeux derrière les voiles,
C'est le grand jour tremblant de midi,
C'est par un ciel d'automne attiédi,
Le bleu fouillis des claires étoiles!

Car nous voulons la Nuance encor,
Pas la Couleur, rien que la nuance!
Oh, la nuance seule fiance
Le rêve au rêve et la flûte au cor!

Fuis du plus loin la Pointe assassine,
L'Esprit cruel et le Rire impur,
Qui font pleurer les yeux de l'Azur,
Et tout cet ail de basse cuisine!

Prends l'éloquence et tords-lui son cou!
Tu feras bien, en train d'énergie,
De rendre un peu la Rime assagie,
Si l'on n'y veille, elle ira jusqu'où?

Oh! qui dira les torts de la Rime?
Quel enfant sourd ou quel nègre fou
Nous a forgé ce bijou d'un sou
Qui sonne creux et faux sous la lime?

De la musique encore et toujours!
Que ton vers soit la chose envolée
Qu'on sent qui fuit d'une âme en allée
Vers d'autres cieux à d'autres amours.

Que ton vers soit la bonne aventure
Eparse au vent crispé du matin
Qui va fleurant la menthe et le thym...
Et tout le reste est littérature.

Paris 6 Octobre 1869.

74 Rue des Martyrs

Chère Madame;

Je viens de recevoir votre anxieuse et aimable lettre; croyez à toute la reconnoissance et au plaisir qu'elle m'a causé; on doit être heureux quand on a l'avantage de posséder vos sympathies. Mme de Waldeck est de retour de Londres depuis le 30 du mois dernier; mon fils fait aujourd'hui son entrée au Lycée Napoléon à Paris. Je jouis comme toujours de ma santé normale; mais je déplore le raccourcissement des jours qui ne me permettent que huit heures de travail, et encore je ne peux m'occuper de mon tableau vu que j'ai reçu d'une Dame anglaise la commande d'un sujet du regrettable 93. la première journée de Marie Antoinette à la Conciergerie. Mes souvenirs sont assez vivaces pour me permettre d'espérer sortir heureusement de l'exécution de ce tableau que je n'ai que six semaines pour accomplir; et j'espère que vous le verrez avant qu'il parte. Croyez que l'oubli qui m'a privé du ruban n'a produit aucun effet de désapointement sur mon individu accoutumé aux déceptions de la vie! il me suffit que les personnes qui s'intéressent au centenaire le reconnaissent

199

digne de cet honneur après tant de dangers courus, et de travaux accomplis.

Je suis heureux de savoir que vous êtes satisfaite de votre petit voyage et de la villégiature dont vous jouissez tous les ans; j'espère que Madame votre mère et vos aimables demoiselles s'amusent bien, dirais-je aussi Mr Edgar? est-il avec vous, ou à Paris? je n'ai pas de nouvelles de Mr Pompery ni du D^or Kalisch. Dans tous les cas chère Madame j'éprouve un sincère plaisir d'apprendre qu'un mois seulement, tout long qu'il soit, me sépare de ces bonnes causeries dont vous faites si aimablement les frais. Mme de W. se joint à moi pour vous assurer, (avec mille compliments à Mme Votre mère, à vous, et à vos demoiselles) du bonheur que nous éprouvons de vous revoir bientôt.

Max de Waldeck

Le Baron de Waldeck, un peintre naturalisé français, écrivait à une de ses amies à Paris qu'il ne regrettait qu'une chose, c'est de n'avoir pas plus de huit heures la lumière du jour pour peindre. A part cela, il était heureux de vivre – en sa 104 ème année! Waldeck devait atteindre 109 ans et jouir jusque là de ses pleines facultés intellectuelles.

Paris 6 Octobre 1869.
74 Rue des Martyrs

Chere Madame,

Je viens de recevoir votre anxieuse et aimable lettre, croyez à toute la reconnaissance et au plaisir qu'elle m'a causée; on doit être heureux quand on a l'avantage de posséder vos sympathies. Mme de Waldeck est de retour de Londres depuis le 30 du mois dernier; mon fils fait aujourd'hui son entrée au Lycée Napoléon à Paris. Je jouis comme toujours de ma santé normale; mais je déplore le raccourcissement des jours qui ne me permettent que huit heures de travail, et encore je ne peux m'occuper de mon tableau vu que j'ai reçu d'une Dame anglaise la commande d'un sujet du regrettable 93, la première journée de Marie Antoinete à la Conciergerie. Mes souvenirs sont assez vivaces pour me permettre d'espérer sortir heureusement de l'exécution de ce tableau que je n'ai que six semaines pour accomplir, et j'espère que vous le verrez avant qu'il parte. Croyez que l'oubli qui m'a privé du ruban n'a produit aucun effet de désapointement sur mon individu accoutumé aux déceptions de la vie! il me suffit que les personnes qui s'intéressent au centenaire le reconnaissent digne de cet honneur après tant de dangers courus, et de travaux accomplis.

Je suis heureux de savoir que vous êtes satisfaite de votre petit voyage et de la villégiature dont vous jouissez tous les ans; j'espère que Madame votre mère et vos aimables demoiselles s'amusent bien, dirais-je aussi Mr Edgar? est-il avec vous, ou à Paris? je n'ai pas de nouvelles de Mr Pompery ni du Dr Kalisch. Dans tous les cas chère Madame j'éprouve un sincère plaisir d'apprendre qu'un mois seulement, tout long qu'il soit, me sépare de ces bonnes causeries dont vous faites si aimablement les frais. Mme de W, se joint à moi pour vous assurer, (avec mille compliments à Mme votre mère, à vous, et à vos demoiselles) du bonheur que nous éprouvons de vous revoir bientôt

sign. Max de Waldeck

Als der Baron von Waldeck, ein naturalisierter französischer Maler, an eine befreundete Dame in Paris schrieb, bedauerte er nur, daß ihm nicht mehr als 8 Stunden Tageslicht zum Malen zur Verfügung stünden. Sonst freute er sich seines Lebens – im 104. Lebensjahr. Waldeck wurde in völliger geistiger Klarheit 109 Jahre alt.

Paris, am 8. Oktober 1869
Straße der Martyrer 74

Liebe gnädige Frau,

soeben erhielt ich Ihr besorgtes und liebenswürdiges Schreiben. Seien Sie meiner ganzen Dankbarkeit dafür versichert und der Freude, die mir Ihr Brief bereitet hat; wir schätzen uns wirklich glücklich, Ihre Anteilnahme zu genießen. Meine Frau ist seit dem 30. verg. Monats aus London zurück. Mein Sohn tritt heute ins Napoleon-Gymnasium unserer Stadt ein. Ich erfreue mich, wie immer, meiner Gesundheit. Aber ich beklage das Kürzerwerden der Tage, die mir nur mehr 8 Stunden Arbeit erlauben. Ich komme noch nicht dazu, mich meinem Bilde zu widmen, erhielt ich doch von einer Engländerin den Auftrag zur Darstellung eines Themas aus dem traurigen Jahr 93, nämlich des ersten Tages der Marie Antoinette in der Conciergerie. Meine Erinnerungen sind lebhaft genug, um mich hoffen zu lassen, dieses Bild, für dessen Vollendung ich nur 6 Wochen zur Verfügung habe, glücklich ausführen zu können und ich hoffe, Sie werden es sehen, bevor es abgeht. Glauben Sie mir, daß das Vergessen, durch welches ich um die Ordensschleife gekommen bin, in meinem mit den Täuschungen dieses Lebens vertraut gewordenen Ich keinerlei Enttäuschungseffekt hinterlassen hat! Es genügt mir, daß diejenigen, die an einem Hundertjährigen Interesse nehmen, ihn nach sovielen durchstandenen Gefahren und erbrachten Leistungen dieser Ehrung für würdig erachten.

Ich freue mich zu hören, daß Ihre kleine Reise und der sommerliche Landaufenthalt, den Sie alljährlich genießen, Sie befriedigt hat. Möchten Ihre Frau Mutter und die liebenswürdigen jungen Damen sich gut unterhalten. Sollte ich sagen: auch Herr Edgar? Ist er bei Ihnen oder in Paris? Ich weiss nichts Neues betreffs Herrn Pompery sowohl als Dr. Kalisch. – Auf alle Fälle, liebe gnädige Frau, empfinde ich eine wahre Freude zu erfahren, daß ein Monat nur, so lang er auch sein mag, mich (noch) trennt von diesen angenehmen Plauderstunden, zu denen Sie in Ihrer Liebenswürdigkeit das meiste beitragen. Seien Sie – mit tausend Grüßen an Ihre Frau Mutter, an Sie und an Ihre jungen Damen – versichert, daß meine Frau und ich glücklich sein werden, Sie bald wiederzusehen!

gez. Max von Waldeck